# LITERATUREN DES PATHOS

Björn Hayer, Walter Kühn (Hg.)

# LITERATUREN DES PATHOS

Ästhetik des Affekts von Aristoteles
bis Schlingensief

**BÜCHNER-VERLAG**
Wissenschaft und Kultur

Besuchen Sie uns im Internet:
www.buechner-verlag.de

Die Herausgeber danken der Sparkasse Koblenz für die Unterstützung
des vorliegenden Forschungsbandes.

Björn Hayer, Walter Kühn (Hg.)
Literaturen des Pathos
Ästhetik des Affekts von Aristoteles bis Schlingensief

ISBN (Print) 978-3-96317-124-6
ISBN (ePDF) 978-3-96317-639-5

Copyright © 2018 Büchner-Verlag eG, Marburg

Satz und Umschlaggestaltung: DeinSatz Marburg, deinsatz.marburg@gmail.com
Bildnachweis Umschlag: Laokoon-Gruppe; https://commons.wikimedia.org/wiki/
File:Laocoon_and_His_Sons_black.jpg; CC BY-SA 4.0 (bearbeitet)
Druck und Bindung: Schaltungsdienst Lange oHG, Berlin
Die verwendeten Druckmaterialien sind zertifiziert als FSC-Mix.
Printed in Germany

Bibliografische Informationen der Deutschen Nationalbibliothek
Die Deutsche Nationalbibliothek verzeichnet diese Publikation in der Deutschen
Nationalbibliografie, detaillierte bibliografische Angaben sind im Internet über
http://dnb.de abrufbar.

# Inhalt

# Einleitung

*Walter Kühn und Björn Hayer*

## I.

Das Pathos ist ein nicht unwesentlicher Faktor in alltäglichen, politischen, ästhetischen und wissenschaftlichen Diskursen.[1] Wer es indes auf einen Nenner zu bringen versucht, hat wenig Glück. Der Ausdruck kann Hohes wie Hohles, Ekstase wie Schwulst, Wahrheit wie Täuschung, Erhabenheit des Worts wie Gerede bezeichnen. So wenig trennscharf der Begriff bestimmbar ist, so vielfach sind die Kontexte, in denen das Schlagwort Verwendung findet. Pathos wird in sozialen Netzwerken, in parlamentarischen Debatten, in Zeitungsressorts wie dem Feuilleton, in zeitgenössischer Literatur und bildender Kunst oder in den Geisteswissenschaften bemängelt, beschworen und beschrieben. Die positiven wie negativen Bedeutungen von Pathos kommen auch in Forschungen aus dem Feld der kulturwissenschaftlich orientierten Philologie, die seit den 1990er Jahren ihre Aufmerksamkeit verstärkt auf Emotionen verwendet,[2] zum Vorschein. So ist einerseits das Gefährdungspotenzial des Pathos Gegenstand des von Norbert Bolz herausgegebenen Sammelbandes *Das Pathos der Deutschen*, dessen Titel die »poetische[n] Gemütswallungen« mit »dunklen Kapiteln der deutschen Nationalchronik« verklammern soll;[3] andererseits leitet die Perspektive auf Pathos als Rettung verspre-

---

1 Vgl. Gerburg Treusch-Dieter: Pathos. Verdacht und Versprechen. In: Ästhetik & Kommunikation 35 (2008), H. 124, S. 8 f.; Dieter Hoffmann-Axthelm: Pathos und PR (ebd., S. 11–17); Albrecht von Lucke: Auszug aus der postpathetischen Republik (ebd., S. 21–28); Sebastian Schädler: Vom Pathos der Pädagogik der Politik (ebd., S. 29–37); Barbara Schweizerhof: Pathos und Film (ebd., S. 43–46).
2 Vgl. Martin von Koppenfels, Cornelia Zumbusch (Hrsg.): Handbuch Literatur & Emotionen. Berlin 2016.
3 Bernd Kauffmann: Einführung. In: Das Pathos der Deutschen. Hrsg. von Norbert Bolz. München 1996, S. 9.

chende Kategorie der Dichtung, die in der Moderne zu Unrecht in Vergessenheit geraten sei und reaktiviert werden solle, die Monographie *Pathos. Tradition und Aktualität einer vergessenen Kategorie der Poetik* von Reiner Dachselt.[4] Ambivalenzen wie diese stehen, wie Cornelia Zumbusch mit begriffsgeschichtlichem Augenmaß dargestellt hat, im Spiegel einer anzudeutenden »Aufstiegsgeschichte« des Pathos, die um 1800 ihren »Höhepunkt«, der zugleich »den Abstieg der Kategorie einleitet«, erreicht habe.[5]

## II.

Es lohnt, sich die etymologische Herkunft des Worts Pathos in Erinnerung zu bringen. Erkennbar wird dabei, dass sich im Ausgang von der wörtlichen Bedeutung von *pathos*, das sich von *paschein* (erleiden)[6] ableitet und ursprünglich ein plötzlich eintretendes, schädliches Ereignis wie auch den von diesem bewirkten emotionalen Schmerz umfasst, »ein Begriff mit wirkungsästhetischem Potenzial« herleiten lässt, da »Verletzung und Schmerz, Anstoß und Effekt, Gefühlerreger und erregtes Gefühl semantisch zusammengezogen sind«.[7] Fügen will sich dies zu der aristotelischen Tragödientheorie. In seiner *Poetik* hat Aristoteles *pathos* sowohl auf das Leiden des Helden als auch auf die zu reinigenden Affekte des Publikums bezogen.[8] *Éleos* bzw. Jammer und *phóbos* bzw. Schauder sowie der damit verbundene kathartische Effekt beim Publikum resultieren dabei aus dem Spektakel des heroischen Leidens, das mit den affek-

---

4   Rainer Dachselt: Pathos. Tradition und Aktualität einer vergessenen Kategorie der Poetik. Heidelberg 2003.

5   Cornelia Zumbusch: Probleme mit dem Pathos. In: Pathos. Zur Geschichte einer problematischen Kategorie. Hrsg. von Cornelia Zumbusch. Berlin 2010, S. 11 f.

6   Friedrich Kluge: Etymologisches Wörterbuch der deutschen Sprache, 22. Auflage. Unter Mithilfe von Max Bürgisser und Bernd Gregor neu bearbeitet von Elmar Seebold. Berlin/New York 1989, S. 532 [Eintrag »Pathos«].

7   Zumbusch, Probleme mit dem Pathos, S. 9.

8   Aristoteles: Poetik. Übersetzt und herausgegeben von Manfred Fuhrmann. Stuttgart 1982, S. 11, S. 88.

tiven Gegebenheiten der dramatischen Anordnung in Verbindung steht. Die Möglichkeit des Pathos, affektiv zu wirken, erarbeitet Aristoteles im zweiten Buch seiner *Rhetorik*. Er bestimmt hier *pathos* neben *ethos*, der Glaubwürdigkeit des Redners oder der gegnerischen Partei, und *pragma*, der auf Rationalität beruhenden Glaubwürdigkeit der Argumente, als eine der drei Säulen der Persuasion.[9] Pathos zielt demnach darauf, »den Zuhörer in eine bestimmte Gefühlslage zu versetzen«,[10] um ihn von einer Sache zu überzeugen. In der klassischen Rhetorik seit Aristoteles sind eine Reihe von Stilfiguren für pathetisches Reden bestimmt worden. Auf der Ebene der *elocutio* bzw. der sprachlichen Darlegung können kühne Metaphern, rhetorische Mittel der Überwältigung, Aposiopesen oder Aporien zupass kommen; auf der Ebene der *actio* bzw. des Vortrags tragen Gestik, Mimik und Stimme des Redenden zur Erzeugung pathetischen Redens bei.[11]

In den Pathos-Konzepten des 18. Jahrhunderts werden im Zuge der Herausarbeitung einer anthropologischen, auf Affekte bezogenen Ästhetik sowohl positive wie negative Gehalte des Begriffs augenscheinlich. Pathos wird als ein zweischneidiges Phänomen behandelt, das sowohl Ausdruck der Stärke als auch der Schwäche sein konnte. Einerseits wurde das Pathos privilegierter Ort wahren Sprechens, da die »hitzige«[12] Rede dem distanziert Kühlen des bloß Gekünstelten entgegengestellt wurde.[13] Andererseits sollte sein Wirkungsbereich eingeschränkt werden, um krankhaften Zuständen der Schwäche, die in pathologischen Beschreibungen mit Raserei und Fieber bestimmt wurden, vorzubeugen. Den

---

9   Siehe Jakob Wisse: Affektenlehre. In: Historisches Wörterbuch der Rhetorik. Hrsg. von Gert Ueding. Bd. 1 Tübingen 1992, Sp. 218–224.

10  Aristoteles. Rhetorik. Übersetzt und herausgegeben von Manfred Fuhrmann. Stuttgart 1982, S. 12.

11  Die Beiträge im folgenden Sammelband führen den Nachweis, dass damit nicht nur affirmative, sondern auch destruktive Tendenzen verbunden sein können: Ramona Früh, Therese Fuhrer, Marcel Humar und Martin Vöhler (Hrsg.): Irritationen – Rhetorische und poetische Verfahren der Verunsicherung. Berlin/Boston 2015.

12  Johann Christoph Gottsched: Versuch einer Critischen Dichtkunst. Leipzig 1751, S. 371.

13  Siehe Zumbusch, Probleme mit dem Pathos, S. 14.

positiven Inhalt des Begriffs bezeichnen nicht zuletzt die theoretischen Schriften von Johann Christoph Gottsched und Johann Jakob Breitinger. Gottsched verankert in seinem literaturtheoretischen Hauptwerk *Versuch einer Critischen Dichtkunst* (1751) das Pathos in Orientierung am Ideal der Erhabenheit in einer »Schreibart«, die sich durch einen hohen Stil »voller Figuren« und »verwegener Ausdrücke« auszeichne.[14] Die von antiken Rhetorikern vorgeschriebenen Stilmittel behielten ihre Gültigkeit. Pathos fasste auch Breitinger in seiner *Critischen Dichtkunst* (1740) als ein »herzrührendes« Schreibverfahren auf, das jedoch einem möglichst natürlichen Stil verpflichtet sein sollte, und verknüpfte es mit einer Typologie von Gattungen: Geeignete Orte des pathetischen Sprechens sollten die Tragödie, die Ode, die Elegie und das Heldengedicht sein.[15]

Die Skepsis am Pathos im 18. Jahrhundert hängt mit der Wiederentdeckung der antiken dichtungstheoretischen Schrift *Peri hypsous* des Pseudo-Longinos zusammen. In dieser vielbeachteten Abhandlung, die Größe nicht nur als stilistische Eigenschaft sieht, sondern sich auch auf die Stärke des Redners bezieht, wird der pathetische Stil zwar als Ausdruck des Erhabenen bestimmt, doch wird zwischen angebrachtem und unangebrachtem Pathos unterschieden. Den Vorbehalt gegenüber Letzterem dokumentiert die von Longin bemängelte »Fehlerart im pathetischen Stil«, dass Redner ohne Großmut in »Scheinraserei« verfallen und »unzeitiges, hohles Pathos« produzieren.[16] Darauf kommt auch Johann Georg Sulzer Ende des 18. Jahrhunderts in seiner *Allgemeinen Theorie der schönen Künste* zurück: Pathos ohne »Größe« der »Empfindungen« sei »nur schwülstig oder übertrieben«.[17] Daran anknüpfend markiert Schil-

---

14    Johann Christoph Gottsched: Versuch einer Critischen Dichtkunst. Vierte sehr vermehrte Auflage. Leipzig 1751, S. 351.
15    Vgl. Klaus Dockhorn: Macht und Wirkung der Rhetorik. Vier Aufsätze zur Ideengeschichte der Vormoderne. Berlin, Zürich 1968, S. 54 ff.
16    Longinus: Vom Erhabenen. Übers. und hrsg. von Otto Schönberger. Stuttgart 1988, S. 11.
17    Johann Georg Sulzer: Allgemeine Theorie der schönen Künste in einzeln, nach alphabetischer Ordnung der Kunstwerke auf einander folgenden, Artikeln abgehandelt. Dritter Theil. Leipzig 1793, S. 662.

lers berühmte Formel des »Pathetischerhabenen«[18] ein auch abstandsbewusstes Verhältnis zum Pathos. Die Mischung des Begriffs des Pathos als »Mittel zum Zweck«[19] mit dem des Erhabenen als eigentlichem Ziel der Tragödie reflektiert den Zustand menschlicher Freiheit, die die Kunst dann offenbar mache, wenn der Widerstand gegen Leidensdruck ausgebildet wird.

Diese Streiflichter deuten an, dass Pathos zum einen auf der Annahme seiner mutmaßlichen Authentizität gründet und zum anderen aufgrund seiner ästhetischen Formung sein eigenes Gemachtsein in Szene setzt. Die »Aporie des Pathos zwischen unmittelbarer Gewalt und künstlicher Gestaltung«[20] mündet schließlich im Verlauf des 20. Jahrhunderts in die Negativbewertung, dass Pathos mit Kitsch, Trivialität und Übertreibung in Verbindung steht.

## III.

Pathos bietet aufgrund seiner »expressive[n], referentielle[n] und appellative[n] Mehrfachfunktion«[21] eine Fülle von Analysepotenzialen. So lässt sich etwa in diskursanalytischer Hinsicht den auf Kontextualisierung zielenden Fragen nachgehen, in welchen je spezifischen zeitgenössischen, theologischen, philosophischen oder politischen Problemstellungen Pathos verankert ist, ob sich in diachroner Perspektive Aspekte des Wandels oder des Kontinuierlichen feststellen lassen oder welchen Stellenwert Gattungen, Medien und andere Kunstformen zuzumessen ist. Rezeptionsästhetisch verspricht das Thema, welche Funktionen Pathos

---

18   Friedrich Schiller: Vom Erhabenen. In: Schillers Werke. Nationalausgabe. Im Auftrag des Goethe- und Schiller-Archivs, des Schiller-Nationalmuseums und der Deutschen Akademie hrsg. von Julius Petersen und Gerhard Fricke, fortgeführt von Lieselotte Blumenthal und Benno von Wiese. Bd. 20. Philosophische Schriften. Erster Teil. Unter Mitwirkung von Helmut Koopmann hrsg. von Benno von Wiese. Weimar 1962, S. 193.
19   Friedrich Schiller: Über das Pathetische. In: ebd., S. 196.
20   Zumbusch, Probleme mit dem Pathos, S. 18.
21   Ebd., S. 10.

in Bezug auf die Leserinnen und Leser bzw. die Hörerinnen und Hörer hat, Erkenntnisgewinne. Ebenso lohnende Aufmerksamkeitsinvestitionen stellen in produktionsästhetischer Hinsicht Fragen wie jene nach pathetischen (Re-)Aktionen von Autorinnen und Autoren im Hinblick auf individual- und kollektivgeschichtliche Notlagen dar unter Berücksichtigung der Auswirkungen des Pathos auf der Formebene hinsichtlich bevorzugter stilistischer Mittel.

Die Beiträge dieses Sammelbandes sind chronologisch angeordnet. Die Antike markiert mit Marcel Humars Aufsatz *Bilder des Pathos – Pathos durch Bilder. Medizinische Bildersprache als Mittel der Darstellung und Erzeugung von Gefühlen in der Antike* den Anfang. Humars Problemheuristik ruht auf zwei Säulen. Erstens geht er der Frage nach der Leistungsfähigkeit medizinischer Bilder im Hinblick auf die Darstellung emotionaler Zustände in der Philosophie nach. Er führt insbesondere vor, dass Platon für seine Vermittlung der sokratischen Mäeutik eine Bildersprache mit medizinischen Motiven nutzt. Zweitens wertet Humar Reden von Demosthenes und Antiphon dahingehend aus, dass die im Feld der Medizin verankerte Bildersprache eingesetzt wird, um bei den Zuhörenden negative Gefühle gegenüber der Gegenpartei und positive Gefühle gegenüber dem sich als Heiler stilisierenden Redner zu erzeugen.

Gabriella Pelloni untersucht in *Eine pathetisch fundierte Dramaturgie* insbesondere auf Basis der Chorstimme in Friedrich Schillers Drama *Die Braut von Messina* die Kultur des Pathos, wie sie in der Goethe-Zeit entstanden ist, auf ihr Verhältnis zum klassizistischen Tragödienkonzept hin. Hierbei steht mitunter die in der Forschung kontrovers diskutierte Frage im Vordergrund, wie sich das Stück als möglicherweise pathetische Satire zwischen Schicksalsgläubigkeit und dem Postulat von der Autonomie des Subjekts verorten lässt.

Björn Hayer untersucht in seinem Aufsatz *»Zu weihn bei guter Rede den Boden«. Funktionalität und Persuasion des Pathos in der Poetik Friedrich Hölderlins* im Ausgang von der das Leiden in den Mittelpunkt rückenden aristotelischen Tragödientheorie vor allem Hölderlins um 1800 entstandene Elegien *Der Gang aufs Land. An Landauer* und *Stuttgart*.

Hayer führt den Nachweis, dass der politische Außenseiter Hölderlin dem Pathos in seinen dem *genus grande* verpflichteten Gedichten zwei Funktionen beigemessen hat: retrospektiv fungiert Pathos als Orientierung an der Leidkultur der antiken Welt, prospektiv wird es eingesetzt, um den poetischen Entwurf einer utopischen Gegenwelt zu entwerfen, wobei sich »individualutopische[s]« Denken zum »Programm der sozialen Gemeinschaft« erweitert.

Der Beitrag *Pathos, Passion und Pathologie. Dialektik der revolutionären Kraft* von Julius I-Tsun Wan begreift das Pathos unter Berücksichtigung insbesondere von Kleists *Penthelisea* als einen ästhetischen Zustand und Grundbedingung revolutionärer Aktion, wobei zwischen gehaltvollem ekstatischen Überstieg und krankhaftem Pseudo-Pathos unterschieden wird.

Walter Kühn fokussiert in *Dunkle Zeiten. Heines pathetische Gedichte* An Edom! *und* Brich aus in lauten Klagen *als »Vorwort« des Romanfragments* Der Rabbi von Bacherach? Im Zentrum stehen Heines Antipathie gegen jüdische Anfeindungen und seine Sympathie für das jüdische Leiden, die ihren poetisch-pathetischen Ausdruck in Heines während der Entstehung des *Rabbi von Bacherach* verfassten Briefgedichten *An Edom!* und *Brich aus in lauten Klagen* finden.

Erich Unglaub verwendet in *»Einst tönte der Dichter / über die Feldschlacht hinaus«. ›Kriegs‹-Lyrik bei Rainer Maria Rilke* seine Aufmerksamkeit auf Rilkes im August 1914 entstandene *Fünf Gesänge*. In seiner feinnervigen Re-Lektüre der Gedichte, die einen Bericht über Rilkes Reaktion bei Kriegsausbruch, aus der Bibel vorzulesen, einbezieht, stellt Unglaub heraus, dass sich Rilke mit seinen *Fünf Gesängen*, die als pathetische Kriegsbegeisterung instrumentalisiert worden sind, nicht auf gängige literarische Muster deutsch-patriotischer Dichtung stützte. Stattdessen ist der Begriff des Pathos in Bezug auf Rilkes *Fünf Gesänge* tragfähig, wenn Rilkes Orientierung vor allem am Stil Hölderlins, die Installierung eines lyrischen Ichs als visionärem Seher sowie die Verarbeitung mythologischer Elemente und biblischer Tradition betrachtet wird.

Kathrin Heintz widmet sich in ihrem Aufsatz »*dem Wunder leise wie einem Vogel die Hand hinhalten«. Pathos im lyrischen Werk Hilde Domins* insbesondere Domins Gedichte *Landen dürfen, Alle meine Schiffe, Ausreiselied, Wahl* und *Der übernächste Krieg*. Sie belegt, dass für die drei Werkteile von Domins Schaffen, ihrer Exillyrik, ihrer Liebeslyrik und ihre engagierten Lyrik, der Begriff des Pathos passgerecht ist aufgrund intertextueller Referenzen zur Bergpredigt und zum Mythos von Orpheus und Eurydike sowie des Gedankens des ›Trotzdem‹.

Gegenstand von Sandra Fluhrers Unterschung *»Wer raucht, sieht kaltblütig aus«. Pathos und Lakonie in den Gesprächen zwischen Alexander Kluge und Heiner Müller* sind die von 1989 bis 1995 geführten Fernsehgespräche zwischen Kluge und Müller. In den Blick genommen wird eine eigentümliche, zwischen Pathos und Lakonie oszillierende Tonlage der Gespräche, in denen zwei intellektuelle Köpfe von Rang ihrer Meisterschaft in der Kunst der naiven Frage, des mäandernden Antwortens, des Assoziierens und der Fragmentierung vorführen und Literatur als Pathosreservoir nutzen. Fluhrer zeigt dabei, dass Müller und Kluge die Melancholie darüber eint, dass es kein Medium zur kollektiven Bearbeitung von Erfahrung gibt.

Helen Roth widmet sich in ihrem Aufsatz *Schlingensiefs ambivalentes Spiel mit Pathos* Aufsehen erregenden Kunstaktionen des 2010 gestorbenen Film- und Theaterregisseurs, Autors und Aktionskünstlers. Im Blickpunkt stehen Schlingensiefs Wiener Projekt *Ausländer raus! Schlingensiefs Container* aus dem Jahr 2000 und *Eine Kirche der Angst vor dem Fremden in mir* aus dem Jahr 2008. Gezeigt wird eine Wandlung in Schlingensiefs Behandlung des Pathetischen. Während *Ausländer raus!* den Pol von Schlingensiefs politischem Pathos markiert, bezeugt *Eine Kirche der Angst vor dem Fremden in mir* eine religiös-existentielle Pathos-Sicht, die Krankheit, Sterben und Tod enttabuisieren will.

# Bilder des Pathos – Pathos durch Bilder

## Medizinische Bildersprache als Mittel der Darstellung und Erzeugung von Gefühlen in der Antike

*Marcel Humar*

Die Untersuchung von Emotionen oder Gefühlen (τὰ πάθη)[1] in der antiken Literatur ist ein intensiv behandelter Forschungsgegenstand der klassischen Philologie. Sowohl aus philosophischer als auch aus literaturwissenschaftlicher Perspektive sind verschiedene Emotionen in antiken Texten untersucht und auf ihre Qualität sowie ihre Wirkung und Funktion hin analysiert worden.[2] Interessant im Kontext der Frage nach ei-

---

1   Der griechische Begriff *tò páthos* (τὸ πάθος) differenziert nicht genauer zwischen den mentalen Phänomenen Emotion, Gefühl und Affekt; grundsätzlich beschreibt *páthos* alle diese Formen. Der Beitrag spricht daher von Gefühlen und Emotionen gleichermaßen als Übersetzung für *páthos*. Zum Begriff siehe: David Konstan: The Emotions of the Ancient Greeks. Studies in Aristotle and Classical Literature. Toronto 2006, S. 3–5 und Geoffrey Lloyd: In the Grip of Disease. Studies in the Greek Imagination. Oxford 2003, S. 11–12. Ferner kann *páthos* in der Grundbedeutung auch Krankheit heißen, dazu weiter unten. Neben *páthos* findet sich auch der Begriff *tò páthema* (τὸ πάθημα) für ›Gefühl‹.

2   Für einen Überblick über Emotionen in der Antike im Allgemeinen siehe die Arbeiten von Simo Knuuttila: Emotions in Ancient and Medieval Philosophy. Oxford 2004 und Konstan 2006; siehe auch: Jakub Krajczynski und Christof Rapp: Emotionen in der antiken Philosophie: Definitionen und Kataloge. In: Pathos, Affekt, Emotion. Transformationen der Antike. Hrsg. von Martin Harbsmeier und Sebastian Möckel. Frankfurt a. M. 2009, S. 47–78. Für die römische Literatur siehe: Susanna M. Braund und Christopher Gill: The Passions in Roman Thought and Literature. Cambridge 1997. Einzelne Emotionen wie Scham (dazu: Douglas L. Cairns: Aidos. The Psychology and Ethics of Honour and Shame in Ancient Greek Literature. Oxford 1993), Zorn (dazu: Susanna M. Braund und Glenn Most (Hrsg.): Ancient Anger: Perspectives from Homer to Galen. Cambridge 2013), Neid (dazu: Ed Sanders: Envy and Jealousy in Classical Athens: A Socio-Psychological Approach. Oxford 2013) und Reue (dazu: Laurel Fulkerson: No Regrets. Remorse in Classical Antiquity. Oxford 2013; Marcel Humar: Die Reue von Richtern in der attischen

ner *Kultur des Pathos* ist die Darstellbarkeit von Emotionen: Emotionen sind – wie viele mentale Phänomene – diffus, variabel, schwer zu differenzieren und daher für das die Emotionen erfahrende Subjekt schwer zu verbalisieren. Wie werden also Gefühle in Texten sprachlich transportiert? Hier sind Bilder und bildhafte Sprache ein geeignetes Mittel, um dieses Phänomen, das sprachlich schwer zu fassen ist, durch die Verbindung zu bekannten Erfahrungen durch bildhafte und vergleichende Sprache zu beschreiben. Der vorliegende Beitrag will daher das Potential von Bildern oder bildhafter Sprache zur Beschreibung von Emotionen aufzeigen und anhand von ausgewählten Fallbeispielen dokumentieren *(Bilder des Pathos).*[3] Besonders die Medizin fungiert häufig als Bildgeber und wird von unterschiedlichen Autoren der Antike eingesetzt; die Darstellung ist daher auf diesen Bereich der medizinischen Bilder beschränkt.[4]

---

Gerichtsrede. Rhetorische Strategien der Sanktionierung durch Gefühle. In: Recht und Emotion I: Verkannte Zusammenhänge. Hrsg. von Hilge Landweer und Dirk Koppelberg. Freiburg/München 2016, S. 401–422) sind ebenfalls in den Blick genommen worden. Zur philosophischen Emotionstheorie bei Aristoteles siehe: William Fortenbaugh: Aristotle on Emotion. London ²2002 (erstmals 1975) und Michael Krewet: Die Theorie der Gefühle bei Aristoteles. Heidelberg 2011, zur Stoa etwa: Friedemann Buddensieck: Stoa und Epikur. Affekte als Defekte oder als Weltbezug? In: Klassische Emotionstheorien. Von Platon bis Wittgenstein. Hrsg. von Ursula Renz und Hilge Landweer. Berlin/New York 2008, S. 71–93 und Michael Krewet: Die stoische Theorie der Gefühle. Ihre Aporien, ihre Wirkmacht. Heidelberg 2013. Literaturwissenschaftliche Arbeiten sind etwa: Jeanne Dion: Les passions dans l'oeuvre de Virgile. Poétique et philosophie. Nancy 1993 und Ruth Caston: The Elegiac Passion: Jealousy in Roman Love Elegy. Oxford 2012. Für breiter angelegte aktuelle Beiträge siehe auch den Band von Douglas L. Cairns und Damien Nelis (Hrsg.): Emotions in the Classical World. Methods, Approaches, and Directions. Stuttgart 2017.

3   Antike Autoren und Werktitel werden im Folgenden nach dem Neuen Pauly abgekürzt. Die angeführten Übersetzungen antiker Autoren stammen vom Verfasser, wenn nicht anders vermerkt.

4   Aus ökonomischen Gründen werden an dieser Stelle beinahe ausschließlich prosaische Textgattungen als Belege angeführt. Auf die Gattung der Dichtung wird nicht eingegangen, wenngleich diese sicherlich ein ebenso interessantes Feld im Kontext der skizzierten Fragestellung wäre. Zur medizinischen Bildersprache in der Dichtung, vor allem der griechischen Tragödie, sei exemplarisch auf J. Clarke-Kosak:

Eine Auseinandersetzung mit einer *Kultur des Pathos* sollte aber auch die Erzeugung von Emotionen einbeziehen. Denn Emotionen spielen in der Rhetorik eine zentrale Rolle.[5] Sie stellen neben vernünftigen und auf Rationalität beruhenden Argumenten und dem Charakter des Sprechers oder der Gegenpartei die dritte Säule der Persuasion dar (Aristoteles Rhetorik I 2, 1356a1–6). In einem zweiten Teil wird daher an den aktuellen Forschungsstand anschließend ebenfalls an Fallbeispielen gezeigt, welchen Beitrag die Bildersprache aus dem Bereich der Medizin zur Erzeugung von Gefühlen leistet; ihr Emotionalisierungspotential wird anhand ausgewählter Textpartien herausgearbeitet und die Bildersprache als bevorzugtes Mittel zur Erzeugung von πάθος in der antiken Literatur ausgewiesen *(Pathos durch Bilder)*. Die Stilisierung des Redners als Heilmittel oder Arzt für ein bevorstehendes oder bereits eingetretenes Übel wird ebenfalls in den Blick genommen.

---

Heroic Measures: Hippocratic Medicine in the Making of Euripidean Tragedy. Leiden/Boston 2004 (zu Euripides) und M. Ryzman: Oedipus, Nosos, and Physis in Sophocles' Oedipus Tyrannus. In: L'Antiquité Classique 61 (1992), S. 98–110 (zu Sophokles) verwiesen. Eine Auflistung medizinischer Begriffe in der Tragödie allgemein bietet: H. W. Miller: Medical Terminology in Tragedy. In: Transactions of the Philological Association 75 (1944), S. 156–167. Zu Aristophanes und dem Gebrauch medizinischer Sprache in der Komödie siehe: H. W. Miller: Aristophanes and Medical Language. In: Transactions of the Philological Association 76 (1945), S. 74–84.

5   Ein allgemeiner Überblick dazu findet sich bei Jakob Wisse: Art. Affektenlehre (Antike). In: Historisches Wörterbuch der Rhetorik, Bd. 1. Tübingen 1992, S. 218–224. Rhetorische Mittel, die eine Erzeugung von Emotionen oder deren Verstärkung als Ziel haben, sind bereits mit unterschiedlichen Schwerpunkten untersucht worden (zur sokratischen Rhetorik: Marcel Humar: Rhetorik der Verunsicherung. Affekt-Strategien in den platonischen Frühdialogen. Berlin/Boston 2017; vgl. zu Emotionen in der attischen Rede aktuell den Band von Ed Sanders und Matthew Johncock (Hrsg.): Emotion and Persuasion in Classical Antiquity, Stuttgart 2016). In jüngerer Zeit wurde auch die in der Rhetoriktheorie – sowohl der antiken wie auch der modernen – bisher nicht reflektierte ›negative Rhetorik‹, die nicht auf Affirmation, sondern auf Destruktion zielt, in der Forschung berücksichtigt; vgl. Ramona Früh, Therese Fuhrer, Marcel Humar, Martin Vöhler (Hrsg.): Irritationen – Rhetorische und poetische Verfahren der Verunsicherung. Berlin/Boston 2015.

## Bilder des Pathos

Emotionen und Gefühle stellen, anders als körperliche Erfahrungen, teilweise diffuse mentale Prozesse dar,[6] die von dem Individuum, das sie erfährt, nicht selten schwer zu beschreiben sind und es für die Darstellung dieser Gefühle besonderer sprachlicher Mittel bedarf.[7] Fragt man nach einer *Kultur des Pathos*, ist vor allem die Art, wie das Erleben eines Gefühls sprachlich vermittelt wird, interessant. Der folgende Abschnitt will zeigen, dass besonders die Bildersprache aus dem Bereich der Medizin bzw. Krankheit und Intoxikation in der antiken prosaischen Literatur[8] eingesetzt wird, um Gefühle dem Leser greifbarer zu machen.

Das erste Beispiel liefern die Dialoge Platons, in denen – vor allem in den frühen Dialogen – ein Gefühl besonders häufig auftritt: Das zentrale Gefühl der platonischen Frühdialoge ist die Verunsicherung oder das

---

6    Die spezifische Qualität von Emotionen und ihre vielfältigen Intensitäten und Formen können hier nicht erschöpfend dargestellt werden; da es in dem vorliegenden Beitrag um die Frage nach der Darstellbarkeit von Gefühlen geht, begrenze ich die theoretischen Überlegungen zu Emotionen auf das für die Fragestellung relevante. Für weitere Literaturhinweise zu Emotionen und Gefühlen siehe Humar (2017), S. 6–7.

7    Dies ist schon in der Odyssee fassbar, wenn der Dichter die Gefühle des schiffbrüchigen Odysseus beim Anblick des Phäakenlandes mit einem Vergleich beschreibt. Odysseus fühlt sich wie Söhne, die die Genesung des an einer Krankheit leidenden Vaters beobachten und (implizit) Erleichterung empfinden: »Und wie Söhnen willkommen das Leben erscheint des Vaters, der in Krankheit liegt und harte Schmerzen leidet, schon lange siechend, ein böser Daimon hat ihn angefallen, und willkommen haben ihn die Götter von dem Übel erlöst: so willkommen erschien dem Odysseus Land und Wald.« (Hom. Od. 5, 394–398, Übersetzung W. Schadewaldt); dazu auch: Georg Wöhrle: Zur metaphorischen Verwendung von ΕΛΚΟΣ und ulcus in der antiken Literatur. In: Mnemosyne 44, H. 1–2 (1991), S. 1–16, hier: S. 1.

8    Sicherlich greifen die im Folgenden besprochenen Autoren auf eine Tradition (Homer, Hesiod, Tragiker) zurück, auf die hier nicht näher eingegangen werden kann; bereits in der Dichtung finden sich vielfach Momente, in denen medizinische Bilder aufgerufen werden. Siehe dazu allgemein René Nünlist: Poetologische Bildersprache in der frühgriechischen Dichtung. Stuttgart/Leipzig 1991, S. 126–134. Für eine weitere frühe Quelle, die körperliche und seelische Erkrankungen parallelisiert, siehe Demokrit (DK 68 B31).

Gefühl des Zweifels (Aporie).[9] Sokrates induziert durch seine spezifische Rhetorik in seinen Gesprächspartnern beständig dieses Gefühl.[10] Dass diese Erfahrung nicht leicht zu beschreiben ist, belegen einige Aussagen der Dialogfiguren; so stellt etwa der junge Alkibiades im gleichnamigen Dialog nach einem Hin und Her der Argumente fest:

> Aber, bei den Göttern, Sokrates, ich weiß nicht, was ich sage, sondern ich scheine mich wirklich in einem eigenartigen Zustand [ἀτόπως[11] ἔχοντι] zu befinden: denn mir scheint einmal das eine [richtig] zu sein, nach deiner Fragerei dann wieder etwas anderes. — Und dieses Gefühl [τὸ πάθημα], mein Lieber, kennst du es nicht [und weißt nicht], was es ist? — Ganz und gar nicht.[12]

Wie Alkibiades hier berichtet, ist das durch Sokrates induzierte Gefühl, dieser eigenartige Zustand, sprachlich schwer zu fassen; er weiß nicht, was es ist oder kann es zumindest sprachlich nicht beschreiben. So geht es auch den anderen Gesprächspartnern des Philosophen. Platon bedient sich daher bei der Darstellung der durch Sokrates verursachten (meist negativen) Gefühle einer feinausgearbeiteten Bildersprache,[13] der

---

9   Zum Begriff der Aporie siehe die Übersicht in Humar 2017, S. 52–56; dort finden sich auch weitere Literaturangaben zu Begriff und Konzeption der Aporie in der griechischen Kultur.

10   Auch andere Gefühle werden bei Platon durch medizinische Bildersprache beschrieben; so finden wir im Phaidros die Darstellung der Liebe um die Ebene des körperlichen erweitert: Der Liebende empfindet Furcht wie bei Fieber und leidet unter Schweißausbrüchen (251a) und fühlt Jucken und Kitzeln im Kiefer wie zahnende Kleinkinder (251b-c).

11   Der Begriff ἄτοπος bezeichnet etwas (auch Personen), das merkwürdig und nicht richtig einzuordnen ist; daher kann er auch mit ›befremdlich‹ übersetzt werden.

12   Alk. 1 116e2–5.

13   Das Vokabular zur Beschreibung des Zustandes der Verunsicherung ist teilweise aus der Medizin entlehnt: So wird an diversen Stellen bei Platon das Verb ταράττω verwendet, um dieses Gefühl zu beschreiben (häufig übersetzt mit ›erschüttern‹ oder ›erregen‹; das Verb kann aber auch ›in Unordnung bringen‹ bedeuten); vgl. Phaid. 103c1–4, Hipp. min. 373b4–5. Zum Gebrauch des Verbs im medizinischen Kontext siehe etwa Galen 4, 262 (zum Substantiv ταραχή siehe Hippokr. Coac. 205). Auch in der Dichtung werden das Verb und dessen Derivate zur Darstellung psychischer

häufig medizinische Motive zugrunde liegen: So finden wir den Schlangenbiss, die Lähmung durch den Zitterrochen,[14] den aufrüttelnden Biss
der Pferdebremse[15] als Intoxikationsvergleiche, aber auch vielfache medizinische Symptome wie Schwindel, Schweißausbrüche, Erröten und
Sprachverlust, die sich bei den Gesprächspartnern einstellen.[16] Vor allem
das von Alkibiades im Symposion verwendete Bild des Schlangenbisses
liefert dazu eine Erklärung, warum sich dieser Bildgeber der Intoxikation zur Darstellung der Wirkung des Sokrates eignet:

> Mir widerfährt ein Gefühl wie das, das die von einer Viper Gebissenen emp-
> finden. Denn man sagt, dass derjenige, der dieses Gefühl erlebt, nicht sagen
> will, von welcher Art [dieses Gefühl] sei, außer denen, die (selber einmal)
> gebissen wurden, weil diese allein erkennen und verstehen werden, wenn er
> wegen des Schmerzes im Reden und im Verhalten alles wagt.[17]

Wie Alkibiades erklärt, ist das Gefühl, welches er durch den Kontakt mit
Sokrates erlebt, schwer zu verstehen für diejenigen, die es nicht selbst be-
reits erfahren haben. Hier wird eine Parallele zur Medizin gezogen: Nur
wer selbst körperlichen Schmerz, dazu so spezifischen wie nach einem
Schlangenbiss, erfahren hat, kann diesen nachvollziehen. Ebenso wirkt
Sokrates: Man muss es selbst ›erlebt‹ haben. Somit wird durch die Paral-
lelen zur körperlichen Ebene dieses spezifische Gefühl der aporetischen
Verunsicherung dem Leser präsentiert. Gemeinsam ist der Krankheit

---

Erregungen verwendet; vgl. etwa Pindar O. 7, 30; Sophokles Ant. 1095; Euripides
    Hipp. 969 und Hec. 857.
14  Vgl. Men. 80a1-b7.
15  Vgl. apol. 30e1–31a1.
16  Eine detaillierte Darstellung der Symptome zur Beschreibung der Wirkung des So-
    krates auf dessen Gesprächspartner findet sich in Humar (2017).
17  Platon symp. 217e6–218a2: ἔτι δὲ τὸ τοῦ δηχθέντος ὑπὸ τοῦ ἔχεως πάθος κἄμ᾽ ἔχει.
    φασὶ γάρ πού τινα τοῦτο παθόντα οὐκ ἐθέλειν λέγειν οἷον ἦν πλὴν τοῖς δεδηγμένοις,
    ὡς μόνοις γνωσομένοις τε καὶ συγγνωσομένοις εἰ πᾶν ἐτόλμα δρᾶν τε καὶ λέγειν ὑπὸ
    τῆς ὀδύνης. Zu diesem Bild vgl. auch Humar (2017), S. 89–90.

oder Intoxikation und dem Gefühl der Verunsicherung die Störung der (inneren) Stabilität.[18]

Folgerichtig wird auch das Loslösen von Emotionen und Gefühlen, die bei der dialektischen Suche und dem Streben nach Eudaimonie nicht förderlich sind,[19] mit einem Bild aus dem Bereich der Medizin beschrieben. Im Sophistes, einem späteren Dialog Platons, lässt Platon den Fremden, einer der Dialogteilnehmer, sagen, dass die Seele und ihre Teile häufig von Gefühlen (er nennt Begierde und Lust)[20] belastet werde und so der Unverstand entstehe. Hierfür bedürfe es einer Loslösung. Was im Sophistes nicht explizit in Bezug auf die Gefühle gesagt wird, wird im Dialog Phaidon durch ein Bild aus dem Bereich der Medizin ausgedrückt: Sokrates verwendet dort den Begriff der Reinigung, *Katharsis* (κάθαρσις), um zu beschreiben, dass man Gefühle nicht austauschen, sondern durch Reflexion und Tugenden sich dieser entledigen müsse:»Bester Simmias, denn nicht ist dieser Wechsel der richtige Weg zur Tugend [*areté*], Lust in Lust, Schmerzen in Schmerzen und Furcht in Furcht umzuwandeln […]«;[21] und weiter heißt es:»Aber die Wahrheit ist tatsächlich eine Reinigung von all diesen [Gefühlen] und Besonnenheit und Gerechtigkeit und Tapferkeit und Klugheit sind eine Art Reinigung [καθαρμός].«[22] Damit ist die Ebene der Medizin deutlich aufgerufen:

---

18  Zur Krankheit als Störung der Stabilität vgl. auch Wöhrle (1991), S. 6.

19  Dazu ausführlicher: Michael Erler: Platon: Affekte und Wege zur Eudaimonie. In: Klassische Emotionstheorien. Von Platon bis Wittgenstein. Hrsg. von Ursula Renz und Hilge Landweer. Berlin/New York 2008, S. 19–44.

20  Soph. 228b2–4: τί δέ; ἐν ψυχῇ δόξας ἐπιθυμίαις καὶ θυμὸν ἡδοναῖς καὶ λόγον λύπαις καὶ πάντα ἀλλήλοις ταῦτα τῶν φλαύρως ἐχόντων οὐκ ᾐσθήμεθα διαφερόμενα; Was aber? Sehen wir nicht, dass in der Seele von jenen, die oberflächlich [φλαύρως] sind, die Meinungen mit den Begierden, das Gemüt mit den Gelüsten, der Verstand mit Schmerzen und all diese miteinander Differenzen haben?

21  Phaid. 69a6–8: ὦ μακάριε Σιμμία, μὴ γὰρ οὐχ αὕτη ᾖ ἡ ὀρθὴ πρὸς ἀρετὴν ἀλλαγή, ἡδονὰς πρὸς ἡδονὰς καὶ λύπας πρὸς λύπας καὶ φόβον πρὸς φόβον καταλλάττεσθαι […].

22  Phaid. 69b8–c3: τὸ δ᾽ ἀληθὲς τῷ ὄντι ᾖ κάθαρσίς τις τῶν τοιούτων πάντων καὶ ἡ σωφροσύνη καὶ ἡ δικαιοσύνη καὶ ἀνδρεία, καὶ αὐτὴ ἡ φρόνησις μὴ καθαρμός τις ᾖ. Dazu auch: Christian Wildberg: Die Katharsis im sokratischen Platonismus. In: Katharsiskonzeptionen vor Aristoteles. Hrsg. von Martin Vöhler und Bernd Seidensticker. Berlin 2007, S. 227–244, hier S. 233:»Nun ist es außerordentlich wichtig zu

Die Seele muss von diesen Gefühlen wie ein Körper von Krankheiten gereinigt werden; nur so gelingt das glückliche Leben, das nicht von Gefühlen bestimmt wird.[23] Dieser Begriff der *Katharsis* wird dann bei Aristoteles zum zentralen Terminus seiner Tragödientheorie, wenn es um die Reinigung der/von Affekte(n) geht.[24] Das bei Platon evozierte Bild der Gefühle als störenden Krankheiten wird in der Rezeption der sokratischen Gesprächspraxis auf die mit den psychischen Dispositionen der Gesprächspartner verbundenen Gefühle ebenfalls angewendet. So findet sich bei dem im ersten Jahrhundert n. Chr. wirkenden Redner und Philosophen Dion Chrysostomos folgende Ausführung:

> Sokrates aber glaubte [es sei nötig], so oft er auf einen angeberischen Menschen traf, über die Angeberei zu sprechen; immer wenn er einen schamlosen und verruchten [Menschen traf], über Scham- und Ruchlosigkeit; immer wenn er einen unverständigen und zornigen [Menschen traf], sich dem Unverstand und Zorn zuzuwenden. Und [er versuchte], bei anderen gleichsam die Gefühle [τὰ πάθη] und Krankheiten [τὰ νοσήματα] bei diesen Menschen, die eben diese Gefühle und Krankheiten an sich hatten, deutlicher aufzuzeigen, was sie ausmacht, als wenn er bloße Worte sprach.[25]

---

verstehen, daß diese Art von seelischer *kátharsis* neben einer wahrhaftigeren Einschätzung der Wirklichkeit für Sokrates noch zwei weitere Konsequenzen hat: Zum einen entspringen aus ihr die wahren Tugenden, und Sokrates schlägt sogar vor, die Tugenden wie Besonnenheit und Tapferkeit in einem gewissen Sinne als »Reinigungen« zu bezeichnen (69b). Zum anderen, und dies sollte uns hellhörig machen, befreit die *kátharsis* den Asketen von den Gefühlen der Lust, Unlust *(hedoné, lýpe)* und der Furcht *(phóbos)* (69a).« [Kursive im Original]. Zum Mechanismus der Reinigung der Gefühle, die durch die sokratische Trennung von Leib und Seele erzielt werden soll, siehe insgesamt Wildberg (2007).

23   Dies wird von Sokrates im Phaidon auch demonstriert, wenn er im Angesicht des Todes gänzlich emotionslos und gelassen bleibt. Das Bild des Arztes im Kontext der Erziehung spielt bei Platon eine große Rolle; grundlegend dazu: Fritz Wehrli: Der Arztvergleich bei Plato. In: Museum Helveticum 8 (1951), H. 2–3, S. 177–184.

24   Aristoteles Poetik 1449b28 und öfter. Dieser Aspekt kann hier leider nicht ausgeführt werden.

25   Dion Chrysostomos or. 55, 13–14: Σωκράτης δὲ ἐνόμιζεν, ὁσάκις μὲν ἀλαζόνα ἄνθρωπον εἰσάγει, περὶ ἀλαζονείας λέγειν· ὁπότε δὲ ἀναίσχυντον καὶ βδελυρόν, περὶ ἀναιδείας καὶ βδελυρίας· ὁπότε δὲ ἀγνώμονα καὶ ὀργίλον, ἀγνωμοσύνης καὶ ὀργῆς

Die Idee, Gefühle als Krankheiten zu beschreiben, wird in anderen Strömungen der griechischen Philosophie weiter ausdifferenziert. Besonders in der stoischen Philosophie, die eine Befreiung der Seele von Affekten *(apátheia)*[26] anstrebt, findet sich häufig das Bild der Krankheit, wenn es darum geht, die Bedeutung der Gefühle im Kontext der stoischen Lehre zu beschreiben.[27] So spricht etwa Seneca von dem Gefühl des Mitleids als einer Krankheit *(aegritudo)* der Seele.[28] In einer berühmten Auseinandersetzung mit den Ansichten der aristotelischen Schule, dem Peripatos, setzt Seneca das Bild der Emotionen als Krankheiten ein: »Ob es vorteilhafter sei, gemäßigte oder gar keine Emotionen [*affectus*] zu haben, ist eine oft gestellte Frage: Wir [die Stoiker] treiben jene aus, die Peripatetiker mäßigen sie. Ich sehe nicht, wie eine mittlere Intensität einer Krankheit heilsam oder nützlich sein kann.«[29] Hier werden Gefühle explizit mit Krankheiten parallelisiert, die immer vollständig geheilt werden müssen und nicht nur ›gemäßigt‹ werden sollten. Das Bild von

---

ἀποτρέπειν. καὶ ἐπὶ τῶν ἄλλων ὁμοίως τὰ πάθη καὶ τὰ νοσήματα ἐπ᾽ αὐτῶν τῶν ἀνθρώπων τῶν ἐχομένων τοῖς πάθεσιν ἢ τοῖς νοσήμασι σαφέστερον ἐδείκνυεν ὁποῖά ἐστιν ἢ εἰ τοὺς λόγους ψιλοὺς ἔλεγε.

26  Zum Begriff siehe Diog. Laert. 7, 117; Sen. epist. 9, 2. Der Begriff *apátheia* beschreibt die ›Gefühllosigkeit‹ bzw. Befreiung von jeglichen Affekten, da diese als negativ angesehen werden; zur *apátheia* siehe exemplarisch Sen. epist. 9,2. Allgemein zu den Affekten in der stoischen Philosophie siehe Krewet 2013, besonders S. 92–102, wo auf die ›guten Gefühle‹ *(eupatheiai)* eingegangen wird.

27  Bereits Cicero bemerkt, dass die Stoiker den Vergleich der Affekte mit Krankheiten der Seele besonders prominent einsetzen; vgl. Cic. Tusc. 4, 23–24. Eine Diskussion dieser Metapher findet sich bei Galen De plac. 294, 32–296, 36 (DeLacy). Doch auch bei anderen Autoren außerhalb der stoischen Philosophie werden Gefühle als Krankheiten gezeichnet: Bei Dion Chrysostomos findet sich in or. 57, 9 der Verweis auf die Rede des Nestor zu Achill und Agamemnon, die durch ihren Zorn in Streit sind. Dort wird explizit formuliert, dass beide durch ihren Zorn krank sind und zugrunde gehen (νοσοῦσι καὶ διεφθαρμένοις ὑπὸ τῆς ὀργῆς).

28  Sen. clem. 2, 45: Misericordia est aegritudo animi ob alienarum miseriarum speciem […].

29  Sen. epist. 116, 1: Utrum satius sit modicos habere affectus an nullos, saepe quaesitum est: nostri illos expellunt, Peripatetici temperant. Ego non video, quomodo salubris esse aut utilis possit ulla mediocritas morbi. In seinen Briefen setzt Seneca vermehrt auf medizinische Bildersprache und Arztvergleiche; vgl. etwa epist. 6, 1; 7, 1; 9, 13; 18, 15. Zum Einsatz medizinischer Bildersprache vgl. auch de ira 3, 39, 1–2.

den Gefühlen als Krankheiten wird nicht nur an Stellen explizit formuliert, auch einer der zentralen Begriffe der stoischen Affektphilosophie,
die *ataraxia (*ἀταραξία*),* etwa übersetzbar mit ›Unerschütterlichkeit der
Seele‹, ist genuin ein medizinischer Terminus.[30]

Ein deutliches Nachwirken, besonders aufgrund von der zur Philosophie der Stoiker analogen Trennung zwischen sinnlichem Fühlen und
Vernunft,[31] findet dieses Bild der ›Gefühle als Krankheit‹ auch bei Immanuel Kant, wenn er in seiner Anthropologie in pragmatischer Hinsicht
schreibt: »Affekten und Leidenschaften unterworfen zu sein, ist wohl
immer Krankheit des Gemüts; weil beides die Herrschaft der Vernunft
ausschließt.«[32]

Warum ist gerade der Bereich der Medizin als Bildgeber zur Beschreibung von Gefühlen so geeignet? Im Gegensatz zu mentalen Erfahrungen, die bisweilen schwer zu fassen und zu beschreiben sind, zeichnen
sich körperliche Erlebnisse dadurch aus, dass sie meist klar charakterisiert sind. Etwa ein Brennen oder Jucken; jeder Mensch weiß, wie sich
diese körperlichen Zustände anfühlen. Daher sind durch den bildhaften
Zugang Gefühle besser zu vermitteln. Durch die Verbindung der emotionalen Ebene mit der körperlichen durch die Bildersprache gelingt es
auch, ein tieferes Verständnis für das mentale Phänomen der Gefühle
zu erreichen und diesen Bereich zugänglicher zu machen. Was hier lediglich in Bezug auf prosaische Texte gezeigt wurde, gilt ebenso für die
Dichtung; sowohl in der griechischen als auch der römischen Dichtung
finden wir das Bild von Gefühlen als Krankheiten. Ganz besonders steht
dabei das Bild Liebe als Krankheit mit konkreten körperlichen Sympto-
men im Vordergrund.[33]

---

30  Zum Verb ταράττω und dessen medizinischer Bedeutung siehe oben Anm. 13.
31  Vgl. Krewet (2013), S. 402.
32  I. Kant, Anthropologie in pragmatischer Hinsicht. Hrsg. und eingeleitet von Wolf-
    gang Becker, Nachwort von Hans Ebeling. Stuttgart 1983, B 203/A 203, 204; ferner
    auch ebd. B 205/A 205, 206. Zu diesen Stellen auch Krewet (2013), S. 402.
33  Bekannt ist vor allem das Abschiedsgedicht Sapphos (Frg. 31), in dem das lyrische
    Ich eine Vielzahl körperlicher Symptome erleidet. Medizinische Bildersprache do-
    miniert auch Catull c. 51, das als Rezeptionsgedicht des sapphischen Gedichtes gilt;
    dort wird die unerfüllte Liebe des lyrischen Ich ebenfalls intensiv mit körperlichem

# Pathos durch Bilder

Nachdem im vorangegangenen Abschnitt dargestellt wurde, wie der Bereich der Medizin als Bildspender zur Beschreibung emotionaler Zustände eingesetzt wird und Gefühle als Krankheiten bildlich beschrieben werden, beleuchtet der folgende Teil nun das Emotionalisierungspotential medizinischer Bilder in der antiken Rhetorik. In diesem Zusammenhang adressiert der Beitrag auch die Frage, warum gerade Bilder aus dem Bereich der Medizin so ein hohes Emotionalisierungspotential aufweisen und sich als erfolgreiches Mittel zur Erzeugung von Emotionen bewährt zu haben scheinen.

Rhetorik und deren Wirkung mit der Medizin zu vergleichen, ist bereits früh in der antiken Literatur ein beliebter Topos. In seinem Enkomion auf Helena beschreibt der Sophist und Rhetoriker Gorgias von Leontini die Rhetorik als medizinisches Heilmittel:

Die Kraft der Rede hat mit Blick auf die Verfassung der Seele denselben Effekt wie auch die Ordnung der Heilmittel mit Blick auf die Natur des Körpers. Denn genau wie verschiedene von den Heilmitteln verschiedene Säfte aus dem Körper heraustreiben, und die einen beenden die Krankheit, andere das Leben, so auch bringen die einen Reden Leid, die anderen erfreuen, andere erschrecken, andere wiederum treiben die Hörer zu Mut an, und andere geben Mittel und bezaubern die Seele durch irgendeine schlechte Überredung. (Gorgias, Enkomion auf Helena, 14)[34]

---

Schmerz verbunden. Auch in c. 67, 17–14 finden sich medizinische Bilder mit deutlichen Parallelen zu c. 51, 5–10. Zur medizinischen Bildersprache Catulls allgemein vgl. Josef Svennung: Catulls Bildersprache. Vergleichende Stilstudien. Uppsala 1945, S. 122–127. Zu ersten Orientierung über die Metapher ›Liebe als Krankheit‹ in der antiken Dichtung siehe Hermann Funke: Liebe als Krankheit in der griechischen und römischen Antike. In: Liebe als Krankheit. 3. Kolloquium der Forschungsstelle für europäische Lyrik des Mittelalters. Hrsg. von Theo Stemmler. Tübingen 1990, S. 11–30.

34  τὸν αὐτὸν δὲ λόγον ἔχει ἥ τε τοῦ λόγου δύναμις πρὸς τὴν τῆς ψυχῆς τάξιν ἥ τε τῶν φαρμάκων τάξις πρὸς τὴν τῶν σωμάτων φύσιν. ὥσπερ γὰρ τῶν φαρμάκων ἄλλους ἄλλα χυμοὺς ἐκ τοῦ σώματος ἐξάγει, καὶ τὰ μὲν νόσου τὰ δὲ βίου παύει, οὕτω καὶ τῶν

Nach Gorgias können Rhetorik und Medizin gegenübergestellt werden, da sie das gleiche Resultat erzielen: eine Beeinflussung durch spezifische Mittel.[35] Besonders der attische Redner Demosthenes macht intensiven Gebrauch von medizinischer Bildersprache,[36] um seine Hörer zu emotionalisieren. Athen, aber auch andere Städte in Griechenland, werden als von einer Bedrohung infiziert beschrieben;[37] der Gegner als Krankheit (νόσημα oder νόσος[38]) rhetorisch ausgestaltet: So verwendet Demosthenes vor allem bei der Darstellung seiner beiden politischen Gegner Philipp und Aischines medizinische Bildersprache zur Charakterisierung seiner Kontrahenten. In seiner dritten Philippischen Rede (or. 9), die zu den politischen Reden gehört, die zwischen 351 v. Chr. bis 341 v. Chr. gehalten wurden, und in denen er zum Widerstand gegen König Philipp II. von Makedonien aufruft, warnt Demosthenes seine Hörer vor der Wirkung des Herrschers, der immer mächtiger zu werden scheint. Demosthenes will seinen Hörern verdeutlichen, dass es nicht hilfreich sei, zu hoffen, man bleibe von der Wirkung des Philipp verschont, indem er

<hr>

λόγων οἱ μὲν ἐλύπησαν, οἱ δὲ ἔτερψαν, οἱ δὲ ἐφόβησαν, οἱ δὲ εἰς θάρσος κατέστησαν τοὺς ἀκούοντας, οἱ δὲ πειθοῖ τινι κακῆι τὴν ψυχὴν ἐφαρμάκευσαν καὶ ἐξεγοήτευσαν.

35  Ähnlich mag der Redner und Rhetoriklehrer Isokrates die Rhetorik, oder zumindest einen Teil von ihr, mit der Medizin verglichen haben, wie aus einer Sekundärüberlieferung bei Maximus Confessor (um 580–662 n. Chr.) hervorgeht: Τὸν λογισμὸν ὥσπερ ἰατρὸν ἀγαθὸν ἐπικαλεῖσθαι δεῖ ἐν ἀτυχίᾳ βοηθόν. »Die Logik [oder logische Argumentation] muss man wie einen guten Arzt herbeirufen als Hilfe im Unglück.« (Maximus Conf. Vol. 91, 590); vgl. auch Allison Das: Medical Language in the Speeches of Demosthenes. Diss. University of Washington 2015, S. 18 Anm. 37.

36  Zur medizinischen Bildersprache bei Demosthenes siehe etwa: Galen Rowe: Demosthenes' Use of Language. In: Demosthenes' On the Crown. Hrsg. von James Murphy. New York 1967, S. 175–199, besonders S. 178–179 und Cecil W. Wooten: Unnoticed Medical Language in Demosthenes. In: Hermes 107 (1979), H. 2, S. 157–160 sowie die aktuellere Arbeit von Das (2015).

37  Etwa in or. 19, 259: »Denn eine schreckliche und schwere Krankheit [νόσημα] ist über Griechenland hereingebrochen und sie bedarf jetzt viel Glück und eurer Sorgsamkeit.« Zum Bild der einfallenden Krankheit vgl. auch ebd. 262.

38  Die Etymologie des Wortes νόσος ist nicht sicher zu klären. Einen guten Überblick zur Etymologie des Wortes gibt Andreas Willi: Nósos and hosíê: Etymological and Sociocultural Observations on the Concepts of Disease and Divine (Dis)favour in Ancient Greece. In: Journal of Hellenic Studies 128 (2008), S. 153–171. Zur Metaphorik von νόσος siehe die Hinweise bei Wöhrle (1991), S. 2 Anm. 1.

ihn mit einer grassierenden Krankheit vergleicht: »Denn dass es gewiss wie eine Wiederkehr oder der Ausbruch eines Fiebers oder eines anderen Übels auch denjenigen überfällt, der momentan glaubt, weit entfernt zu sein, das weiß jeder genau.«[39] Durch das Bild der Krankheit, die unvorbereitet den Menschen befällt, auch wenn dieser meint, in Sicherheit zu sein, wird das Emotionalisierungspotential genutzt. Niemand kann sich sicher sein, wann die ›Krankheit‹ einen erreicht und dann ihre (nicht sicher vorhersehbare) Wirkung entfaltet.

Auch Aischines wird in der sogenannten Kranzrede von Demosthenes (or. 18) mit einer Krankheit verglichen, die sich bemerkbar macht, sobald der Körper, gemeint ist die Polis, durch eine andere Krankheit geschwächt ist: »Aischines ist zur Stelle. Genau wie die Wunden und Krämpfe dann entstehen, wenn irgendein Übel den Körper erfasst.«[40] Inhaltlich ist hier sogar eine Nähe zu einem Aphorismus im Corpus Hippocraticum,[41] der größten medizinischen Textsammlung der Antike, zu erkennen; dort heißt es, dass eine Krankheit genau den Teil des Körpers befällt, der zuvor schon in Mitleidenschaft gezogen wurde.[42] Damit ist die Nähe zur medizinischen Literatur nicht nur durch den Bildgeber deutlich, sondern weist auch eine literarische Parallele auf. In extremen Fällen verwendet Demosthenes das Bild der ›unheilbaren Krankheit‹, für die es keine Lösung gibt: In der Rede Gegen Aristogeiton I (or. 25) ruft Demosthenes gegen Ende die Hörer, die Männer Athens, dazu auf, sich gegen Aristogeiton zu wehren; dabei erzeugt er von ihnen das Bild von Ärzten, die gegen eine Krankheit vorgehen:

Unheilbar, unheilbar, athenische Männer, ist die Angelegenheit von ihm. Es ist nun ganz wichtig, dass alle wie Ärzte, wenn sie ein Krebsgeschwür

---

39  Demosth. or. 9, 29: […] ὥσπερ περίοδος ἢ καταβολὴ πυρετοῦ ἢ ἄλλου τινὸς κακοῦ καὶ τῷ πάνυ πόρρω δοκοῦντι νῦν ἀφεστάναι προσέρχεται, οὐδεὶς ἀγνοεῖ.

40  Demosth. or. 18, 198: πάρεστιν Αἰσχίνης. ὥσπερ τὰ ῥήγματα καὶ τὰ σπάσματα, ὅταν τι κακὸν τὸ σῶμα λάβῃ, τότε κινεῖται.

41  Die genaue Datierung der einzelnen Schriften dieses Corpus' ist unklar. Zum Corpus Hippocraticum siehe Jacques Jouanna: Hippocrate. Paris 1992.

42  Hippokr. Aph. 4, 33.

oder eine Wucherung oder ein anderes der unheilbaren Übel sehen, und es herausbrennen oder abscheiden, so auch ihr dieses Tier vertreibt, es aus der Stadt reißt, [ihn] zerstört, wobei ihr nicht abwartet, etwas zu erleiden, was weder im privaten noch im öffentlichen [Leben] entstehen möge, sondern ihr euch vorseht.[43]

Diese Partie zeigt deutlich, wie Demosthenes zum Schluss seiner Rede medizinische Bildersprache einsetzt und rhetorisch aufbaut: Durch die Wiederholung des Schlagwortes ›unheilbar‹ (ἀνίατον, ἀνίατον) wird der Ernst der Lage betont; der Vergleich mit dem Krebsgeschwür verdeutlicht, dass dringend gehandelt werden muss und dass einer so schlimmen Krankheit gegenüber nur drastische Methoden – Brennen und Schneiden[44] – übrigbleiben. Deshalb müssten die Richter, wie Ärzte, sich auch gegen Aristogeiton stellen und zu entsprechenden Mitteln greifen: Verbannung (ῥῖψαι ἐκ τῆς πόλεως), vielleicht sogar Tod (ἀνελεῖν).[45]

Dieses Bild der Unheilbarkeit wird auch von anderen Rednern eingesetzt. Gleich an zwei Stellen verwendet der attische Redner Antiphon dieses Bild: Im Kontext der potentiellen Reue, die Richter nach einer Fehlentscheidung befallen könnte, verweist er mehrfach auf die Unheilbarkeit von diesem Gefühl: »In der Angelegenheit ist es nötig, große Vorsicht zu zeigen, für die, die im Begriff sind, eine nicht heilbare Tat zu vollbringen.«[46] Auch in seinen rhetorischen Übungsstücken, den Tetra-

---

43  Demosth. or. 25, 95: ἀνίατον, ἀνίατον, ἄνδρες Ἀθηναῖοι, τὸ πρᾶγμ᾿ ἔστι τὸ τούτου. δεῖ δὴ πάντας, ὥσπερ οἱ ἰατροί, ὅταν καρκίνον ἢ φαγέδαιναν ἢ τῶν ἀνιάτων τι κακῶν ἴδωσιν, ἀπέκαυσαν ἢ ὅλως ἀπέκοψαν, οὕτω τοῦτο τὸ θηρίον ὑμᾶς ἐξορίσαι, ῥῖψαι ἐκ τῆς πόλεως, ἀνελεῖν, μὴ περιμείναντάς τι παθεῖν, ὃ μήτ᾿ ἰδίᾳ μήτε δημοσίᾳ γένοιτο, ἀλλὰ προευλαβηθέντας.

44  Diese beiden Begriffe sind Standardausdrücke für ärztliche Tätigkeit; vgl. Plat. Gorg. 456b4 und polit. 293b3. Aus einem Aphorismus des Hippokrates geht hervor, dass solche Mittel erst zum Schluss, wenn nichts mehr gegen die Krankheit hilft, eingesetzt werden sollten: »Was Heilmittel [*phármaka*] nicht heilen, heilt das Eisen, was das Eisen nicht heilt, heilt das Feuer, was das Feuer nicht heilt, muss man für unheilbar erachten.« (Hippokr. Aph. 8, 6). Zur Furcht vor dem Brennen und Schneiden bei der Behandlung siehe Sen. epist. 52, 9.

45  Zu ἀναιρέω in der Bedeutung töten vgl. Herodot Hist. 4, 66 und Plat. leg. 870d.

46  Antiph. 5, 91–92. Zu dieser Stelle ausführlicher Humar (2016).

logien, wird der Verweis auf eine nicht mehr durchzuführende Heilung verwendet. So geht die erste Tetralogie von einem Mordfall als Gegenstand der Anklage aus: Ein Mann ist nachts gemeinsam mit seinem Sklaven getötet worden; der Sklave konnte vor seinem Tod noch den Angeklagten als Täter nennen. Antiphon nutzt diese (vielleicht von der Gegenseite als vage zu bewertende) Aussage als Grund, um auf die Reue der Richter einzugehen. Nach einer Ermahnung, nicht durch Bestrafung des Unschuldigen den Schuldigen entkommen zu lassen, fährt Antiphon folgendermaßen fort:

> Da ich aber von allen Anschuldigungen rein bin, fordere ich in meinem eigenen Interesse die Rechtschaffenheit derer, die kein Unrecht begangen, zu berücksichtigen, und ich erinnere euch im Interesse des Verstorbenen an die Vergeltung und ermahne euch, nicht den Schuldigen davon kommen zu lassen, indem ihr den Unschuldigen ergreift: Wenn ich gestorben bin, wird niemand mehr nach den Schuldigen fahnden. Dies bedenkend, sprecht mich vor Gott und vor dem Recht frei, und erkennt nicht den Fehler, erst in dem Moment, wenn ihr ihn bereut. Für Reue in Fällen wie diesen gibt es kein Heilmittel.[47]

Hier wird deutlich das Gefühl der Reue als Krankheit ausgestaltet, wenn Antiphon darauf hinweist, dass es für die späte Reue keine Heilung gäbe; die Richter in der Versammlung werden also dahingehend emotionalisiert, dass sie ihr eigenes Gefühl, das sich aufgrund einer potentiellen Fehlentscheidung einstellen könnte, fürchten sollen wie eine Krankheit, die ihnen als unheilbar beschrieben wird. Dion Chrysostomos setzt in seinen Reden ein ähnliches Bild ein: Um zu beschreiben, dass es innerhalb der Versammlung keine Einheit gäbe und alle Mitglieder miteinander uneinig seien, nutzt er einen Vergleich mit einer Krankheit, die den ganzen Körper einnimmt:

---

47 Antiph. Tetr. I, 4, 11–12.

Wenn also jemand alle [Anwesenden] durchginge, scheint es mir, dass sich nicht zwei Männer in der Polis finden ließen, die dasselbe denken, sondern genau wie einige von den unheilbaren und schweren Krankheiten, die gewohnt sind, durch den ganzen Körper zu laufen und es keinen Teil gibt, in den sie nicht eindringen, so sind auch die Uneinigkeit selbst und [der Zustand], dass sich beinahe alle voneinander abgewandt haben, in die Stadt eingewandert.[48]

Wie schon in der Stelle oben aus der Rede des Demosthenes anklingt, stilisieren sich die Redner der Antike häufig als ›Heilmittel‹ gegen die drohende Krankheit. Auch hierfür finden sich zahlreiche Belege. Isokrates, Redner und Rhetoriklehrer in Athen, verwendet an einer Stelle das Bild des Arztes, um auf den positiven Effekt einer Rede aufmerksam zu machen:

Es ist aber notwendig, dass ihr zunächst erkennt, dass viele und vielseitige Behandlungsmöglichkeiten von Krankheiten des Körpers von Ärzten gefunden wurden, es aber für Seelen, die unwissend sind und voll von leeren Begierden, kein anderes Heilmittel gibt als die vernünftige Rede [λόγος], die es wagt, Verfehlungen aufzuzeigen, und dann noch, dass es lächerlich ist, das Brennen und Schneiden der Ärzte zu ertragen, damit wir uns von zahlreichen Schmerzen befreien, die Reden aber ablehnen, bevor wir klar wissen, ob die eine solche Kraft haben, den Hörern zu nützen.[49]

---

48 Dion Chrysostomos or. 34, 20: εἰ γοῦν τις ἐπεξίοι πάντας, δοκεῖ μοι μηδ᾽ ἂν δύο ἄνδρας εὑρεῖν ἐν τῇ πόλει τὸ αὐτὸ φρονοῦντας, ἀλλ᾽ ὥσπερ ἔνια τῶν ἀνιάτων καὶ χαλεπῶν νοσημάτων, ἃ δι᾽ ὅλων εἴωθεν ἔρχεσθαι τῶν σωμάτων καὶ οὐδέν ἐστι μέρος εἰς ὃ μὴ κάτεισιν, οὕτως ἡ τραχύτης αὕτη καὶ τὸ μικροῦ δεῖν ἅπαντας ἀλλήλων ἀπεστράφθαι διαπεφοίτηκε τῆς πόλεως. Weitere Bezüge zur Medizin bei Dion Chrysostomos finden sich etwa in or. 32, 10 und 14 sowie 17; or. 33, 30; or. 34, 17; or. 36, 5.

49 Isokr. or. 8, 39–40: ὑμᾶς δὲ χρὴ πρῶτον μὲν τοῦτο γιγνώσκειν, ὅτι τῶν μὲν περὶ τὸ σῶμα νοσημάτων πολλαὶ θεραπεῖαι καὶ παντοδαπαὶ τοῖς ἰατροῖς εὕρηνται, ταῖς δὲ ψυχαῖς ταῖς ἀγνοούσαις καὶ γεμούσαις πονηρῶν ἐπιθυμιῶν οὐδέν ἐστιν ἄλλο φάρμακον πλὴν λόγος ὁ τολμῶν τοῖς ἁμαρτανομένοις ἐπιπλήττειν, ἔπειθ᾽ ὅτι καταγέλαστόν ἐστι τὰς μὲν καύσεις καὶ τὰς τομὰς τῶν ἰατρῶν ὑπομένειν, ἵνα

Der Historiker Thukydides greift ebenfalls auf medizinische Bilder zurück und lässt – im Kontext der Schilderung der Expedition nach Sizilien – Nikias vor der Volksversammlung den guten Staatsmann (πολίτης ἀγαθός) mit einem Arzt vergleichen:

> Und du, Prytane, wenn du es für deine Pflicht hältst, für die Stadt zu sorgen, und dich als guter Bürger bewähren willst, so bring das zur Abstimmung und gib den Athenern das Wort darüber frei und bedenke, wenn du das Wiederholen der Abstimmung scheust, dass dir das Abweichen von den Gesetzen bei so vielen Zeugen gewiss nicht zum Vorwurf gemacht wird, du aber der ‹schlecht›[50] beratenen Stadt ein Arzt werden könntest, und dass der sein Amt recht führt, der der Heimat den möglichst großen Nutzen erweist oder doch willentlich nicht schadet.[51] (Übersetzung nach Georg P. Landmann 2002, geringfügig verändert)

Neben der Metapher des Staatsmannes als Arzt wird hier noch ein zweiter Bezug zu konkreten Texten der antiken Medizin hergestellt: Im hippokratischen Eid ist davon die Rede, dem Patienten nach besten Fähigkeiten und Urteil (κατὰ δύναμιν καὶ κρίσιν ἐμήν) zu nützen und diesem nicht zu schaden; noch deutlicher wird das Motiv des *non nocere* in den Epidemien I, II formuliert, wo es heißt, der Arzt solle nützen oder (zumindest) nicht schaden (ὠφελεῖν καὶ μὴ βλάπτειν).[52] So wird abermals durch eine literarische Parallele zu medizinischen Texten der Berührungspunkt der beiden Bereiche Rhetorik und Medizin fassbar.

---

πλειόνων ἀλγηδόνων ἀπαλλαγῶμεν, τοὺς δὲ λόγους ἀποδοκιμάζειν πρὶν εἰδέναι σαφῶς εἰ τοιαύτην ἔχουσι τὴν δύναμιν ὥστ᾿ ὠφελῆσαι τοὺς ἀκούοντας.

50  Zur textkritischen Frage des κακῶς siehe: Carlo Scardino: Gestaltung und Funktion der Reden bei Herodot und Thukydides. Berlin/Boston 2007, S. 505 mit Anm. 323.

51  Thuk. 6, 14: Καὶ σύ, ὦ πρύτανι, ταῦτα, εἴπερ ἡγεῖ σοι προσήκειν κήδεσθαί τε τῆς πόλεως καὶ βούλει γενέσθαι πολίτης ἀγαθός, ἐπιψήφιζε καὶ γνώμας προτίθει αὖθις Ἀθηναίοις, νομίσας, εἰ ὀρρωδεῖς τὸ ἀναψηφίσαι, τὸ μὲν λύειν τοὺς νόμους μὴ μετὰ τοσῶνδ᾿ ἂν μαρτύρων αἰτίαν σχεῖν, τῆς δὲ πόλεως ‹κακῶς› βουλευσαμένης ἰατρὸς ἂν γενέσθαι, καὶ τὸ καλῶς ἄρξαι τοῦτ᾿ εἶναι, ὃς ἂν τὴν πατρίδα ὠφελήσῃ ὡς πλεῖστα ἢ ἑκὼν εἶναι μηδὲν βλάψῃ.

52  Vgl. Das (2015), S. 8 und Scardino (2007), S. 505 Anm. 323.

Wie die angeführten Stellen zeigen, gehört die medizinische Bildersprache zum festen Inventar der Redner im antiken Griechenland.[53] Sie
wird in vielfacher Weise eingesetzt, um bei den Hörern der Rede negative Gefühle hinsichtlich der Gegenpartei oder positive Gefühle der
Sicherheit in Bezug auf den Redner zu evozieren. Dabei zeigt sich häufig
auch eine sprachliche Nähe zu den Texten des Corpus Hippocraticum
(Aphorismen und Epidemien). Die anhand der Fallbeispiele präsentierte
Strategie der medizinischen Bildersprache hat sich bis heute gehalten
und findet – besonders in Propagandareden – vielfache Verwendung,[54]
was die (mutmaßliche) Wirkung medizinischer Bildersprache unterstreicht.

---

53   Auch in der römischen Rhetorik findet sich dieses sprachliche Mittel; so beschreibt
     Cicero in seiner ersten Rede gegen Catilina die Folgen für den Staat, wenn neben
     Catilina nicht auch seine Anhänger vertrieben werden: Ut saepe homines aegri
     morbo gravi, cum aestu febrique iactantur, si aquam gelidam biberunt, primo rele-
     vari videntur, deinde multo gravius vehementiusque adflictantur, sic hic morbus, qui
     est in re publica, relevatus istius poena vehementius reliquis vivis ingravescet. Cic.
     Catil. 1, 31. Wie oft Menschen, die an einer schweren Krankheit leiden, wenn sie von
     Hitze und Fieber geschüttelt werden, und sie kaltes Wasser trinken, zuerst erleichtert
     scheinen, letztendlich aber weit heftiger und schwerer [von der Krankheit] befallen
     werden, so wird diese Krankheit [morbus], die im Staat [sich befindet], nachdem sie
     durch die Bestrafung dieses [Mannes] eine Erleichterung erfahren hat, noch heftiger
     ausbrechen aufgrund der übrigen noch lebenden [Anhänger des Catilina].
54   Bei der Konstituierung eines komplementären Feindbildes finden sich häufig kon-
     zeptionelle Metaphern, die den Feind als Krankheit oder Plage charakterisieren; vgl.
     dazu allgemein: Sam Keen: Faces of the Enemy. Reflections of the Hostile Imagina-
     tion. New York 1986. Deutlich wird dies auch an dem Begriff des surgical strike, wo-
     mit ein gezielter militärischer Schlag, der sich nur auf militärische Ziele konzentriert
     und Kollateralschäden vermeidet, bezeichnet wird. Die Verbindung zum gezielten
     Herausschneiden eines Geschwürs, ohne das darum liegende gesunde Gewebe zu
     verletzen, ist deutlich. Weitere Krankheitsmetaphern im Kontext des Krieges finden
     sich bei: Thomas Anz: Rousing Emotions in the Description of Contagious Diseases
     in Modernism. In: Contagionism and Contagious Diseases. Medicine and Litera-
     ture 1880–1933. Hrsg. von Thomas Rütten und Martina King. Berlin/Boston 2013,
     S. 83–100.

## Zusammenfassung

Insgesamt lässt sich zeigen, dass die Verbalisierung sowie die Erzeugung von Emotionen im rhetorischen Kontext mit dem Bereich der Medizin eng verknüpft ist: Sowohl bei der Beschreibung und Charakterisierung von Emotionen als auch bei der Erzeugung von Emotionen durch Redner wird auf die Bildersprache der Medizin zurückgegriffen. Dies mag mehrere Gründe haben: Erstens ist durch den Rückgriff auf körperliche, medizinische Phänomene die emotionale Ebene verständlicher zu beschreiben, da körperliche Phänomene einfacher darzustellen und für den Rezipienten (Leser, Hörer einer Rede) somit leichter zu verstehen sind. Die Verwendung medizinischer Bildersprache ermöglicht demnach einen besseren Zugriff, da hier ein Bereich als Bildgeber fungiert, der im Alltagsleben präsent ist, und von jedem Bürger, egal welcher Bildung, verstanden werden kann. Im Kontext der Rhetorik besitzen vor allem Bilder der Krankheit enormes Emotionalisierungspotential, da mit ihnen eine gewisse Hilflosigkeit verbunden ist; nur Ärzte haben hierfür Heilungsangebote, der Mensch an sich ist (schweren) Krankheiten gegenüber weitestgehend machtlos.[55] Der gemeinsame Berührungsbereich von Krankheit und Emotion sind die Aspekte des ›Erleidens‹; dies ist in dem Wort *páthos* angelegt, wie in der Einleitung dargestellt wurde.[56] Menschen sehen sich Gefühlen gegenüber bisweilen machtlos und ausgeliefert.

Sicherlich spielt eine große Rolle dabei der kulturelle Kontext,[57] denn die Entwicklung der hippokratischen Medizin fällt mit dem intensiven

---

55  Ähnlich beschreibt auch Wöhrle (1991), S. 6 das »wuchernde, zerstörende und vielleicht – infolge einer noch relativen Machtlosigkeit der Medizin ihm gegenüber – das unheimlich, bedrohende Element« einer Krankheit (bei Wöhrle wird Krebs als Beispiel angeführt). Dazu ferner auch: Anz (2013), S. 97.

56  Ähnlich begründet Clarke-Kosak (2004) den Einsatz medizinischer Fachsprache bei Euripides damit, dass sowohl Medizin als auch Tragödie das ›menschliche Leid‹ thematisieren.

57  Zur Medizin und dem Einfluss medizinischer Erkenntnisse auf die Vorstellung der Griechen siehe Lloyd (2003).

Einsatz medizinischer Bildersprache zusammen; dies wird auch durch textuelle Parallelen deutlich.

Eine umfassende und vergleichende Auseinandersetzung mit der Darstellung und Erzeugung von Emotionen durch medizinische Bilder in antiken und modernen Texten[58] wäre daher sicherlich, sowohl aus literaturwissenschaftlicher als auch aus kulturwissenschaftlicher Perspektive, fruchtbar.[59]

---

58  Als wichtiger moderner Text, der sich dezidiert mit der Krankheitsmetaphorik allgemein auseinandersetzt, sei hier die Arbeit von Susan Sontag: Illness as Metaphor. London 1979 genannt.

59  Für Beispiele aus der Moderne vgl. etwa: Anz (2013).

# Eine pathetisch fundierte Dramaturgie

## Überlegungen zur Funktion und Gestaltung des Chors in Schillers *Braut von Messina*

*Gabriella Pelloni*

## I.

Der Experimentcharakter von Schillers vorletztem Stück und dessen Orientierung an dem formalen Konzept einer »einfachen Tragödie nach der strengsten griechischen Form«[1] haben die Forschung vor nicht wenige Deutungsprobleme gestellt. Bestritten war in der älteren Forschung die Frage, ob Schiller mit der *Braut von Messina* eine moderne Adaption der griechischen Tragödie gelang, oder ob die Mischung von Dramentechniken, wie Claudia Albert es ausdrückt, eher zu einem »fragwürdigen Zwitterwesen« führte.[2] In der Tat bezieht sich Schiller in der Gestaltung seines Stoffes auf eine Vielzahl von unterschiedlichen Quellen, die von den antiken Dramen des Sophokles und des Aischylos bis auf Lessings *Hamburgische Dramaturgie* und die Theoretiker der italienischen Oper reichen. Probleme bereitet vor allem die relevanteste dramaturgische Innovation des Dramas, die Einführung des Chors, die Schiller in der Praxis äußerst komplex und teilweise in offensichtlichem Kontrast zu der in der Vorrede postulierten Funktion eines idealen Chors gestaltet.

In Verbindung damit wurde neulich auch die Frage diskutiert, ob die Dimension der Geschichte für die Handlung und die Struktur des Stücks von Bedeutung sei. Diesbezüglich scheinen sich die Forscher

---

1  Friedrich Schiller an Gottfried Körner, 13 Mai 1801. In: Schillers Werke. Nationalausgabe. Bd. 31: Briefwechsel. Schillers Briefe. 1. Januar 1801 – 31. Dezember 1802. Hrsg. von Stefan Ormanns. Weimar 1985, S. 35. [Im Folgenden abgekürzt als »NA«].

2  Claudia Albert: Sizilien als historischer Schauplatz in Schillers Drama »Die Braut von Messina«. In: Archiv für das Studium der neueren Sprachen und Literaturen 226 (1989), S. 265–276, hier: S. 265.

darüber geeignet haben, dass dieses Drama keinen Abschied von der Geschichte darstellt und keineswegs allein als ein klassizistisches Dramenexperiment gedeutet werden kann. Obwohl die Wahl des Ortes sicherlich an die Italienbegeisterung des 18. Jahrhunderts anknüpft und allein das Exotische in Verbindung mit der geschichtlichen Periode die in der Vorrede erwähnte religiöse Mischung rechtfertigt, spielen Schillers historische Quellen zweifellos eine wichtige Rolle in der Gestaltung des Stoffes und in der Wahl der Motive. Betrachtet man Schillers Interesse am mittelalterlichen Sizilien, das anhand den *Historischen Schriften* zu dokumentieren ist, dann kommt die historische Ebene des Dramas deutlich zum Vorschein. In der Wahl des Schauplatzes und des Stoffes ging es Schiller offensichtlich sehr um die Motive des Gewaltcharakters der Herrschaft der Normannen und ihrer Nachfahren sowie der Unterdrückung der einheimischen Bevölkerung.[3] Die Vorstellung drohender Umwälzungen und Veränderungen in einer politischen Welt, in der Gewalt, Despotismus und Usurpation herrschen, spiegelt sich nicht zuletzt im Wankelmut des Chors wider, der in einem Brief an Körner vom 10. März 1803 als »einheimisch« und als »ein lebendiges Gefäß der Tradition«[4] definiert wird.

Die ethnographische kulturelle Vielschichtigkeit des Ortes, die für den mythologischen Synkretismus und die Einbeziehung von Motiven aus der abendländischen sowie morgenländischen Tradition steht,[5] ferner die Wahl eines Schauplatzes, in dem die Gewalt der Geschichte und die Macht menschlicher Affekte ersichtlich wird, schließlich die Einführung eines Chors als Stimme der einheimischen Bevölkerung bilden ein thematisches Unikum in Schillers Dramatik. Solchem Themenkomplex möchte ich nachgehen, um eine Lektüre des Dramas vorzuschlagen, die

---

3   Ebd. Dazu vgl. auch neulich Walter Hinderer: Schillers »Braut von Messina«. Eine moderne Aneignung der antiken Tragödie. In: Die Tragödie der Moderne: Gattungsgeschichte – Kulturtheorie – Epochendiagnose. Hrsg. von Daniel Fulda und Thorsten Valk. Berlin 2010, S. 67–83.

4   Friedrich Schiller an Gottfried Körner, 10 März 1803, in: NA 32, S. 20.

5   Es finden sich u. a. Bezüge auf den griechischen Mythos, auf die arabische Sternenkunde und auf die christliche Morallehre.

dem Chor und mithin dem »Musikalischen« eine zentrale Rolle in der Ökonomie des Stückes zuweist. Anhand einer Untersuchung der Chorsprache in der *Braut* möchte ich zeigen, wie Schillers Chor als unmittelbarer Ausdruck der Empfindungen der Volksmasse – wie ihn Schumann definierte – eher ein Sprachrohr für das Leben darstellt, als dass er als ein Vehikel ästhetischer Autonomie oder gar als ein Organ ästhetischer Überhöhung der Wirklichkeit betrachtet werden kann. »Leben« verstehe ich hier in Anlehnung an Nietzsches Philosophie eine in Erregung und Entzweiung sich selbst erneuernde Kraft, der der Philosoph bereits in seiner epochalen Erkundung der griechischen Tragödie nachspürte. Dementsprechend versuche ich, zwischen Schillers Gestaltung des Chors in der *Braut von Messina* und Nietzsches berühmter Betrachtung des Chors in der *Geburt der Tragödie* eine Brücke zu schlagen, was meines Erachtens erlaubt, sowohl neue Akzente in Schillers eigenwilligem Chorgebrauch zu setzen, als auch wesentliche Aspekte einer im Weimarer Klassiktheater entstandenen Ästhetik des Pathos zu beleuchten, die offensichtlich gegen das klassizistische Tragödienkonzept stößt. Was den spezifischen Aspekt des Chors betrifft, besteht zwischen Schiller und Nietzsche einen poetologischen Zusammenhang, der in all seinen Facetten noch zu ergründen gilt.

Ein Blick auf die Forschungslage mit ihren zum Teil stark divergierenden Tendenzen mag helfen, mein Anliegen zu präzisieren. Die Diskrepanz zwischen Schillers theoretischen Schriften und der dramaturgischen Praxis, die in der *Braut von Messina* in erster Linie die Gestaltung und die Funktion des Chors betrifft, hat vor allem die neuere Forschung betont. Die eher idealistisch gerichtete ältere Forschung hat in der *Braut* vorzugsweise ein Schicksalsdrama gesehen, das mit dem Selbstmord Don Cesars als einem freien, sittlichen Akt des Willens im Sinne des Erhabenen endet. Doch selbst neue Interpretationen haben im Drama vor allem die Bewältigung der Leiderfahrung durch das Bewusstsein der höheren menschlichen Bestimmung hervorgehoben und mithin den Selbstmord als Realisierung der moralischen Verantwortung für das eigene Schicksal gedeutet.[6] Gilt die *Braut* als Manifest gegen die blinde Schicksalsgläubigkeit, so wird der Selbstmord als ethische Handlung dargestellt und die erhabene Freiheit des Todes Don Cesars betont.[7] In diesem Zusammenhang legt man die Wirkung des Chors auf die Reinigung der Handlung fest, die, wie Schiller in der *Vorrede über den Gebrauch des Chors in der Tragödie* festhält, erreicht werde, indem der Chor wie ein idealer Zuschauer auf der Bühne wirke, der als distanziert denkender Betrachter dem realer Zuschauer bestimmte Reaktionen vorgebe[8].

Die Vertreter der anderen Interpretationslinie stellen dagegen die These auf, dass der Vorsatz, den Stoff durch die Form zu vertilgen, das unerfüllte Postulat des Stücks sei.[9] Die *Braut* sei, so Peter Alt, ein Drama der heftigen Affekte und der Selbstmord kein Akt erhabener Selbstbehauptung, sondern ein dramatisch effektvolles Finale ohne wahre Erhabenheit.[10] Wenn der Chor in der Vorrede als Organ eines sowohl ästhetischen als auch ethischen Anspruchs dargestellt wird, zeigt er in der Praxis widersprüchliche Haltungen: Als Akteur reagiere er, so Joachim Müller, auf die szenischen Vorgänge, ohne eine reflektierende Distanz anzunehmen.[11] In dieser Perspektive neigen die Interpretationen dazu, in der widersprüchlichen Struktur des Dramas das Indiz einer neuen

---

6    Vgl. Monika Ritzer: Not und Schuld. Zur Funktion des »antiken« Schicksalsbegriffs in Schillers »Braut von Messina«. In: Schiller heute. Hrsg. von Hans-Jörg Knobloch und Helmut Koopmann. Tübingen 1996, S. 131–150.

7    Benedikt Jeßing: Im Wettstreit mit den Alten und den Neueren: Schillers »Braut von Messina« im Kontext klassizistischer Dramenästhetik. In: Der ganze Schiller – Programm ästhetischer Erziehung. Hrsg. von Klaus Manger. Heidelberg 2006, S. 359–376.

8    Vgl. Johannes Endres: ›Nathan‹ entzaubert. Kontinuität und Diskontinuität der Aufklärung in Schillers »Die Braut von Messina«. In: JbFDH 2000, S. 164–188. Als Organ der Autonomie des vernunftbestimmten Menschen sei der Chor, so Endres, auf den Kontext der Aufklärung zurückzuführen, während er als Garant der poetischen Freiheit Schillers das Programm der ästhetischen Erziehung erfülle.

9    Norbert Oellers: Schiller. Elend der Geschichte, Glanz der Kunst. Stuttgart 2005, S. 269–291.

10   Peter-André Alt: Klassische Endspiele. Das Theater Goethes und Schillers. München 2008, S. 182 ff.

11   Joachim Müller: Choreographische Strategie. Zur Funktion der Chöre in Schillers Tragödie »Die Braut von Messina«. In: Friedrich Schiller. Angebot und Diskurs.

Ästhetik der Moderne zu sehen, eine Art pathetischer Satire, die gegen ein allzu selbstverständliches Vertrauen in die moralische Autonomie des Individuums Einspruch erhebt.[12] Die Kritik des Erhabenen als der Erprobung individueller Freiheit unter den Bedingungen der Heteronomie ließe sich auch, so Rolf-Peter Janz, an Schillers Gebrauch des Chors festmachen.[13]

## II.

Nach der zentralen These der Vorrede, die Schiller erst nach Fertigstellung des Dramas verfasst, kommt der Chor ganz und gar aus technischen Erwägungen zustande. Schiller hält den Chor in erster Linie für ein Werkzeug zur Veredelung: Dadurch, dass er einer besonderen lyrischen Prachtentfaltung bedarf, hat er das allzu Abstrakte aus dem Drama gleichsam in sich hineinzusaugen. Der Chor hat jedoch nicht nur für die Poetisierung des Stoffes, sondern auch für die Stillung der Affekte und die Mäßigung des Leidens zu sorgen. Das Pathetische, das Leiden, ist für Schiller das zentrale Element der Tragödie, das aber weder zu schwach noch zu stark sein darf.[14]

---

Zugänge, Dichtung, Zeitgenossenschaft. Hrsg. von Helmut Brandt. Berlin/Weimar 1987, S. 431–448.

12   Vgl. schon Renate Homann: Erhabenes und Satirisches. Zur Grundlegung einer Theorie ästhetischer Literatur bei Kant und Schiller. München 1977, S. 104 ff.

13   Rolf-Peter Janz: Antike und Moderne in Schillers »Braut von Messina«. In: Unser Commercium. Goethes und Schillers Literaturpolitik. Hrsg. von Wilfried Barner, Eberhard Lämmert et al. Stuttgart 1984, S. 329–349.

14   Vgl. die Anfangsthese in: Friedrich Schiller: Ueber das Pathetische (NA 20, S. 196): »Darstellung des Leidens – als bloßen Leidens – ist niemals Zweck der Kunst, aber als Mittel zu ihrem Zweck ist sie derselben äußerst wichtig. Der letzte Zweck der Kunst ist die Darstellung des Uebersinnlichen und die tragische Kunst insbesondere bewerkstelligt dieses dadurch, dass sie uns die moralische Independenz von Naturgesetzen im Zustand des Affekts versinnlicht. Nur der Widerstand, den es gegen die Gewalt der Gefühle äußert, macht das freie Princip in uns kenntlich; der Widerstand aber kann nur nach der Stärke des Angriffs geschätzt werden«.

Die in der Vorrede postulierte, reinigende und beruhigende Wirkung des Chors hat jedoch wenig mit dem tatsächlichen Gebrauch des Chors im Drama zu tun. Diesbezüglich teile ich die Sicht jener Interpreten, nach denen die Charaktere in der *Braut von Messina* nicht so sehr von Geistesstärke zeugen, sondern sich meist von der Macht der Affekte bewegt zeigen. Wie die Handlung die Unfreiheit der Bühnenfiguren zum Ausdruck bringt, so zeigt sich der Chor meist nicht als Instanz der Verfremdung und der Reflexion. Als Verkörperung der einheimischen Bevölkerung ist er einerseits individualisiert in geographischer, historischer und sozialer Hinsicht. Andererseits steht er kaum über den Dingen, sondern er ist als Mithandelnder in das Geschehen verstrickt. Dementsprechend vertritt er keine überlegenen Ansichten, sondern er setzt vielmehr eine Affektivität frei, die manchmal nicht kontrollierbar erscheint. Somit wirkt er durch seine pathetischen Deklamationen nicht lindernd, sondern eher stimmungssteigernd und sogar stimmungsschaffend. In diesem Sinne hat man oft die Opernaffinität des Dramas betont: Exzessive Effektdramaturgie, Vehemenz der Gebärdensprache, operntypische Redeweise mit Exklamationen und pathetisch sich steigernden Reden lassen sich nicht nur in den frühen Theaterstücken Schillers, sondern auch in der klassischen Dramatik finden. Die Faszination für das Gesamtkunstwerk, wie sie auch in der Vorrede zum Ausdruck gebracht wird, schlägt sich in der *Braut* in der Einführung des Chors nieder, womit Schiller offensichtlich auf eine Remusikalisierung der Tragödie abzielt.

Bekanntlich haben diejenige Zeitgenossen Schillers, die nicht positiv auf die choreographische Praxis des Dramas reagierten, genau diesen Aspekt einer scharfen Kritik unterzogen. Wenn einerseits die Teilung in zwei Halbchöre kritisierte wurde, die jeweils das Gefolge der Brüder Manuel und Cesar bilden, wurde andererseits eingewendet, dass der Chor zu wenig der idealen Person entspreche, die Schiller in der Vorrede im Auge hatte.[15] Vor der Hintergrund klassizistischer poetologischer Über-

---

15   Zur zeitgenössischen Rezeption vgl. vor allem Anton Sergl: Das Problem des Chors im deutschen Klassizismus. Schillers Verständnis der »Iphigenie auf Tauris« und seine »Braut von Messina«. In: JbDSG (1998), H. 42, S. 165–194.

legungen zur Funktion des Chors in der Tragödie lässt sich der Bogen zu Nietzsches Einbeziehung der Schillerschen Vorrede in seine Betrachtung des Chors bei den Griechen leicht ziehen. Tatsächlich bezieht sich Nietzsche in den ersten Kapiteln seiner Tragödienschrift zweimal auf Schiller. Einmal erinnert er an Schillers Beobachtung über den musikalischen Ursprung der Poesie und er zitiert dabei aus einem Brief Schillers an Goethe vom März 1796 folgende Stelle: »Bei mir ist die Empfindung anfangs ohne bestimmten und klaren Gegenstand; dieser bildet sich erst später. Eine gewisse musikalische Gemüthsstimmung geht vorher, und auf diese folgt bei mir erst die poetische Idee«.[16] Demnach ist der vorbereitende Zustand vor dem Akt des Dichtens nicht so sehr eine Reihe von Bildern, oder gar ein kausal geordneter Gedanke, sondern eine musikalische Stimmung. Ferner bezieht sich Nietzsche auf die Vorrede über den Chor in der *Braut von Messina*, um Schillers Gedanke einer vom Chor geleisteten Abschließung des Bühnengeschehens von der wirklichen Welt hervorzuheben und den Chor als den »entscheidende[n] Schritt, mit dem jedem Naturalismus in der Kunst offen und ehrlich der Krieg erklärt wurde«,[17] zu definieren. Umgekehrt scheint das in der Vorrede angekündigte Interesse Schillers an Musikalität und Rhythmus, die »in die Sprache Leben«[18] bringen und die »sinnliche Gewalt des Ausdrucks«[19] verstärken sollen, auf Nietzsches Betrachtung des Chors in der *Geburt der Tragödie* vorauszuweisen.

Im Umgang mit der antiken Tragödie beschäftigt Nietzsche in erster Linie die Frage nach dem Ursprung und der Musik der Tragödie auf Kosten von Geschehen, Wort und Erzählung, denen Aristoteles' Augenmerk galt. Das tragische Schauspiel ist für Nietzsche die transfigurierte Erscheinungsform des griechischen Gottes Dionysos, der zunächst nur im Chor erschien. Im Zentrum seiner Deutung stehen die Pathos-

---

16  Friedrich Nietzsche. Die Geburt der Tragödie aus dem Geiste der Musik. In: Kritische Studienausgabe. Hrsg. von Giorgio Colli und Mazzino Montinari. Bd. 1. München 1988, S. 43. [Im Folgenden abgekürzt als »KSA«].

17  Ebd.

18  Friedrich Schiller: Ueber den Gebrauch des Chors in der Tragödie. In: NA 10, S. 14.

19  Ebd., S. 13.

szenen des Chors: Die Tragödie war zunächst »nur Chor und nichts als Chor«[20] – als satyrischer Dithyrambenchor, so die verkürzte Abfolge der Argumente, hatte sie »in ihrer ältesten Gestalt nur die Leiden des Dionysus zum Gegenstand«.[21] Diese Leiden zu wiederholen und aus-zuagieren, wenn auch in verwandelter Gestalt, ist demzufolge einziger Gegenstand des tragischen Agons. Alle Protagonisten sind funktional »nur Masken jenes ursprünglichen Helden Dionysus«,[22] daher verweisen ihre Gesten immer auf ihren Ursprung. Die rein gespensterhafte Welt des Scheins lässt sich als Spiel des Dionysos, des beständigen Werdens nach Zeit, Raum und Kausalität erkennen, mit der »das Wahrhaft-Seien-de«, d. h. das »ewig Leidende und Widerspruchsvolle« erzeugt, was man »als empirische Realität« wahrnimmt.[23] Nietzsches Version vom Tod der Tragödie und ihrer möglichen modernen Wiederauferstehung lässt sich in dieser Hinsicht so zusammenfassen: An die freigewordene Stelle des in Maske auftretenden Gottes tritt eine neue »dämonische Macht«, die sich nicht mehr durch pathische Gesten, sondern durch ihre sprachliche, rhetorische und logische Fertigkeit auszeichnet.[24] Aus solchem Status als bloßem »Wortdrama«[25] ließe sich die Tragödie nach Nietzsche nur durch eine Remusikalisierung befreien, die sie sowohl aus dem Reich des rei-nen Scheins wie auch der rein theoretischen Weltbetrachtung erlöst.

Mit der Idee, dass die Tragödie in der Inszenierung der Erregung und des in der Entzweiung sich selbst erneuernden Lebens besteht, was im Zuschauer sowohl Entsetzen als auch Lust auslöst, unternimmt Nietzsche eine Umwertung des klassizistischen Tragödienverständnisses, nach dem der moderne Charakter der tragischen Kunst durch die inne-re Ökonomie der Form in der literarischen Objektivierung subjektiven Leidens gewonnen wird.[26] Vom Tragödienkonzept der Klassik, das den

---

20 KSA I, S. 52.
21 Ebd., S. 71.
22 Ebd.
23 Ebd., S. 38.
24 Ebd., S. 75 ff.
25 Ebd., S. 110.
26 Vgl. dazu Friedrich Schiller: Ueber den Grund des Vergnügens an tragischen Gegen-ständen (NA 20, S. 133–147).

tragischen Agon als Ermöglichungsgrund der sozialen Autonomie im Medium der literarischen Form fasst,[27] bleibt bei Nietzsche nur dessen dunkler Ursprung erhalten. Ich möchte nun die These begründen, dass Schiller mit der *Braut von Messina* nicht so sehr sein eigenes Tragödienverständnis bestätigt, sondern Nietzsches Konzeption des Tragischen im Wesentlichen antizipiert. In diesem Sinne lautet meine grundsätzliche Frage an den Text, ob Schillers Chor in der Bühnenpraxis nicht doch eher als pathetischer Nucleus des Bühnengeschehens erscheint, als dass er als moralisierende Instanz auftritt. Dies würde implizieren, dass die mitleidenden, erbauenden und belehrenden Verlautbarungen des Chors weniger vom Belang sind, als dessen mimische, gestische und musikalische Ausdruckswelt, die wohl auch dissonante, hybride Züge aufweist.[28] Ein Indiz, das in diese Richtung weist, ist, dass der Chor sich selbst als »Mark«, als »Fülle, / Die sich immer erneuend erschafft«[29] bezeichnet und demnach sein Bündnis mit der Natur betont. Im Kontrast zum flüchtigen Leben der Herrscher betrachtet sich der Chor als das Beständige und Beharrliche, das Dauerhafte und Unzerstörbare: »– Die fremden Eroberer kommen und gehen, / Wir gehorchen, aber wir bleiben stehen«.[30] Schillers Bezeichnung des Chors als »ein lebendiges Gefäß der Tradition« deutet ferner darauf hin, dass die Vermischung der Religionen und Kulturen nicht nur dem Ort und seiner Geschichte eingeschrieben ist, sondern selbst zum Charakter wird und gleichsam in den Chor als ein kollektives Ganzes, das für das Volk Messinas steht, gelegt ist. Die Bevölkerung Siziliens steht somit für die Lebendigkeit und Reich-

---

27  Die Abhandlung *Über das Pathetische* besagt, dass die tragische Kunst auf die sinnliche Darstellung der »Independenz von Naturgesetzen im Zustand des Affekts« abzielen und somit dem Zuschauer die Möglichkeit eines moralisch gegründeten »Widerstandes gegen das Leiden« vorführen soll (NA 20, S. 196 ff.).

28  Für eine Untersuchung der Dramen Schillers im Lichte des gestischen Charakters der Sprache vgl. John Guthrie: Language and Gesture in Schiller's Later Plays. In: John Guthrie: Schiller: National Poet – Poet of the Nations. Amsterdam 2006, S. 139–158, der aber ohne den Bezug auf Nietzsche auskommt.

29  Friedrich Schiller: Die Braut von Messina oder die feindlichen Brüder. In: NA 10, S. 28.

30  Ebd., S. 29.

tum der Tradition sowie für die Macht der Phantasie und der Einbil-
dungskraft. Jedoch bringen die Chorpartien auch den Missstand zum
Ausdruck, den der Schauplatz Messina verkörpert: Sizilien erscheint im
Drama nicht nur als Schnittpunkt der Kulturen und als Ort der Vermischung der Mythologien, es ist auch der Ort der Fremdherrschaft,
der Usurpation und der politischen Gewalt. Nicht zufällig tauchen im
Text immer wieder Metaphern auf, die an den vulkanischen Ursprung
der Insel erinnern, sowie Hinweise auf Raubzüge, die vom Meer durch
Piraten drohen. Gerade die Bedrohung durch Wasser und Feuer bezeichnet jeweils äußere und innere Gefahren: Liebe und Hass als die Grund-
emotionen, die die Handlung bestimmen und die Figuren ins Verderben
stürzen, finden in verschiedenen Variationen der metaphorischen Sprache ihren entsprechenden Ausdruck. Der Schauplatz des Dramas ist ein
Ort der geschichtlichen Gewalt und der Macht der starken Affekte, und
auch als ein solcher prägt die Stadt Messina die Äußerungen des Chors.

## III.

Schillers Vorstellung einer lyrischen Chorsprache als Ausdruck einer
»sinnlich mächtige[n] Masse«,[31] einer Sprache, die »von der ganzen sinn-
lichen Macht des Rhythmus und der Musik in Tönen und Bewegungen
begleitet«[32] wird, scheint den absoluten Gegensatz von Wort und Musik
aufzuheben, den Nietzsche in der *Geburt der Tragödie* postuliert. Doch
gibt es bei Nietzsche bereits im Frühwerk auch eine Konzeption des dichterischen Wortes als Symbols des Tones und mithin als unmittelbarer
Kraft. Wenn das Wort, so Nietzsche, vorwiegend Symbol der Willensre-
gung ist, d. h. das Gefühl und nicht das Bild, die Vorstellung, direkt ausdrückt, dann vermag es, tiefere seelische Schichten zu berühren.[33] Diese
Konzeption der Sprache kommt bei Nietzsche eine tragende Bedeutung

---

31  Friedrich Schiller: Ueber den Gebrauch des Chors in der Tragödie. In: NA 10, S. 13.
32  Ebd.
33  Friedrich Nietzsche: Die dionysische Weltanschauung. In: KSA 1, S. 576 f.

zu, wenn es um die Mitteilbarkeit von Gefühlen und Affekten geht. Gesprochen oder gesungen, also mit der Symbolik des Tons ausgestattet, wirke das Wort mächtiger und unmittelbarer, wie es bei den Griechen im Dithyrambenchor geschah. Diese Sprache, in der jede Trennung zwischen Wort und Musik aufgehoben ist, wird Nietzsche später mit Rekurs auf die leibliche Symbolik als »Kunst der Gebärde« bezeichnen.[34] So liest man in den Notizen zum Stil, die Nietzsche im Sommer 1882 unter dem Titel »Zur Lehre vom Stil« in Form von zehn Regeln verfasste: »Der Reichthum an Leben verräth sich durch Reichthum an Gebärden. Man muß Alles, Länge Kürze der Sätze, die Interpunktionen, die Wahl der Worte, die Pausen, die Reihenfolge der Argumente – als Gebärden empfinden *lernen*«.[35] Die Sprache als Gebärde bezeichnet demnach ein im Inneren der Sprache wirksames Geschehen, eine operative Kraft, die in der Sprache selbst wirkt und in ihrer Bewegung und ihrem Rhythmus, sowie in ihren Zäsuren und Pausen, in ihrem Abbrechen und Schweigen Ausdruck findet.

Bekanntlich schildert Schiller in der Vorrede die Wirkung der Chorsprache auf den Zuschauer im Sinne des Erhabenen. Sie wird als eine »Erhebung des Tons, die das Ohr ausfüllt, […] den Geist anspannt, […] das ganze Gemüt erweitert«,[36] beschrieben und soll somit »Ruhe in die Handlung« bringen und von der »blinde[n] Gewalt der Affekte«[37] befreien. Zweifellos spricht der Chor in der *Braut* auch in erhabenen Tönen, doch ist dies keine einheitliche Eigenschaft, die seine Ausdrucksweise durch den ganzen Verlauf der Handlung kennzeichnet. Vielmehr ist seine Rede durch Pluralität, Vielfalt und Dynamik charakterisiert, als sie sich durch Identität, Homogenität, Einheitlichkeit und Stabilität ausweisen lässt. Der Chor ist kein abstrahierter Block, der auf die Handlung von einem erhabenen Standpunkt blickt, sondern er lebt ganz

---

34  Dazu vgl. Gabriella Pelloni: Zarathustras »Kunst der Gebärde«. Von Nietzsches Gebärdenbegriff zu Max Kommerells Sprachgebärde. In: Poetica in permanenza. Studi su Nietzsche. Hrsg. von Gabriella Pelloni und Claus Zittel. Pisa 2017, S. 143–166.
35  Nietzsche, Friedrich: Nachgelassene Fragmente 1[109]. In: KSA 10, S. 38.
36  Friedrich Schiller: Ueber den Gebrauch des Chors. In: NA 10, S. 13.
37  Ebd., S. 14.

in der Befangenheit der augenblicklichen Situation. In dieser Hinsicht
bestätigt er durchaus seine antike Funktion, wie sie ihm Aristoteles in
seiner Poetik zuweist: »Den Chor muß man ebenso einbeziehen wie einen der Schauspieler, und er muß ein Teil des Ganzen sein und sich
an der Handlung beteiligen – nicht wie bei Euripides, sondern wie bei
Sophokles«.[38] Nicht nur erscheint er meist nervös und zerrissen, sondern
er bleibt bis zum Schluss parteiisch gespalten, was sich nicht zuletzt in
dessen Aufteilung in mehrere Chorpartien niederschlägt. Grundsätzlich
erweist er sich als ein sprachlicher Chamäleon: Vielfalt und Dynamik
charakterisieren seine Äußerungen sowohl auf semantischer und lexi-
kalischer Ebene, als auch auf der suprasegmentalen Ebene der Sprache,
die Metrum und Rhythmus einschließt. Der Chor kann als ein Ganzes
auftreten und dann wieder fragmentarisch erscheinen. Er reflektiert die
Handlung, nimmt sie manchmal vorweg, doch reagieren seine Aussagen
oft unmittelbar auf die Ereignisse und können somit unreflektiert, spon-
tan, mechanisch und teilweise platt fallen. Bei manchen Äußerungen
färbt sich die Sprache durchaus ironisch und zeigt komische Züge auf. In
seiner Bestätigung der kirchlich-feudalen Ordnung verrät der Chor auch
eine Neigung zur Lethargie, die den Status quo bejaht und somit fort-
bestehen lässt. Bereits in seinen ersten Auftritten zeigt er offensichtlich
widersprüchliche und spannungsgeladene Haltungen. Er kann beispielsweise das Verhältnis zwischen Herrn und Knecht problematisieren, sich
dann aber willig zur eigenen Schwäche bekennen und die Suche nach
Ehre und Macht von sich weisen:

Aber hinter den großen Höhen
Folgt auch der tiefe, der donnernde Fall!
Darum lob ich mir niedrig zu stehen,
Mich verbergend in meiner Schwäche![39]

---

38   Aristoteles: Poetik 18, 1456a, S. 25–27. Übers. und hrsg. von Manfred Fuhrmann.
     Stuttgart 1982, S. 59.
39   Friedrich Schiller: Die Braut von Messina. In: NA 10, S. 28.

Die Anerkennung des Friedens und der Lob des gleichmäßigen, langsamen Gang der Natur mischen sich mit dem Ressentiment gegen die fremde Herrschaft. Diesem folgen aber gleich die Treuebekenntnis und die Bereitschaft zur Gewalt und zum Kampf, die von der Klage über die Monotonie und die Leere konfliktloser Tage begleitet wird. Der Wille zum Kampf und das Streben nach Vergeltung und Rache weichen dennoch schnell der Klage über den Sturz der Mächtigen und die Unbegreiflichkeit der Geschichte, welche die Menschen der Vergänglichkeit ausliefert. Der Klage folgt jedoch wieder ein sich-Bekennen zur Weisheit der Naturgesetze:

> Wohl dem! Selig muss ich ihn preisen,
> Der in der Stille der ländlichen Flur,
> Fern von des Lebens verworrenen Kreisen,
> Kindlich liegt an der Brust der Natur.
> Denn das Herz wird mir schwer in der Fürsten Palästen,
> Wenn ich herab vom Gipfel des Glücks
> Stürzen sehe ich die Höchsten, die Besten
> In der Schnelle des Augenblicks![40]

Hinsichtlich des Brüderstreits weiß der Chor kein selbstständiges moralisches Urteil abzugeben, seine Haltung oszilliert vielmehr zwischen Aufforderung zum Frieden, Konfliktbereitschaft und Gleichgültigkeit:

> Höret der Mutter vermahnende Rede,
> Wahrlich, sie spricht ein gewichtiges Wort!
> Laßt es genug sein und endet die Fehde,
> Oder gefällt's euch, so setzet sie fort.
> Was euch genehm ist, das ist mir gerecht,
> Ihr seid die Herrscher und ich bin der Knecht.[41]

---

40  Ebd., S. 115 f.
41  Ebd., S. 34 f.

Die Aussagen des Chors bleiben widersprüchlich bis zum Schluss: Nach dem Erscheinen der Leiche Don Manuels werden Worte der Verzweiflung ausgesprochen, denen sich jedoch hoffnungsvolle Äußerungen über die Vision einer friedlicheren Zukunft anschließen. Vor dem Selbstmord Don Cesars bleibt die Haltung des Chors eine der Perplexität und der Ambivalenz:

> Erschüttert steh ich, weiß nicht, ob ich ihn
> Bejammern oder preisen soll sein Los.
> Dies Eine fühl ich und erkenn es klar,
> Das Leben ist der Güter höchstes nicht,
> Der Übel größtes aber ist die Schuld.[42]

Der Chor gesteht seine Betroffenheit, doch auch seine Ratlosigkeit: Es wird keine Zustimmung ausgedrückt und der Büßung der Schuld durch den Selbstmord wird keine positive Bedeutung zugesprochen. Auf die Behauptung: »Das Leben ist der Güter höchstens nicht«, wirft der Kontext ein tragisch-ironisches Licht und scheint, eher auf das Gegenteil hinzuweisen.

Die Widersprüchlichkeit und der Perspektivismus der Aussagen schlagen sich in die Vielfalt der Stile nieder, deren sich der Chor bedient. Mag die Sprache zuweilen regelmäßig und gar eintönig wirken, was die monotone Ordnung etablierter Gesetze wiederspiegelt, sie erweist sich jedoch meistens unvorhersehbar, zweideutig und vielfältig. Wenn sie durchaus erhaben, formal, majestätisch, abstrakt und reflexiv sein kann, was vorwiegend durch die Wahl des daktylischen und trochäischen Versmaßes unterstrichen wird, dann kann sie schnell grob, brutal, aggressiv, mechanisch, wiederholend und platt werden. Als Ausdruck emotionaler Spannung und Zerrissenheit besitzt die Sprache überhaupt eine musikalische Eigenart, die Dissonanz und Aufdringlichkeit der Töne nicht ausschließt. Wirkt sie einen Augenblick lang beschwörend, schmeichelnd, hinreißend, dann kann sie gleich danach gewalteinflö-

---

42  Ebd., S. 125.

ßend, atemlos intensiv und verhängnisvoll werden. Viel auffälliger als
in den Äußerungen der Figuren häufen sich in der Chorsprache zahlreiche rhetorische Figuren wie Alliterationen, Anaphern, Anastrophen,
Wiederholungen, Hyperbata, Epiphrasen und Inversionen. Ferner zeugt
die Wahl des Metrums und des Rhythmus von Vielfalt und Unruhe:
Während die Figuren nur in Blankversen reden, zeichnen sich die Chorpartien durch reimlose, freie Rhythmen sowie gereimte Strophen, durch
lange sowie kurze Verse, durch jambische Trimeter sowie volksliedartige
Verse aus. Wenn das Musikalische einerseits das organisierende, ordnen-
de Prinzip darstellt, das die Zeit durch den Rhythmus und den Raum
durch die Bewegungen des Chors auf der Bühne strukturiert,[43] zeugt
Schillers Poetisierung und Musikalisierung der Chorsprache andererseits
durchaus von einer Suche nach der ursprünglichen, unbewussten und
irrationalen Seite des Lebens. Die durch den Chor erreichte Betonung
der affektiven Ausdruckswerte von Harmonik, Melodik und Rhythmik
schafft in diesem Stück einen starken Kontrast zur Dominanz der Rede
*(lexis)*, die ein typisches Merkmal der klassizistischen Tragödie ist. Gene-
rell scheint die Chorsprache, die stark rhythmisiert ist, die Grenzen der
rationalen Rede durchbrechen zu wollen, um Pathos und Leidenschaft
auszudrücken. Die emotionelle Spannung, die meist durch Wiederholungen, Exklamationen und die Wahl kurzer Worte wiedergegeben wird,
erzeugt auf Kosten von Anmut und Leichtigkeit einen bewegten, ge-
schwinden Rhythmus, der eine Steigerung der emotionalen Intensität
bewirkt und an den Rausch ritualer Tänze erinnert. Ein Beispiel dafür
ist die stychomythische Dialogpartie zwischen den zwei Chören, welche die kriegerische Beschwörung einer gesetzlosen anarchischen Gesellschaft enthält und durch Heftigkeit, Brutalität und Aggressivität der
Unterredung auffällt.[44] Hier erscheinen die Chöre, als Stimmen zweier

---

43   Tatsächlich war die antike Rhythmik eine Technik nicht nur der Zeit- sondern
     auch der Raum-Organisation: Die Zeit-Einheiten wurden mit Taktschlägen zum
     Bewusstsein gebracht, weil es nicht möglich war, den Rhythmus von gesprochenen
     lyrischen Versen zu hören. Erst durch die Tanzbegleitung konnte man die rhythmi-
     schen Einheiten »sehen«.
44   Friedrich Schiller: Die Braut von Messina, in: NA 10, S. 80 ff.

Kollektive, als rohe, triebhafte Natur; das Rauschhafte als das Zerstöreri-
sche scheint, die Oberhand zu gewinnen. Infolgedessen finden kein Ausgleich der Affekte und keine Läuterung der Seele von der emotionellen
Überspannung statt. Das Leiden gelangt zu keiner Auflösung und keiner
Objektivierung in einem als teleologisch konzipierten Finale.

## V.

Möchte man nun auf die von Nietzsche in der *Geburt der Tragödie* auf-
gestellten Kategorien zurückgreifen, und zwar auf das Dionysische als
die Extraversion von Empfindungen und Affekten und auf das Apolli-
nische als die Bändigung von heftigen Gefühlen in harmonische Propor-
tionen, so hätte sich Schiller sicher für eine Synthese des Dionysischen
und des Apollinischen, des Pathos und des Ethos eingesetzt. Doch in
diesem Drama wird der Exzess, die Macht der Affektwelt betont. Eine
Lektüre der *Braut von Messina*, die auf den musikalischen, gebärdenhaf-
ten Charakter der Sprache, so wie ihn Nietzsche versteht, aufmerksam
ist, ist weniger zu einer Deutung geneigt, wie sie die Vorrede und die
theoretischen Schriften Schillers wohl suggerieren möchten. Der gebär-
denhafte Charakter der Sprache verstärkt vielmehr die Idee, dass die his-
torisch-politische Lage wankend, die Geschichte unbegreiflich und die
Figuren in einer Welt fortgesetzter Täuschungen leben und der Gewalt
ausgeliefert sind.[45] Doch im Chor ist auch der Trost der Tragödie enthalten: Wenn die Tragödie das Leiden des Lebens zum Gegenstand hat, so
betont der Chor die Unzerstörbarkeit des Ganzen. Das Bewusstsein von
einer durch den Chor sprechenden religiösen Welt und Wirklichkeit,
worauf Schiller am Schluss seiner Vorrede ohnehin anspielt, taucht hier

---

45  Wie Walter Hinderer betonte, lassen sich hier auch indirekte Referenzen auf die
    verheerende Entwicklung der Französischen Revolution und auf die Eroberungs-
    züge Napoleons ausmachen. Vgl. Walter Hinderer: Schillers »Braut von Messina«.
    Eine moderne Aneignung der antiken Tragödie. In: Die Tragödie der Moderne: Gat-
    tungsgeschichte – Kulturtheorie – Epochendiagnose. Hrsg. von Daniel Fulda und
    Thorsten Valk. Berlin 2010, S. 69 f.

bei aller Gewagtheit wieder auf, der Tatsache entsprechend, dass die Aussöhnung zwischen Apollinischen und Dionysischen in der griechischen Antike nicht im Zeichen der Ästhetischen erfolgte, sondern eine rein religiöse Frage war.

Ein letzter Aspekt sei am Ende dieser Ausführungen angesprochen. So wild, stürmisch und kriegerisch der Chor als Masse auftritt, so kann er sich auch listig, klug und opportunistisch zeigen, was einigen seiner Aussagen durchaus einen komischen Unterton verleiht. Auch dies betreffend erscheint der Bezug auf Nietzsche naheliegend, der in seiner Tragödienschrift die Pathoserregung des Chors durch tänzerischen, mimischen und gestischen Ausdruck als Vehikel sowohl »des Erhabenen als der künstlerischen Bändigung des Entsetzlichen«, als auch »des Komischen als der künstlerischen Entladung vom Ekel des Absurden«[46] beschreibt. Demnach ließe sich folgern, dass in der Ordnung des Komischen, die in Schillers Chor durchaus enthalten ist, sich der Widerstand des Lebens äußert, das sein eigenes Recht gegen alle moralischen Prinzipien behauptet.

---

46  Gerade in der Mischung von erhabenen und komischen Zügen gründet nach Nietzsche die dionysisch-kathartische Wirkung des Chors. Im zweiten Vorwort der *Geburt der Tragödie* fragt er bezeichnenderweise danach, »welche Bedeutung [...] dann, physiologisch gefragt, jener Wahnsinn« habe, der »dionysische Wahnsinn«, »aus dem die tragische wie die komische Kunst erwuchs [...]« (KSA, S. 16).

# »Zu weihn bei guter Rede den Boden«

## Funktionalität und Persuasion des Pathos in der Poetik Friedrich Hölderlins

*Björn Hayer*

Um Friedrich Hölderlins Verwendung des Pathos herauszuarbeiten, lohnt zunächst ein Blick auf dessen theoretischen Ursprung in der aristotelischen Tragödientheorie. Besonders eng ist es mit den affektiven Anforderungen des dramatischen Arrangements verknüpft. Éleos und phóbos sowie der damit verbundene kathartische Effekt beim Publikum resultieren dabei aus dem Spektakel des heroischen Leidens auf der Bühne. Somit gilt die Gleichung: »Pathologie ist die Logik des Leidens. Und darauf reagiert man mit Pathos.«[1]

Schon in dieser frühen Konzeption liegt die Ambivalenz des Begriffs begründet: Während es auf der einen Seite als produktionsästhetische Kategorie bewusst durch Text, Intonation und Schauspiel evoziert wird, bezeichnet es auf der anderen Seite die Erfahrung einer emotionalen Wallung im Zuschauer selbst.[2] Bezogen auf die Vorgänge in Letzterem fasst das Pathos nach Warburg »Ausdrucksformen des maximalen inneren Ergriffenseins«[3] zusammen. Hoffmann-Axthelm spricht in diesem Kontext auch von einem »Offenbarungscharakter der Rede«.[4] Da der Affekt folglich zum Ausdruck einer ästhetischen Erfahrung wird, bezeichnet er ihn

---

1   Jochen Hörisch: Sire – geben Sie Gedankenfreiheit [Interview]. In: Ästhetik & Kommunikation [Pathos. Verdacht und Versprechen] 35 (2017), H. 124, S. 18–20, hier: S. 18.

2   Vgl. Joachim Knape: Rhetorischer Pathosbegriff und literarische Pathosnarrative. In: Pathos. Zur Geschichte einer problematischen Kategorie. Hrsg. von Cornelia Zumbusch. Berlin 2010, S. 25–44, hier: S. 27.

3   Aby Warburg: Einleitung zum Mnemosyne-Atlas. In: Aby Warburg. Gesammelte Schriften. Bd. 2.1. Hrsg. von Martin Warnke. Berlin 2000, S. 3.

4   Dieter Hoffmann-Axthelm: Pathos und PR. In: Ästhetik & Kommunikation [Pathos. Verdacht und Versprechen] 35 (2017), H. 124, S. 11–17, hier: S. 13.

als »theatrale[n] Modus operandi«,[5] welcher der Tragödie notwendigerweise inhäriert. Schon in diesem archetypischen Rekurs werden wir des
Pathos als »Eigenschaft des öffentlichen Vollzugs [gewahr]: [als] ein[em]
Ausbruch aus der Routine«.[6] Worauf geht diese Gemeinschaftserfahrung
zurück? Damit Pathos wirkt, muss es zuvor in symbolischen Repräsen-
tationen und Bildern kultiviert worden sein. Dies kann konkrete kulturelle Rituale wie Opferungen, aber auch bestimmte Ausprägungen in
Mimik und Gestik auf der Bühne betreffen.[7] Im Gegensatz dazu steht
die Notwendigkeit einer Individuierung der Leiderfahrung.[8] Im Einzelschicksal, etwa eines auf die Katastrophe zusteuernden Helden, wird der
Überwältigungsaffekt überhaupt erst plausibilisiert.

Entkoppelt man das Pathos von seinem dramentheoretischen Ursprung, so kommt ihm eine weitere zentrale Zuschreibung zu, die von
Dufving hervorhebt:

Pathos avanciert zum Indikator des Absoluten, zum Paradigma legitimer
Orientierung, das in die Jahre, in seine Krise geraten ist; das der *Wahrheit*.
Opponierte einst diese gegen ihre geschichtliche Aufhebung, revoltiert nun
das Pathos konstitutiv gegen die seine, gegen das Bewußtsein seiner Vermit-
teltheit und Zeitlichkeit. Sprach Nietzsche (1980a) süffisant vom ›Pathos der
Wahrheit‹, behauptet sich Pathos nunmehr *als* Wahrheit. ›Wahre‹ Gefühle
dulden keinen Einspruch, schon gar nicht den ihrer Vergeschichtlichung.[9]

---

5   Ulrich Port: Pathosformeln. Die Tragödie und die Geschichte exaltierter Affekte
    (1755–1888). München 2005, S. 13.
6   Hoffmann-Axthelm (2017), S. 12.
7   Vgl. Gabriele Brandstetter: Re-Figurationen von Pathos im zeitgenössischen
    Tanztheater. In: Ästhetik & Kommunikation [Pathos. Verdacht und Versprechen] 35
    (2017), H. 124, S. 47–52, hier: S. 47.
8   Vgl. Durs Grünbein: Pathos und die Kunst des Leidens [Interview]. In: Ästhetik &
    Kommunikation [Pathos. Verdacht und Versprechen] 35 (2017), H. 124, S. 61–62,
    hier: S. 61.
9   Michael G. von Dufving: Von Pathos zu Pathos. Cicero, Hegel, Nietzsche. Orientie-
    rungsgeschichten. In: Ästhetik & Kommunikation [Pathos. Verdacht und Verspre-
    chen] 35 (2017), H. 124, S. 87–92, hier: S. 87.

Diesem Ansatz zufolge bedarf das Pathos gerade keiner Medialisierung und Transformation durch die Kunst. Vielmehr wird es zum Inbegriff des Unverschleierten, eben des Wahren erhoben. Diese Zuschreibung erfolgt insbesondere im 18. Jahrhundert im Zuge der Herausarbeitung einer anthropologischen, auf Affekte bezogenen Ästhetik: »Die echt pathetische ist nun die ›hitzige‹ Rede, die dem Frostigen und Kalten der bloß gekünstelten Rede entgegengestellt wird.«[10]

Betrachtet man allerdings vom pathetischen Duktus geprägte Artefakte näher, täuscht zugleich nichts über deren ästhetische und rhetorische Stilisierung hinweg, woraus eine signifikante Ambivalenz zutage tritt: Zum Einen gründet das Pathos auf der Annahme seiner vermeintlichen Echtheit und Unmittelbarkeit, auf der anderen Seite stellt es im Rahmen seiner künstlerischen Evokation sein eigenes Gemachtsein aus.[11] Gerade vor dem Hintergrund, dass dessen affektive Impulskraft »Überzeugen[], Beweisen[] oder Beglaubigen[]« zum Ziel hat, besteht eine hohe Gefahr der Täuschung. Die Funktionen des Pathos zu untersuchen, schließt ergo elementar die Frage nach der Aufrichtigkeit ein. Wie eng demzufolge Rhetorik und moralische bzw. politische Verantwortung in dessen Gebrauch miteinander verwoben sind, belegt allen voran Hölderlins im Weiteren zu beleuchtende Poetik.

## Auf der Suche nach dem »heiligen Pathos«

Friedrich Hölderlins Bemühen um eine neue, dynamische Poesie unterliegt der Versuch einer großen Suchbewegung um ein rechtes, ursprüngliches und wahres Sprechen. Poetische Sprache muss dazu imstande sein, ihren Rückgriff auf das goldene Zeitalter nicht als bloßes Epigonentum erscheinen zu lassen. Denn »als bloße Nachahmung eines antiken Musters wäre das Kunstwerk ein Totes; gerade damit es, gleich den Werken

---

10  Cornelia Zumbusch: Probleme mit dem Pathos. Zur Einleitung. In: Pathos. Zur Geschichte einer problematischen Kategorie. Hrsg. von ders. Berlin 2010, S. 7–24, hier: S. 14.

11  Vgl. ebd., S. 18.

der Antike, ein *lebendiges Verhältniß* habe, muß es darauf verzichten, zu sein wie sie. Kraft dieser Dialektik hebt sich für Hölderlin der Klassizismus selber auf«.[12] Um dem lyrischen Rekurs auf das untergegangene Griechenland zu vitaler Kraft zu verhelfen, kommt für den Dichter das Pathos ganz im Sinne eines »mitreißenden, überflutenden und überfließenden Strom[s] der Rede«[13] ins Spiel. Sein Antrieb: »Er muss eine poetische Form finden, die ihm im Dienst der all-einigen Natur das ›heilige Pathos‹ auf eine Weise erlaubt, die nicht ›leer‹, sondern mit einem Inhalt gefüllt ist. Dieses Problem wird Movens seiner weiteren poetischen Entwicklung«[14] und steht für ihn im Zeichen einer poetischen Daseinsbewältigung. Da Hölderlin die politischen Missstände seiner Zeit beklagt und hoffnungsvoll auf eine Revolution mit dem Ziel einer egalitären und herrschaftsfreien Gesellschaft sinnt, die schon im Grundgestus pathetischer Natur ist, braucht er eine Form des visionären Ausgleichs. Angesichts der modernen, sozialen und technologischen Ausdifferenzierungsprozesse bedarf es einer auf Ganzheitlichkeit bedachten Ästhetik, in deren Zentrum das »gefühlsmäßige Pathos der Einheit (des Ideals) als die illusionäre Kompensation des Leidens an der Uneinigkeit, der Zwietracht, der Teilung, der Verschiedenheit, des Leidens an den anderen und dem anderen«[15] steht.

Wie das Pathos jene gewissermaßen heilsame Wirkung erreicht, lässt sich an verschiedenen Poemen Hölderlins beobachten. Paradigmatisch sei hier näher auf seine berühmten Elegien *Der Gang aufs Land*[16] und *Stuttgart* eingegangen. Zunächst zur ersteren: Selbst wenn deren Fokus zunächst auf einer panoramatischen Naturreflexion zu liegen scheint, kommt jedoch der Poetologie, allen voran der Sprache selbst, eine maß-

---

12   Peter Szondi: Hölderlin-Studien. Mit einem Traktat über philologische Erkenntnis. Frankfurt a. M. 1970, S. 330.

13   Zumbusch (2010), S. 19.

14   Ingeborg Gerlach: »Versöhnung ist mitten im Streit«. Hölderlins Konzeption von Dichter und Dichtung. Würzburg 2016, S. 122.

15   Georg Pott: Schiller und Hölderlin: Studien zur Ästhetik und Poetik. Frankfurt a. M./New York et al. 2002, S. 124.

16   Friedrich Hölderlin: Der Gang aufs Land. In: Hölderlin. Kleine Stuttgarter Ausgabe. Nachdr. d. 1. Aufl. Bd. 2. Hrsg. von Friedrich Beissner. Stuttgart 1961, S. 88 f.

gebliche Bedeutung zu. Neben dem »Gesange« (S. 88, V. 4) finden sich die »Reden« (S. 88, V. 23), die »Zunge« (S. 88, V. 14) und das »Wort« (S. 88, V. 15) in der ersten Versgruppe wieder, wodurch der Akzent des Gedichts dezidiert auf das »Wie« der Sprache, die Performativität gesetzt wird. Der hohe Ton des Pathos erweist sich dafür als stilprägend und baut eine kontrapunktische Spannung zu der – auf inhaltlicher Ebene geschilderten – »bleiernen Zeit« (S. 88, V. 6), einer unbefriedigenden Gegenwartsdiagnose auf. Bereits das erste Wort evoziert affektiv und persuasiv eine Aufbruchsstimmung, gerichtet an Hölderlins Freund Landauer. Das einleitende »Komm« (S. 88, V. 1) offenbart sich als Stimulans, das vor allem vom Rezipienten noch weiter auszumalende »Offene« (V. 1) zu erschließen.

Gekoppelt an den appellativen Grundtonus sind ferner Verben des Handelns und der Aktivität wie »beginnen« (S. 88, V. 14) oder »baut« (S. 88, V. 24). Statt sich mit dem unzureichenden Dasein abzufinden, sinnt das Ich in der Ansprache des Du auf Transzendierung. In Verbindung mit dem erwähnten »Wunsch« (S. 88, V. 4) dient die Sprache einer Realisierungsambition: »Nur daß solcher Reden und auch der Schritt' und der Mühe / Wert der Gewinn und ganz wahr das Ergötzliche sei.« (S. 88, V. 11 f.) Um die poetische Bewegung zum Neuen zu befördern, nutzt Hölderlin eine durchweg pathetische Ausdrucksweise. Diese zielt auf eine zuvor verloren gegangene Ganzheitlichkeit der Lebenswelt. »Vereinfacht lässt sich das so ausdrücken, dass auch der Zerfall von Einheit und das Leiden, das mit ihm über den Menschen kommen wird, als Voraussetzungen dafür verstanden werden müssen, dass Einigkeit erstrebt und wiedergewonnen werden kann«.[17] Diese vorige Separation schafft dabei ebenfalls die Basis für Hölderlins dynamische Auffassung der Ich-Findung:

Von einem Ich zu sprechen [...] sei nur unter der Voraussetzung eines Aktes der Entgegensetzung und Identifikation möglich, der aber seinerseits auf

---

17  Dieter Henrich: Sein oder Nichts. Erkundungen um Samuel Beckett und Hölderlin. München 2016, S. 253.

einen vorgegebenen einigen, doch in sich differenten Grund verweist. Die
Identität des Ich ist daher bereits das Er-gebnis einer ›Ur-Theilung‹.[18]

Jene Form der Zusammenfügung impliziert folglich nicht, dass das den-
kende Subjekt bereits im Besitz eines erfüllenden Moments ist, sondern
verdeutlicht vielmehr die sprachgenetische Qualität des Textes im Hinblick auf eine noch zu verwirklichende Zukunft. Das Pathos des Dichters, verstanden als den personalisierten »Sammelpunkt der Kräfte der
Welt«,[19] dient unmittelbar der Antizipation.

> Und gefunden das Wort, und aufgegangen das Herz ist,
> Und von trunkener Stirn' höher Besinnen entspringt,
> Mit der unsern zugleich des Himmels Blüte beginnen,
> Und dem offenen Blick offen der Leuchtende sein. (S. 88, V. 15 ff.)

Erst nachdem »gefunden das Wort« ist, kann Freude und Sinnstiftung
erfolgen und letztlich eine Annäherung an das Metaphysische möglich
werden. Die Dopplung von »offen« vermittelt die dadurch entstehen-
de Empfänglichkeit für das »Leuchtende« bzw. des »Himmels Blüte«.
Da sich diese utopische Manifestation als Produkt des Gesangs selbst
versteht, wird Hölderlins Bezug zum goldenen Zeitalter und Mythos
augenscheinlich, insofern hierin die orphische Dimension des Poems
zum Ausdruck kommt. Das antike Pathos muss somit als Medium zur
Aktualisierung angesehen werden. Es beschwört Urgründe herauf und
wirkt produktiv auf die Gegenwart und Zukunft innerhalb der Elegie.
    Die Zukunftsperspektivierung spiegelt das Poem dabei in einer se-
mantischen Vertikalen von unten nach oben. Neben der direkten, bereits erwähnten Zuwendung zu des »Himmels Blüte« gehört – wiede-

---

18   Stefan Nowotny: Der Fehl der Namen. Zur Poetologie und Poesie Friedrich Hölder-
     lins. In: Sprache und Pathos. Zur Affektwirklichkeit als Grund des Wortes. Hrsg. von
     Ekkehard Blattmann, Susanne Granzer et al. Freiburg/München 2001, S. 194–209,
     hier: S. 198.
19   Rainer Nägele: Literatur und Utopie. Versuche zu Hölderlin (Literatur und Ge-
     schichte). Heidelberg 1978, S. 168.

rum mit Verweis auf die sprachliche Vermittlung – »nämlich droben zu weihn bei guter Rede den Boden, / Wo den Gästen das Haus baut der verständige Wirt;« (S. 88, V. 23 f.) Um die utopisch konnotierte Vereinigung zwischen Dies- und Jenseits zu vollziehen, muss sich der Mensch als aktiv Handelnden und als nach dem Höchsten Strebenden verstehen. »Deshalb wollen wir heut wünschend den Hügel hinauf« (S. 89, V. 28), so das implizite lyrische Ich, dessen pathetische Intonation letztlich wohl zur Herausbildung einer Interessensgemeinschaft, dem Kollektivsingular »wir«, beiträgt. Ausgehend von dieser gemeinsamen Bewegung kündigt sich nicht nur »Stuttgards Freude« (S. 89, V. 3) an, sondern gleichsam der erneuernde Frühling. Das Schlussbild lässt die Landschaft im Zeichen der Transzendierung erscheinen, die vor allem im Motiv des Weinstocks zum Tragen kommt: »Aber mit Wölkchen bedeckt an Bergen herunter der Weinstock / Dämmert und wächst und erwarmt unter dem sonnigen Duft.« (S. 89, V. 15 f.) Er stellt folglich die Verbindung zwischen profanem und kosmischem Raum dar.

Während die Elegie *Der Gang aufs Land* die Begegnung zwischen Menschen und Göttern lediglich andeutet, wird diese in Hölderlins Gedicht *Stuttgart*[20] markant expliziert. Auch hierin geht es um den »sich in die Zukunft projektierende[n] Mensch[en]«,[21] welcher den Wunsch nach der Einheit mit Natur und Metaphysik hegt. Indem das in der hohen Ton- und Stillage aufschimmernde Pathos einen kontrastierenden Einsatz zur hesperischen Kultur findet,[22] erschließt es zugleich die Basis für eine Emanzipation des Menschen. »Hölderlin lernt es, Gegensätzlichkeiten ins Gedicht aufzunehmen. Dadurch vermag es die Totalität des Lebendigen als eine vom Widerstreit geprägte Einheit zu fassen.«[23] Einen wichtigen Stellenwert hat dabei der affektive, dionysische Zugang zum Dasein. »Dionysos ist der belebende Gott, er ist ›Gemeingeist‹, der die Menschen verbindet; zugleich ist er der Kulturbringer, der sie Acker-

---

20 Friedrich Hölderlin: Stuttgart. In: Hölderlin. Kleine Stuttgarter Ausgabe. Nachdr. d.
   1. Aufl. Bd. 2. Hrsg. von Friedrich Beissner. Stuttgart 1961, S. 90 ff.
21 Nägele (1968), S. 17.
22 Vgl. Gerlach (2016), S. 119.
23 Ebd., S. 13.

und Weinbau lehrt, aber er ist auch Revolutionär.«[24] Nur in dieser Stimmung scheint eine Überschreitung des rein Irdischen innerhalb des Textes möglich. Dem profanen Raum wohnt in dieser Elegie von Anfang an die Anlage der zu erwartenden Erlösung inne.

Nach der »gefährliche[n] Dürre« (S. 90, V. 1) prägen Licht und Blüte die Szenerie, die Züge eines *locus amoenus* annimmt. Harmonie – gespiegelt in häufig mittig in den Versen auftretenden Zäsuren – stellt das geltende Prinzip der befriedeten, in sich ausgeglichenen Landschaft dar: »Sorgenlos, und es scheint keines zu wenig, zu viel.« (S. 90, V. 10) Getrübt wirkt der schöne Schein erst in der zweiten Versgruppe, eingeleitet durch rhetorische Fragen. Wird der ideale Zustand auch durch die Ankunft der Götter bereichert? Gesellt sich zur physischen auch eine metaphysische Präsenz? Wiederum liegt jener Hoffnung auf die Arrivierung einer jenseitigen Instanz keinerlei Automatismus zugrunde. Vielmehr deutet das bacchantische[25] Textsubjekt die Notwendigkeit der aktiven Gestaltung des Menschen an. Nur auf diesem Weg verwirklicht sich die Transformation als Wesenszug der Hölderlinschen Poetik im Sinne eines »Umschaffen[s] der Wirklichkeit *zum* Ideal«.[26] Hierzu bedient es sich des Pathos als Kernmoment einer persuasiven Rhetorik. Der Appell lautet: »Festlicher Flamme wirft jeder sein Eigenes zu. / Darum kränzt der gemeinsame Gott umsäuselnd das Haar uns, / Und den eigenen Sinn schmelzet, wie Perlen, der Wein.« (S. 91, V. 8) Indem jeder Einzelne seinen Beitrag leistet und in den Gesang respektive »der Pokale Klang« (S. 91, V. 13) einstimmt, formt sich aus der »wilden / Seelen der streitenden Männer zusammen der Chor« (S. 91, V. 14). Es manifestiert sich Hölderlins Ideal einer herrschaftsfreien, egalitären Gesellschaft,[27] die vor allem einen deutlichen Kontrapunkt zum politischen System der Ancien Régimes setzt.

---

24   Ebd., S. 41.
25   Vgl. Andreas Thomasberger: Oden. In: Hölderlin Handbuch. Leben – Werk – Wirkung. Hrsg. von Johann Kreuzer. Stuttgart/Weimar 2011, S. 309–319, hier: S. 315.
26   Uta Degner: Bilder im Wechsel der Töne. Hölderlins Elegien und ›Nachtgesänge‹. Heidelberg 2008, S. 143.
27   Vgl. ebd., S. 52.

Das Pathos ist ein Grenzmodus des Sprechens, das im Weiteren metaphorisch an der »Grenze des Landes« (S. 91, V. 17) Energien der Erneuerung freisetzt. »Dort begegnen wir uns; o gütiges Licht!« (S. 91, V. 21), so das lyrische Ich in seiner Anrufung der Himmelskräfte. Die Exklamation rekrutiert dabei konkret auf das »bacchantische« (S. 91, V. 30) Singen, welches den *genus grande* erfordert. Nur die Intonation eines antiken Pathos vermag die Vergangenheit einer an Arkadien erinnernden Landschaft, durchdrungen von »Italiens Lüfte[n]« (S. 92, V. 13), in der Gegenwart des Dichters aufschimmern zu lassen, um diese sodann in ein »Künftiges« zu transformieren. Der Mensch wird als Weltengärtner zur Gestaltung des »Werden[s]« (S. 92, V. 7) der Natur beschrieben, wobei dieser stets auf die Gunst des »Meister[s]« (S. 92, V. 11) angewiesen bleibt. Denn jener Allvater »pflügt die Mitte des Landes« (Ebd.), verhilft dem Dasein zu Ausgleich und Vollendung.

Kündet die fünfte Versgruppe von der Erkenntnis der Vergänglichkeit dieses Glücks, offenbart die Elegie ihre charakteristische Dialektik. In leidvollem Pathos, unterstützt durch mehrfache Exklamationen, ersucht das lyrische Ich die »Fürstin der Heimat« (S. 92, V. 27) um Gastfreundschaft. Stuttgart soll sich dem »Fremdling« (S. 92, V. 28) öffnen und ihm ein Bleiben gewähren. Spätestens in dieser Passage des Poems kann der Leser das Textsubjekt dezidiert als einen Dichter identifizieren. »Drum erfreuest du auch gerne den Sängern das Herz« (S. 93, V. 4), so dessen Ansprache an die Göttin. Der grundsätzlich mit Pathos vorgetragene und angereicherte Gesang erfüllt dabei einen spezifischen Zweck, insofern er weit über ein potenziell physisches Aufeinandertreffen der Götter mit den Menschen hinausgeht. Da er als immaterielles Medium zu verstehen ist, vermag er auch die Immaterialität der Zeit zu überwinden. Um die irdische und himmlische Sphäre miteinander zu verbinden, bedarf es der Vergegenwärtigung eines Ortes in der Zeit. Er soll die Möglichkeit einer Begegnung zulassen. »Für Hölderlin ist der Mensch keine isolierte Entität, sondern Teil der All-Einheit.«[28] Hierzu liefern die drei letzten Verse der fünften Strophe den entscheidenden Hinweis:

---

28  Ebd., S. 16.

Und allmächtig empor ziehet ein ahnendes Volk,
Bis die Jünglinge sich der Väter droben erinnern,
Mündig und hell vor euch steht der besonnene Mensch – (S. 93, V. 8)

Als utopischer Vor-Schein, wie ihn Ernst Bloch konturiert,[29] tritt das Metaphysische als Ahnung, als Noch-nicht-Gewordenes, als sich allmählich innerlich ausgestaltendes Bild zutage. Er »gleicht einem Laboratorium, worin Vorgänge, Figuren und Charaktere bis zu ihrem typisch-charakteristischen Ende getrieben werden.«[30] Der temporale Anschluss mit »Bis« im Gedicht kennzeichnet die Suchbewegung ferner als rekursiv. Das Ahnen reicht so weit, »bis die Jünglinge sich der Väter droben erinnern.« (S. 93, V. 9) Was daraus folgt, ist der »besonnene Mensch«. Zu reifen vermag er allerdings erst im reflexiven Bezug zur Vergangenheit, wobei dem Pathos eine wesentliche Rolle zukommt. Nur in ihm liegt der wahre Geist der Antike begründet.[31] Bemächtigt sich Hölderlin seiner, ersteht das Vergessene und Verschüttete wieder auf.

In der sechsten Versgruppe nutzt sein Textsubjekt den geradezu rauschhaften Gesang zur Motivation der Vielen.

Aber die Nacht kommt! laß uns eilen, zu feiern das Herbstfest
Heut noch! voll ist das Herz, aber das Leben ist kurz,
Und was uns der himmlische Tag zu sagen geboten,
Das zu nennen, mein Schmidt! reichen wir beide nicht aus.
Treffliche bring‹ ich dir und das Freudenfeuer wird hoch auf
Schlagen und heiliger soll sprechen das kühnere Wort. (S. 93, V. 17 f.)

---

29  Vidal definiert Blochs Idee des »Vorscheins« als »Offenes und Fragmentarisches«, das »zum Ganzen des Weltprozesses tendiert.« – s. Francesca Vidal: Ästhetik. In: Bloch-Wörterbuch. Leitbegriffe der Philosophie Ernst Blochs. Hrsg. von Beat Dietschy, Doris Zeilinger et al. Berlin 2012, S. 13–36, hier: S. 26. Die Kunst versteht sich demnach als *das* antizipative Medium schlechthin.

30  Ernst Bloch: Das Prinzip Hoffnung. Kapitel 1–32. Frankfurt a. M. 1985, S. 14.

31  Vgl. Zumbusch (2010), S. 15.

Der Komparativ »heiliger« indiziert das vom Poeten selbst avisierte »heilige Pathos«. Durch die damit verbundene Persuasion avanciert der individualutopische Grundgedanke des lyrischen Ich weiterhin zum Programm der sozialen Gemeinschaft. »Eine Utopie übersteigt stets das nur Subjektive und ist auf überindividuelle Interaktionszusammenhänge einer idealen oder negativ akzentuierten Solidargemeinschaft gerichtet, selbst wenn sie ein anarchistisches Gemeinwesen imaginiert.«[32] Dafür braucht es Bilder, die auf einen kollektiven Resonanz- und Verständnisraum angewiesen sind.

> Für das Ich ist die Verwandlung des Lebensraums schon vorfühlbar, die Epiphanie könnte, müßte sich allen offenbaren. Aber es kommt auf die Eröffnung ihrer Fühlfähigkeit an: deshalb muß der Dichter den Mythos der gemeinschaftlichen Gottheit, die Antizipation ihrer Anwesenheit oder wenigstens unmittelbar bevorstehenden Ankunft entwerfen.[33]

Zwei, das Textsubjekt und der angesprochene sowie in der Widmung benannte Sigfried Schmid, »reichen […] nicht aus« (S. 93, V. 20). Daher werden die Rufe laut: »o kommt! O macht es wahr!« (S. 93, V. 25) Nachdem die »Lieben« (S. 93, V. 27) die Vorarbeit leisten, kann eine gute Zukunft antizipiert werden, die den Enkeln, wie die Schlusspointe unterstreicht, ein gutes Dasein bereiten soll.

---

32  Melitta Konopka: Utopisches Denken – notwendiger denn je!. In: Erwägen Wissen Ethik 16 (2005), H. 3, S. 307–310, hier: S. 307.
33  Ulrich Gaier: Späte Hymnen, Gesänge, Vaterländische Gesänge?. In: Hölderlin Handbuch. Leben –Werk – Wirkung. Hrsg. von Johann Kreuzer. Stuttgart/Weimar 2011, S. 162–174, hier: S. 172.

## Pathos als diachrones Gestaltungsmittel

Wie die exemplarischen Analysen vor Augen geführt haben, dient das Pathos zunächst der Reaktualisierung vom Ideal der antiken Welt sowie der damit einhergehenden Mythen. Diese Funktion ergibt sich aus Hölderlins Anknüpfung an die aristotelische Tragödienkonzeption, in welcher das Pathos die bedeutungstragende Signatur heroischen Leidens darstellt. Als entscheidend erweist sich dessen Differenzvermögen. Da es zumeist mit einem genus grande intoniert wird, ermöglicht es eine Abgrenzung zur konventionellen Kommunikation, wodurch ein neuer Sprachraum erschlossen wird.

Jene schöpferisch zu verstehende Affektkultur hängt zugleich mit Hölderlins politischen Ambitionen eng zusammen. Als Außenseiter und Anarchist, der eine egalitäre Gesellschaft visionär im Blick hat, steht er in Opposition zu einer von Duodezfürstentümern repräsentierten Aristokratie. Hinzu kommen soziale und kulturelle Entfremdungserfahrungen, die sich dem Subjekt der frühen Moderne einschreiben.

Wenn Hölderlin folglich eine imaginäre Welt mithilfe sprachlicher Ästhetisierung und einer rekursiven Konstruktion der Antike entwickelt, ist daran eine utopische Absicht gebunden. Allerdings wird diese nicht vom Autor fixiert, sondern als performativ verstanden. Das Pathos wirkt dabei als evokatives Realisierungsmedium. Neben dem Ansinnen, »Menschen über gemeinschaftliche religiöse Verhältnisse zu vereinigen«,[34] wie die Mensch-Gott-Begegnungen insinuieren, beschwört es etwas herauf, hebt etwas Unabgegoltenes aus der Vergangenheit, um daraus Erneuerungsimpulse zu generieren. Wenn Hölderlin an das klassische Zeitalter anknüpft, dann tut er dies frei von mimetischen Intentionen. Vielmehr elaboriert er ein konstruiertes Arkadien, wo Mensch, Götter und Natur in einer produktiven Spannung zueinander stehen. Somit kommt Hölderlins Vorstellung einer »harmonische[n] Entgegensetzung [zum Tragen], die die Dissonanzen aus der und in die allgemeine Einheit flie-

---

34 Ebd., S. 165.

ßen lässt.«[35] Dabei kontrastieren seine Gedichte eine vom Dichter als krank empfundene Gegenwart durch eine geradezu weihevoll konstituierte Gegenwelt. Ferner »gehört [es] zum Zustand der Genesung, daß in Erinnerung und Antizipation, die sich vereinigen in der *gegenwärtigen Erfahrung* von Schönheit und Natur, die augenblickliche Wirklichkeit der verlorenen Einheit greifbar und sichtbar wird.«[36]

Da das Pathos an dieser noch hervorzubringenden Utopie Anteil hat und motivatorische Effekte zeitigt, ist es bei Hölderlin als eine prozessuale Kategorie zu verstehen: Dessen generische Natur spiegelt sich in der Sprache als »Prozeß, in dem sich Bewußtsein gerade in zeitlicher Hinsicht selbst vorfindet.«[37] So stellt es auch eine Voraussetzung zur Ich-Werdung dar. Das Subjekt versprachlicht sich und findet im hohen Ton das Potenzial zur Konstitution seiner selbst.

---

35  Niketa Stefa: Die Entgegensetzung in Hölderlins Poetologie. Würzburg 2011, S. 95.
36  Ebd., S. 84 f.
37  Johann Kreuzer: Zeit, Sprache, Erinnerung: Die Zeitlogik der Dichtung. In: Hölderlin Handbuch. Leben – Werk – Wirkung. Hrsg. von Johann Kreuzer. Stuttgart/Weimar 2011, S. 147–161, hier: S. 160.

# Pathos, Passion und Pathologie

## Dialektik der revolutionären Kraft

*I-Tsun Wan*

»Und wie in dem elektrisierten dadurch, nach einer Wechselwirkung, der in ihm inwohnende Elektrizitätsgrad wieder verstärkt wird, so ging unseres Redners Mut, bei der Vernichtung seines Gegners, zur verwegensten Begeisterung über.«
Kleist: *Über die allmähliche Verfertigung der Gedanken beim Reden*[1]

## I.

Pathos ist eine Reaktion. Durch Pathos wird auf einen An- oder Eingriff reagiert, der Leiden verursacht. Von daher ist es »das leiden, das ergriffensein wovon«.[2] Es ist gleichgültig, ob das Ergriffensein sich im wortwörtlichen Sinne oder als Gleichnis begreifen lässt, denn von Relevanz ist primär, dass das Pathos insofern im Passiv steht und dass das Vor-Pathos ein heteronomer Zustand ist, in dem einer etwas erleidet. Indem allerdings dieser Leidende durch Pathos einen ultimativen Gegenschlag – sei es psychisch, sei es physisch – ausführt, steht das Pathos zugleich im Aktiv und verschafft dem Post-Pathos einen autonomen Zustand. Es ist also nicht so, dass das Pathos eines Katalysators bedürfte, sondern es ist per se ein Katalysator – sogar ein souveräner Katalysator, der sich nach einem ähnlichen Gesetz der Chemie einerseits vor Vernichtung bewahrt, andererseits den heteronomen Zustand des Vor-Pathos über einen Ausnahmezustand in den Zustand des Entstehens (Status Nascendi) zurückführt, woraus eine neue Ordnung entstehen kann. Daher lässt sich das

---

1 Heinrich von Kleist: Sämtliche Werke und Briefe. München 2001, S. II/321.
2 DWB, Bd. 13, Sp. 1503.

Pathos, das sich überdies als »ekstatische[n] Überstieg«³ darstellt, als ein
Ur-Knall oder ein Ur-Keim begreifen. Mit solch einem prometheischen
Überstieg *springt* die/der pathetisch Leidende der gegebenen Ordnung
entgegen und macht somit einen neuen Ur-Sprung aus der alten Ordnung.

Dass dem Pathos Zeugungsfähigkeit zuzuschreiben ist, hat Bernhard
Waldenfels kürzlich in seiner Monographie über Platon dargelegt: »Doch
nimmt man Platons Herkunftsgeschichte beim Wort, so spricht daraus
die Kunde von einer *Geburt des Logos aus dem Pathos.* Diese Geburt ist
wie die leibliche Geburt mit Geburtswehen verbunden und bedarf der
Geburtshelfer.«⁴ Diese Geburt ist jedoch keine einmalige Geburt, die
auf die eschatologische Vollendung hinzielt, sondern sie geschieht in der
historischen Dialektik wie Palingenese, und zwar im Pluralis, und bringt
jedes Mal einen neuen Logos, einen neuen Code und daraufhin eine
neue Ausdifferenzierung und zuletzt eine Revolution, wenn auch nur
eine winzige, alltägliche, individuelle, hervor. Es gilt für jede Geburt
als solche, wenn der Prometheus bei Goethe deklariert: »Hier sitz' ich,
forme Menschen / Nach meinem Bilde, / Ein Geschlecht, das mir gleich
sey, / Zu leiden, zu weinen, / Zu genießen und zu freuen sich, / Und dein
nicht zu achten, / Wie ich!«⁵ In dem pathetischen Augenblick, in dem
er sich unter allen Leiden und mit Leidenschaft hinsetzt, gilt ihm keine objektive Zweckmäßigkeit mehr, die auf kein Ergriffensein achtgibt.
Dementsprechend lehnt er im Pathos die alte Ordnung ab: »Ich dich
ehren? Wofür? / Hast du die Schmerzen gelindert / Je des Beladenen? /
Hast du die Thränen gestillet / Je des Geängsteten?«⁶ Er hält sich dagegen allein an seine subjektive Zweckmäßigkeit, die das »Ergriffensein«
anerkennt und ihm somit eine Ventilfunktion bietet. Hierdurch leistet
er einen Gegenschlag. Hierdurch schafft er einen neuen Logos, der sich

---

3    Cornelia Zumbusch: Probleme mit dem Pathos. In: Pathos. Zur Geschichte einer
     problematischen Kategorie. Hrsg. von Cornelia Zumbusch. Berlin 2010, S. 12.
4    Bernhard Waldenfels: Platon. Zwischen Logos und Pathos. Berlin 2017, S. 10.
5    Johann Wolfgang Goethe: Gedichte 1756–1799. Hrsg. von Karl Eibl. Frankfurt a. M.
     1987 (= Sämtliche Werke. Briefe, Tagebücher und Gespräche, Bd. 1), S. 204.
6    Ebd.

nicht mehr von dem alten begreifen und somit weder »ergreifen« noch angreifen lässt.

Dies hat auch Heinrich von Kleist erkannt. Er führt in seinem Aufsatz *Über die allmähliche Verfertigung der Gedanken beim Reden* »ein merkwürdiges Beispiel von einer allmählichen Verfertigung des Gedankens aus einem in der Not hingesetzten Anfang«[7] an und setzt fort: »Die Sprache ist alsdann keine Fessel, etwa wie ein Hemmschuh an dem Rade des Geistes, sondern wie ein zweites, mit ihm parallel fortlaufendes, Rad an seiner Achse.«[8] Hierzu kommentiert Kleist mit einer ausschlaggebenden Sentenz: »Denn nicht *wir* wissen, es ist allererst ein gewisser *Zustand* unsrer, welcher weiß.«[9] Dabei merkt er an: »Etwas ganz anders ist es wenn der Geist schon, vor aller Rede, mit dem Gedanken fertig ist.«[10] Also ganz anders ist es, wenn das Pathos umgekehrt aus dem Logos geboren ist. In diesem Fall ist das Pathos ein falsches bzw. künstliches Pathos, wie später gezeigt werden wird.

Dass der Prometheus seine eigenen Gläubigen schafft, ist notwendig, weil die subjektive Zweckmäßigkeit auch auf die »subjektive allgemeine Mitteilungsfähigkeit«[11] angewiesen ist. Ohne diese subjektive allgemeine Mitteilungsfähigkeit bleibt das Pathos allenfalls ein Knall, bei weitem kein Urknall, aus dem ein Universum entsteht. Es heißt bei Kleist: »Denn dadurch, daß er sich, einer Kleistischen Flasche gleich, entladen hatte, war er nun wieder neutral geworden, und gab, von der Verwegenheit zurückgekehrt, plötzlich der Furcht vor dem Chatelet, und der Vorsicht, Raum.«[12] So wie eine Verbrennung im Allgemeinen des Sauerstoffs bedarf, braucht das Pathos auch das »Oxidationsmittel«, um sich auszubreiten. Am Ende wird Prometheus selbst die Inkarnation des Pathos, das Infektionsfähigkeit hat: »Das Pathos, aus dem das Denken er-

---

7   Kleist (2001), S. II/322.

8   Ebd.

9   Ebd., S. II/323.

10  Ebd., S. II/322.

11  Vgl. Immanuel Kant: Kritik der Urteilskraft. In: ders.: Schriften zur Ästhetik und Naturphilosophie. Hrsg. von Manfred Frank und Veronique Zanetti. Frankfurt a. M. 1996 (= Werke, Bd. 3), S. 479–880, hier: S. 534–542.

12  Kleist (2001), S. II/321.

wächst, wirkt ansteckend: Affektion geht in Infektion über«.[13] Durch die
Infektion des Pathos werden, so Kleist, »Leute, die sich, weil sie sich der
Sprache nicht mächtig fühlen, sonst in der Regel zurückgezogen halten,
plötzlich mit einer zuckenden Bewegung, aufflammen, die Sprache an
sich reißen und etwas Unverständliches zur Welt bringen.«[14] Dies lässt
sich ohne Übertreibung mit dem Pfingstwunder bzw. der Zungenrede
vergleichen: »sie wurden alle erfüllt von dem Heiligen Geist und fingen
an zu predigen in andern Sprachen, wie der Geist ihnen zu reden ein-
gab.«[15]

Demgemäß führt die pathetische Aktion von Prometheus zu einer
»Passion« im doppelten Sinne: einerseits bezogen auf seine leidenschaftliche Neigung zur neuen Einrichtung der Welt, andererseits bezogen auf
sein Leiden und seine Leidensgeschichte, wodurch – wie durch Geburtswehen – eine neue Ordnung oder vielmehr eine neue Menschheit hervorgebracht wird: »Ich bin gekommen, damit sie [Geschöpf] das Leben
haben und volle Genüge.«[16] (Und er leistet dem Pathos Genüge.) Daher
stehen das Pathos und die Passion in einem Zusammenhang, und zwar
nicht nur im Zusammenhang der Etymologie. Das Pathos ist also der
Ursprung der Passion. Wird nicht mit Pathos der bittere Kelch bis auf
den Grund geleert, lassen sich weder Passion noch das neue Jerusalem
verwirklichen.

So wie das Wort »Passion« auch die künstlerische Darstellung der
Passion bedeutet, so findet diese »Geburt aus dem Pathos« ebenso in
der Kunst ihre Darstellung, wobei die Darstellung per se nicht nur eine
Unterhaltung, sondern vielmehr eine Erhaltung ist, indem sie wie die
Eucharistie abläuft: »Das ist mein Leib für euch; das tut zu meinem
Gedächtnis.«[17] Es ist also »ein Analogon zu der Empfindung, mit der
der dionysisch erregte Zuschauer den Gott auf der Bühne heranschrei-

---

13   Waldenfels (2017), S. 10.
14   Kleist (2001), S. II/323.
15   Apg. 2: 4.
16   Johannes 10:10.
17   1. Korinther 11:23.

ten sah, mit dessen Leiden er bereits eins geworden ist.«[18] Durch solch
ein Spiel wird die subjektive Zweckmäßigkeit von »Ich leide« anerkannt
und mit einer subjektiven Allgemeinheit versehen. Hierdurch erhalten
die Leiden Mitleid und somit erhält man sich standhaft in der zermal-
menden Situation. Es ist allerdings gleichgültig, ob es ein Lust-*Spiel* oder
ein Trauer-*Spiel* ist, und ob es lyrisch, episch oder dramatisch ist, denn
die Hauptsache ist, dass man in dem Spiel bzw. in dem Augenblick des
Spiels seine Autonomie zurückgewinnt und sich von der Gegebenheit
befreit. Hieraus ergibt sich die Erlösung der »Passion«, nämlich der Geburt aus dem Pathos in der Dichtung.

Die Dichtung als solche, insbesondere die tragische Dichtung, sieht
es nicht von ungefähr auch auf eine neue Ordnung ab. Wenn Benjamin
im Hinblick auf die Kohärenz zwischen Tyrann und Märtyrer im Trauerspiel von Harsdörffer konstatiert: »[E]s könnte von der Passionsgestalt
Christi gesagt sein. Wie Christus als König im Namen der Menschheit
litt, so nach der Anschauung barocker Dichter Majestät schlechtweg«,[19]
so führt er ebenfalls das πάσχειν und die neue Ordnung (das Neue Testament) zusammen. In diesem Kontext lässt sich auch Schillers These stellen: »*Pathos* ist also die erste und unnachlaßliche Foderung [sic!] an den
tragischen Künstler, und es ist ihm erlaubt, die Darstellung des Leidens
so weit zu treiben, als es, *ohne Nachteil für seinen letzten Zweck*, ohne
Unterdrückung der moralischen Freiheit, geschehen kann.«[20] Während
Schiller den letzten Zweck der Kunst nur als einen ordnungsimmanen-
ten Zweck, als »Darstellung des Übersinnlichen« durch »Darstellung der
moralischen Independenz von Naturgesetzen im Zustand des Affekts«
begreift,[21] weist Benjamin weiterhin auf die transzendentale Idee und die
revolutionäre Kraft der tragischen Dichtung hin:

---

18  Friedrich Nietzsche: Die Geburt der Tragödie. Unzeitgemäße Betrachtungen (= Kri-
    tische Studienausgabe, Bd. 1). Hrsg. von Giorgio Colli und Mazzino Montinari.
    München 1999, S. 64.
19  Walter Benjamin: Ursprung des deutschen Trauerspiels. Frankfurt a. M., ¹²2016, S. 54.
20  Friedrich Schiller: Über das Pathetische. In: ders.: Theoretische Schriften. Hrsg. von
    Rolf-Peter Janz. Frankfurt a. M. 1992 (= Werke und Briefe, Bd. 8), S. 423–451, hier:
    S. 423f.
21  Ebd., S. 423.

Die tragische Dichtung ruht auf der Opferidee. Das tragische Opfer aber ist in seinem Gegenstande – dem Helden – unterschieden von
jedem anderen und ein erstes und letztes zugleich. Ein letztes im Sinne
des Sühnopfers, das Göttern, die ein altes Recht behüten, fällt; ein erstes
im Sinn der stellvertretenden Handlung, in welcher neue Inhalte des
Volkslebens sich ankündigen. Diese, wie sie zum Unterschiede von den
alten todbringenden Verhaftungen nicht auf oberes Geheiß, sondern
auf das Leben des Heros selbst zurückweisen, vernichten ihn, weil sie,
inadäquat dem Einzelwillen, allein dem Leben der noch ungeborenen
Volksgemeinschaft den Segen bringen. Der tragische Tod hat die Dop-
pelbedeutung, das alte Recht der Olympischen zu entkräften und als
den Erstling einer neuen Menschheitsernte dem unbekannten Gott den
Helden hinzugeben.[22]

Als Beispiel dafür lässt sich Kleists Trauerspiel *Penthesilea* anführen.
Am Ende des Stückes, nachdem die Protagonistin zusammengebrochen
ist, gerät sie plötzlich in den pathetischen Zustand und sagt: »Ich sage
vom Gesetz der Fraun mich los, / Und folge diesem Jüngling hier.«[23]
Dieser Augenblick ist das Ende der alten, amazonischen Ordnung und
zugleich der Anfang der penthesileanischen Ordnung. Indem sie sich
durch ihre Sprache opfert, wird ein neuer resp. göttlicher Logos geboren,
der keinen Unterschied zwischen Zeichen und Körper kennt und sich
nicht mehr nur mithilfe des Gleichnisses erklären lässt:

Denn jetzt steig ich in meinen Busen nieder
Gleich einem Schacht, und grabe, kalt wie Erz,
Mir ein vernichtendes Gefühl hervor.
Dies Erz, dies läutr' ich in der Glut des Jammers
Hart mir zu Stahl; tränk es mit Gift sodann,
Heißätzendem, der Reue, durch und durch;
Trag es der Hoffnung ewgem Amboß zu,
Und schärf und spitz es mir zu einem Dolch;

---

22  Benjamin (2016), S. 87.
23  Kleist (2001), S. I/462.

Und diesem Dolch jetzt reich ich meine Brust:
So! So! So! So! Und wieder! – Nun ists gut.
*Sie fällt und stirbt.*[24]

Penthesilea sagt, dass ihr Gefühl ein Dolch wird, und es wird ein Dolch. Und sie sieht, dass es gut ist. Nicht von ungefähr kommt in dieser Figur die Sinnbildlichkeit von Jesus Christus zum Ausdruck[25] und spielt auf seine Passion an. Außerdem ist es zu bemerken, dass ihr Urteil »Nun ists gut« kein moralisches Urteil ist, welches etwa irgendeiner objektiven Zweckmäßigkeit gemäß gefällt worden wäre, vielmehr entspricht es allein ihrer subjektiven Zweckmäßigkeit. Es ist darum gut, weil sie es gut findet. Aus diesem ästhetischen Urteil entsteht dann ein neues Testament. Und sie findet auch sofort ihren Apostel, als ihre Freundin ihr Wort einhält: »im Vertraun ein Wort, das niemand höre, / Der Tanaïs Asche, streut sie in die Luft!«[26]

Bis hierher ist die revolutionäre Kraft des Pathos deutlich gemacht worden. Wenn man in Betracht zieht, dass das Pathos menschlich oder sogar allzumenschlich ist, gilt es, hier nicht unbedingt zwischen der revolutionären Kraft des Pathos in Fiktion und derselben in Realität zu unterscheiden. Nicht zuletzt hat Roland Barthes Recht: »[W]as die Humanwissenschaften, in welchem Bereich auch immer, ob im soziologischen, psychologischen, psychiatrischen, linguistischen usw., heute entdecken, das hat die Literatur immer schon gewußt; der einzige Unterschied liegt darin, daß sie es nicht *gesagt*, sondern *geschrieben* hat.«[27] Dieser Satz gibt uns auch Recht, das Pathos weiterhin am literarischen Beispiel zu diskutieren.

---

24  Kleist (2001), S. I/427.
25  Vgl. Gerhard Kaiser: Mythos und Person in Kleists »Penthesilea«. In: ders.: Wandrer und Idylle. Goethe und die Phänomenologie der Natur in der deutschen Dichtung von Geßner bis Gottfried Keller. Göttingen 1977, S. 209–239, hier: S. 227–238.
26  Kleist (2001), S. I/426.
27  Roland Barthes: Das Rauschen der Sprache. Dt. Übers. von Dieter Hornig. Frankfurt a. M. ⁴2015, S. 16.

## II.

Wie oben angedeutet, ist die Geburt aus dem Pathos in der Tat der Ausgangspunkt der Dialektik ohne Ausweg. Da jeder Logos als solcher ein(e)
»Ant-Wort« auf das Pathos ist und zugleich eine Neigung dazu hat, »den
Vorsprung des Pathos einzuholen«,[28] geht die »Machtergreifung« des Logos mit der Diktatur einher und treibt die Geschichte wiederum in die
endlose Dialektik hinein.

Aus Sicht des Logos, der sich nicht mehr an seine Geburt *(partus)*
erinnern kann oder will, gilt die Passion als Pathologie, und zwar ebenso im doppelten Sinne: als pathologische Erscheinung und als deren
Darstellung. Demgemäß werden sowohl das Pathos als auch die Passion – wie Hysterie aus der Sicht der Vernunft – zum Gegenstand der
Pathologie im zweiten Sinne, die zur Behandlung und zur Beseitigung,
sprich: zur Heilung, des Ausnahmezustandes beitragen soll. Die Pathologie, nämlich der *logos* für *pathos*, ist im Wesentlichen eine Lehre vom
»Er-GREIFEN« und dann »ER-greifen«. Ihr Hauptziel besteht darin, das
Pathos nach der Geburt des Logos zu kastrieren, damit der Logos sich
mit dem Erstgeburtsrecht absichert. Man denke an Kleists Trauerspiel
*Penthesilea*: Der amazonische Staat, der einer pathetischen souveränen
Revolution entstammt, hält von nun an seine neue Ordnung ein: »Und
dies jetzt ward im Rat des Volks beschlossen: / Frei, wie der Wind auf
offnem Blachfeld, sind / Die Fraun, die solche Heldentat vollbracht, /
Und dem Geschlecht der Männer nicht mehr dienstbar.«[29] Allerdings
kann dieser neue Logos um seiner Totalität willen weiterhin kein neues Pathos erlauben. So beurteilt die Oberpriesterin, die für die ganze
Ordnung steht, ihre Königin als »Unselige«,[30] sobald diese infolge ihrer
Zuneigung zu Achilles in Pathos gerät und in dem pathetischen Zustand
die Göttin »Aphrodite« anruft,[31] die außerhalb des amazonischen Arte-
mis-Mars-Systems steht und somit den Ursprung einer neuen Ausdiffe-

---

28  Waldenfels (2017), S. 11.
29  Kleist (2001), S. I/388 f.
30  Ebd., S. I/363.
31  Ebd., S. I/362.

renzierung markiert. Die pathetische Penthesilea ist also ein pathogener Status Nascendi, der den Staat *(status)* erneut auflösen kann. Um diese Gefahr abzuwehren, greift der Amazonenstaat nach der Pathologie und diagnostiziert: »O! Sie ist außer sich –! / Sie ist wahnsinnig!«[32]

Dergleichen findet sich auch bei Goethe, und zwar in seinem Roman *Die Leiden des jungen Werthers*. Die vielzitierte Fragestellung des Werther lautet: »O meine Freunde! warum der Strom des Genies so selten ausbricht, so selten in hohen Fluthen hereinbraus't und eure staunende Seele erschüttert?« Darauf folgt seine aufschlussreiche Antwort. »Liebe Freunde, da wohnen die gelassenen Herren auf beyden Seiten des Ufers, denen ihre Gartenhäuschen, Tulpenbeete und Krautfelder zu Grunde gehen würden, die daher in Zeiten mit Dämmen und Ableiten der künftig drohenden Gefahr abzuwehren wissen.«[33] Indem hier vom Ausbruch des Genies gesprochen wird, wird das Genie, die schöpferische Kraft, im Wesentlichen mit dem Pathos verbunden und gilt als ebenso gefährlich für die gegebene Ordnung bzw. Kultur. Es ist also nicht von ungefähr, dass der Roman von »Leiden«, und zwar ein Passion-Roman,[34] tragisch endet und zugleich eine neue Ordnung in Hinsicht auf das Erstgeburtsrecht[35] zu erwarten ist. Es wundert einen auch nicht, dass man im Hinblick auf das Pathos des Protagonisten sofort nach der Pathologie greift und sagt, dass »ein Mensch, den seine Leidenschaften hinreißen, alle Besinnungskraft verliert und als ein Trunkener, als ein Wahnsinniger angesehen wird«.[36] In der Antithese des Pathos ist Werther nämlich ein Wahnsinniger bzw. von Sinnen, weil sein subjektiver Sinn nicht derjeni-

---

32 Ebd., S. I/405.

33 Johann Wolfgang Goethe: Die Leiden des jungen Werthers. In: ders.: Die Leiden des jungen Werthers, Die Wahlverwandtschaften, Kleine Prosa, Epen. Hrsg. von Waltraud Wiethölter. Frankfurt a. M. 1994 (= Sämtliche Werke. Briefe, Tagebücher und Gespräche, Bd. 8), S. 10–267, hier: S. 29.

34 Auf das Gebet im Garten Gethsemane spielt das Folgende an: »Hier, Lotte! Ich schaudre nicht, den kalten, schrecklichen Kelch zu fassen, aus dem ich den Taumel des Todes trinken soll!« (Ebd., S. 263).

35 »[D]er Älteste, den er immer am meisten geliebt, hing an seinen Lippen bis er verschieden war und man den Knaben mit Gewalt wegriß« (Ebd., S. 267).

36 Ebd., S. 95.

ge ist, den der Logos erfassen kann; sein Handeln ergibt keinen objektiven Sinn, sondern treibt nur Unsinn. Man erinnere sich nochmals an die Diagnose von Lotte: »Werther, Sie sind sehr krank, Ihre Lieblingsgerichte widerstehen Ihnen. Gehen Sie! Ich bitte Sie, beruhigen Sie sich.«[37]

Just auf die Diagnose folgt das »tragische Schweigen« von Werther, indem er nur noch seinen letzten Brief schreibt und seine Instanz weiterhin von dem Herausgeber abgelöst wird, denn der tragische Held, so Benjamin, »hat nur eine Sprache, die ihm vollkommen entspricht: eben das Schweigen.«[38] Dies legt er weiterhin aus:

Da die Volksgemeinschaft ihn verleugnet, so bleibt er sprachlos im Helden. Und der muß jedes Tun und jedes Wissen je größer, je weiter hinaus wirkend es wäre desto gewaltsamer in die Grenzen seines physischen Selbst förmlich einschließen. Nur seiner Physis, nicht der Sprache dankt er, wenn er zu seiner Sache halten kann und daher muß er es im Tode tun.[39]

Der Tod markiert die Grenze der Pathologie, er erklärt das Ende ihrer Diktatur. In diesem Sinne ist der Tod tatsächlich eine Erlösung und eine Erwartung. Irgendwann und irgendwo wird jemand zu jenem vernünftigen Pathologen sagen: »Du bist ein Zivilist – er meinte es ja wohl mehr als Lob, aber du bist ein heilloser Zivilist, das ist die Sache. Übrigens bist du ja gesund und kannst tun, was du willst«[40] Das Rhema des Satzes versteht der Zivilist Castorp dennoch nicht, denn er versteht nur das pathologische Thema: »Ja, gesund bis auf die Anämie«.[41]

---

37  Ebd., S. 193.
38  Benjamin (2016), S. 88.
39  Ebd., S. 89,
40  Thomas Mann: Der Zauberberg. Frankfurt a. M. ²2013, S. 77.
41  Ebd.

# III.

Die obige Diskussion zeigt die Dialektik zwischen dem Pathos und seiner Antithese der Pathologie (*logos* für *pathos*). Diese Dialektik basiert auf der Kraft des Pathos, das es vermag, den Logos zu zerstören und neu zu stiften. Es gibt allerdings, wie oben erwähnt, ein Pseudo-Pathos, welches nur die Form des ekstatischen Überstiegs, aber keinen pathetischen Gehalt hat. Das Pseudo-Pathos kann allenfalls zur Übertreibung und, wenn man so will, zur Pseudologie führen. Als Beispiel lässt sich Klaus Manns Roman *Mephisto – Roman einer Karriere* anführen. Damit er um Barbara, die Tochter des Geheimrates, werben kann, bemüht der leidenschaftliche Schauspieler Höfgen sein zur Schau gestelltes Pathos:

> »Ich brauche dich«, schluchzte er, die Stirne auf ihrem Schoß. »Ohne dich muß ich ganz zugrunde gehen. Es ist so viel Schlechtes in mir. Allein bringe ich die Kraft nicht auf, es zu besiegen, du aber wirst das Bessere in mir stark machen!« So pathetische und peinvoll offene Worte nötigte die Verzweiflung ihm ab.[42]

Sein Pathos ist aber weder spontaner Ausbruch, noch schöpferische Kraft (Das wollte er auch nicht, denn er möchte Karriere in der Ordnung machen), zumal er immer noch denselben Logos anwendet. Es bringt keine neue Ordnung hervor und besitzt auch keine erforderliche Infektionsfähigkeit. Auf seinen Antrag antwortet Barbara nur auf indifferente Weise: »Wenn du es so gerne willst, Hendrik… Wir können es ja versuchen… Wir können es ja versuchen.«[43] Seine pathetische Erscheinung entspricht bloß seiner vernünftigen Berechnung, damit er durch die Heirat den Zugang zu dem höheren Kreis in der gegebenen Ordnung bekommt – alles seiner Karriere zuliebe. Dementsprechend richtet sich seine Leidenschaft nicht auf Barbara, sondern auf Juliette, die bezeichnenderweise zu ihm in einer sowohl psychisch als auch physisch

---

42 Klaus Mann: Mephisto. Roman einer Karriere. Reinbek bei Hamburg [15]2008, S. 109.
43 Ebd., S. 110.

sadomasochistischen Beziehung steht. Das Pathos ohne Leidenschaft ist ein falsches Pathos und die Leidenschaft ohne Pathos ein Weg zum Zusammenbruch des Hochstaplers – anstatt zum Ausbruch des Genies. Am Ende ist Höfgen kein leidenschaftlicher Schauspieler, sondern bloß ein Zurschaugestellter, nachdem er sich dessen allmählich bewusstgeworden ist, dass er kein autonom spielender Mephisto, sondern eine heteronom gespielte Mephisto-Marionettenfigur ist. Und dieser Mephisto vermag es auch nicht, Geschichte zu verändern, geschweige denn zu beenden: Er versinkt stattdessen in die Geschichte, nachdem sowohl seine subjektive Zweckmäßigkeit als auch die subjektive Allgemeinheit verloren gegangen sind. (Aber jenseits der Einrichtung der Romanwelt würde er wiedergeboren, indem er am Ende des Romans in den Schoß seiner Mutter versinkt. Hierdurch wird ein Zeichen der Hoffnung gesetzt.

# Dunkle Zeiten

## Heines pathetische Widmungsgedichte *An Edom!* und *Brich aus in lauten Klagen* als »Vorwort« des Romanfragments *Der Rabbi von Bacherach?*

*Walter Kühn*

## I.

Die Aufnahme eines Aufsatzes über Heine in einem Band über Pathos muss überraschen. So bereitet die Lektüre etwa von Heines *Buch der Lieder* (1827), das wie viele weitere bedeutende Werke dieses Autors seinen festen Platz in der Literaturgeschichte mit Fug und Recht beanspruchen darf, doch vor allem eins: ein immenses Lesevergnügen. Gänzlich anders, nämlich in einer auf Pathetisches bezogenen Perspektive, wird man jedoch informelle, institutionelle und literarische Vorgänge zwischen 1822 und 1824 deuten. Deren Rekonstruktion zeigt Heine in einem freundschaftlichen und arbeitsgeselligen Verbund mit jungen jüdischen Intellektuellen, dessen unmittelbare Folge das erste – und vielleicht auch das zweite –[1] Kapitel des unvollendet gebliebenen Romans *Der Rabbi von Bacherach*[2] gewesen ist.

---

[1]  Es »[können] nicht alle genetischen Fragen vollständig gelöst werden« (Gerhard Höhn: »Der Rabbi von Bacherach. Ein Fragment.« In: Heine Handbuch. Zeit – Person – Werk. Hrsg. von Gerhard Höhn. 3. Auflage. Stuttgart 2004, S. 437). Ungeklärt ist, welche Textmenge genau jeweils in den beiden sechzehn Jahre voneinander getrennten Arbeitsphasen entstanden ist. Es stehen zwei Erklärungsmodelle in Konkurrenz. Einerseits legen es Finkes Handschriften-Untersuchungen, die u. a. von Kircher für stichhaltig befunden worden sind, plausibel nahe, dass Heine mehr als die Hälfte des Fragments erst 1840 verfasst hat (Franz Finke: Zur Datierung des »Rabbi von Bacherach« (1964). In: Heinrich Heine. Wege der Forschung. Hrsg. von Helmut Koopmann. Darmstadt 1975, S. 49–55). Andererseits wird von Windfuhr u. a. die Annahme vertreten, dass der Schwerpunkt von Heines Arbeit in der ersten Schaffensphase 1824/25 zu verankern ist. Überzeugend ist Windfuhrs Nachweis der strukturellen und stilistischen Nähe zwischen dem zweiten Kapitel von Heines

## II.

Der entstehungsgeschichtliche Beginn von Heinrich Heines schließlich
erst 1840 in drei Teilen veröffentlichtem Romanfragment steht unter pathetischen Vorzeichen. In Bezug auf Heines Einstellung bietet sich dabei
die Verwendung des Begriffs ›Pathos‹ zunächst im doppelten Sinne an:
So steht ›Pathos‹ in etymologischer Nähe zu ›Antipathie‹ und ›Sympathie‹. Mit Antipathie reagierte Heine auf gesellschaftliche und politische
Entwicklungen. Ein Dorn im Auge waren ihm die Hep-Hep-Ausschrei-
tungen des Jahres 1819 und die restaurative Politik des preußischen Kö-
nigs Friedrich Wilhelm III. Dieser nahm bekanntlich am 4. August 1822
die Bestimmung von Hardenbergs »Edikt, betreffend die bürgerlichen
Verhältnisse der Juden in dem preußischen Staate« vom 11. März 1812
mit der Folge zurück, dass sich für jüdische Studierende die Türen zu
Akademien verschlossen. Mit »ohnmächtige[m] Zorn« schrieb Heine
am 1. April 1823 seine vielleicht »schärfste Kritik am Christentum«, das
»er mit dem preußischen Staat identifizierte« (DHA V, S. 502):

> Zertretet man eine dieser Ideen-Wanzen, so läßt sie einen Gestank zurück
> der für Jahrtausende lang riechbar ist. Eine solche ist das Christentum, das
> schon vor 1800 Jahren zertreten worden, und das uns armen Juden seit der
> Zeit noch immer die Luft verpestet. Verzeih mir diese Bitterkeit; Dich hat
> der Schlag des aufgehobenen Edikts nicht getroffen.[3]

---

Romanfragment und insbesondere der im Herbst 1824 verfassten *Harzreise* (Manfred
Windfuhr: »Der Rabbi von Bacherach«. Zur Genese und Produktionsästhetik des
zweiten Kapitels. In: Heine-Jahrbuch. Hrsg. vom Heinrich-Heine-Institut Düsseldorf. Hamburg 1989, S. 88–117, insbesondere: S. 91–101).

2  Heinrich Heine: Historisch-kritische Gesamtausgabe der Werke. Hrsg. von Manfred
Windfuhr im Auftrag der Landeshauptstadt Düsseldorf. Band V. Hamburg 1994,
S. 107–145 [Text], S. 498–612 [Kommentar]. [Im Folgenden wird unter Verwendung
der Sigle DHA und der Bandnummer im Haupttext zitiert].

3  Heinrich Heine an Immanuel Wohlwill, 1. April 1823. In: Heinrich Heine. Werke, Briefwechsel, Lebenszeugnisse. Säkularausgabe. Hrsg. von den Nationalen For-
schungs- und Gedenkstätten der klassischen deutschen Literatur in Weimar und
dem Centre National de la Recherche Scientifique in Paris. Bd. XX: Briefe 1815–1831,

Dass Heine diesen Brief an ein Mitglied des »Vereins für Cultur und Wissenschaft der Juden« verfasst hat, ist bezeichnend für die Sympathie, die Heine einem Zusammenschluss junger Hegel-Schüler Anfang der 1820er Jahre entgegenbrachte. Seit August 1822 war er Mitglied in dem von Eduard Gans, Leopold Zunz und Moses Moser 1819 in Berlin gegründeten Kulturverein. Briefe aus der Phase nach seinem Beitritt dokumentieren, dass »Glaubensmotive [...] kaum bestimmend«[4] für die Entscheidung gewesen waren, sondern, wie Heine im Mai 1823 schrieb, die »Anhänglichkeit an das Judenwesen [...] in einer tiefen Antipathie gegen das Christentum« wurzelte. (HSA XX, S. 82). Heine fühlte sich verbunden mit den selbstbewussten jungen, jüdischen Intellektuellen. Auch er war gewillt, Anfeindungen – wie 1816 etwa von Publizisten wie dem Philosophen Jakob Friedrich Fries –[5] öffentlich entgegenzutreten und schrieb z. B. am 3. August 1823 an Moses Moser, den Sekretär des Kulturvereins:

Daß ich für die Rechte der Juden und ihre bürgerliche Gleichstellung enthousiastisch sein werde, das gestehe ich, und in schlimmen Zeiten, die unausbleiblich sind, wird der germanische Pöbel meine Stimme hören, daß es in deutschen Bierstuben und Palästen wiederschallt (HSA XX, S. 107).

Die intellektuellen Ziele des Kulturvereins waren hochgesteckt.[6] Man suchte einen Weg zwischen jüdischer Orthodoxie und Assimilationsbestrebungen durch Aufnahme romantischer und hegelianischer Impulse zum Zwecke der Herstellung eines modernen jüdischen Selbstbewusstseins, das sich in die Kultur einbringen und einen Beitrag zum »Welt-

---

Kommentar. Berlin und Paris 1976, S. 72. [Im Folgenden wird unter Verwendung der Sigle HSA und der Bandnummer im Haupttext zitiert].

4   Hartmut Kircher: Heinrich Heine und das Judentum. Bonn 1973, S. 109.

5   Friedrich Fries: Über die Gefährdung des Wohlstands und des Charakters der Deutschen durch die Juden. Leipzig 1816. Vgl. DHA V, S. 503.

6   Vgl. u. a. Hartmut Kircher: Heinrich Heine und das Judentum. Bonn 1973, S. 54–62, S. 106–111; Rainer Feldmann: Heinrich Heine: »Der Rabbi von Bacherach«. Geschichtsverständnis, Jude und Judentum im Romanfragment Heinrich Heines. Paderborn 1984, S. 29–43.

geist« leisten sollte. Eine Notwendigkeit war da die Einlösung der von
Gans geprägten Formel, dass durch die Initiativen des Kulturvereins »die
jüdische Welt sich selbst vorstellig«[7] werden sollte. Heines Gespräche
mit Moser, Zunz, Gans und anderen Freunden des Kulturvereins sowie
seine Quellenstudien, die sein Verständnis für das Judentum mit Blick
auf dessen Geschichte und Bräuche förderten, regten ihn, wie er Moses
Moser am 18. Juni 1823 brieflich mitteilte, zunächst zu folgendem Vor-
haben an: »Sehr drängt es mich, in einem Aufsatz für die Zeitschrift, den
großen Judenschmerz (wie ihn Börne nennt) auszusprechen, und es soll
auch geschehen sobald mein Kopf es leidet« (HSA XX, S. 97).[8]

Heines Solidarität mit der jüdischen Geschichte war pathetischer Natur. Er betrieb ein immenses Quellenstudium gleichsam in einer »Frosch-
perspektive der schwächsten, rechtlosesten Bevölkerungsgruppe«,[9] um,
wie es seine Vereinsfreunde Moser und Zunz formuliert hatten, über die
bisher vernachlässigte jüdische Geschichte »in den traurigen Zeiten ihrer
Zerstreuung«[10] und die »heillosen Irrtümer«[11] bzw. »herrschenden Meinungen und Mährchen [gegen Juden]«[12] aufzuklären. Folgenreich war
in diesem Zusammenhang ein im Sommer 1823 an Moser geschriebener

---

7   Zitiert nach: Hans Günther Reissner: Eduard Gans. Ein Leben im Vormärz. Tübin-
    gen 1965, S. 98.

8   Heine bezog sich auf Ludwig Börnes Rezension des 1794 verfassten Schauspiels *Der
    Jude* von Richard Cumberland: »Wie viele Tausend jenes unglücklichen Volkes
    mußte Cumberland haben dulden sehen, bis er den ungeheuren Judenschmerz, ei-
    nen reichen dunklen Schatz, von Geschlecht zu Geschlecht herabgeerbt, auch nur zu
    ahnen vermochte, bis er zu erlauschen vermöchte die Leiden, die nicht klagen, weil
    sie kein Ohr zu finden gewohnt sind?« (Ludwig Börne: Sämtliche Schriften. Hrsg.
    von Inge und Peter Rippmann. Dreieich 1977. Bd. 1, S. 286 f.).

9   Alfred Bodenheimer: »Die Engel sehen sich alle ähnlich«. Heines Rabbi von Ba-
    cherach als Entwurf einer jüdischen Historiographie. In: Heinrich Heine und die
    Religion. Hrsg. von Ferdinand Schlingsiepen und Manfred Windfuhr. Düsseldorf
    1998, S. 49–64, hier: S. 53.

10  Moses Moser: Memorandum vom 7. November 1819. Zitiert nach: Siegfried Ucko:
    Geistesgeschichtliche Grundlagen der Wissenschaft des Judentums (Motive des Kul-
    turvereins vom Jahre 1819). In: Zeitschrift für die Geschichte der Juden in Deutsch-
    land 5 (1935), H. 1, S. 1–34, hier: S. 16.

11  Ebd.

12  Leopold Zunz: Grundlinien zu einer künftigen Statistik der Juden. Zeitschrift für
    die Wissenschaft des Judentums 1 (1823), H. 3, S. 523–532, hier: S. 528.

Brief. Er dokumentiert, dass Heine einerseits bejahend den Impuls seiner Freunde, die jüdische Leidensgeschichte in den Fokus zu bringen, aufnahm, andererseits aber seine Rolle des Poeten im von jungen Wissenschaftlern geprägten Verein deutlich akzentuierte.[13] So wünschte er sich, dass Moser ihm »2 Bände« aus Jacques Basnages monumentalem Werk *Histoire des juifs, depuis Jesus-Christ jusqu'à present*, das 1706 in einer fünfbändigen ersten Auflage und 1716 in einer 15-bändigen endgültigen Auflage erschienen war, auslieh, und betonte im selben Brief anlässlich seiner Vision einer jüdischen Neugründung im amerikanischen Ganstown, dass »ich ein jüdischer Dichter bin«. (HSA XX, S. 86 f.) So »durchsetzt« dieser Brief von Heines »Ironie« ist, so »ernst zu nehmen« ist er in seiner bekenntnishaften »Substanz« (DHA V, S. 506).

Sichtet man Heines briefliche Korrespondenzen im Jahr 1824, dann fällt ein Befund besonders ins Auge. Heine verwendete insbesondere im Zuge seines im Frühjahr 1824 gefassten Entschlusses, einen ursprünglich geplanten Aufsatz zugunsten eines historischen Romans aufzugeben, wiederholt Signalworte pathetischen Sprechens. Vor allem kam ihm das Adjektiv »groß« zupass sowohl im Hinblick auf sein Quellenstudium als auch hinsichtlich des eigenen Schreibens: Der »große[] Judenschmerz« (HSA XX, S. 96), wie Heine es in Ludwig Börnes Worten ausdrückte, sollte nun insbesondere dank Basnages jüdischer Geschichte überführt werden in ein Hauptwerk, »etwas Große[s]« (HSA XX, S. 164), »das von den Zunzen aller Jahrhunderte als Quelle genannt werden wird« (HSA XX, S. 204). Dabei belegen Dokumente wie Heines überliefertes Basnage-Exzerpt (DHA V, S. 274–276) und deren Auswertung (ebd., S. 508–515, S. 518 f., S. 709–728), dass aus Heines verwendeten Quellen hauptsächlich das mehrbändige Werk des Kirchenhistorikers und reformierten Theologen Jacques Basnage (1653–1723) herausragt. Dessen de-

---

13  So schrieb Heinrich Heine in Reaktion auf das dritte der Heft der Vereinszeitschrift am 27. Juni 1823 an Leopold Zunz: »Dringen Sie doch bey den Mitarbeitern der Zeitschrift auf Cultur des Styls. Ohne diese kann die andere Cultur nicht gefördert werden« (HSA XX, S. 102 f.) Zu Heines Plan, eine »neu-jüdische Literatur« (Heinrich Heine an Moses Moser, 23. Mai 1823 (HSA XX, S. 87)) zu begründen vgl. Windfuhrs Erläuterung in DHA V, S. 505–508.

taillierte Schilderung von »zahlreiche[n] Fälle[n] von vermeintlichen Ritualmorden« und sein Nachweise der »Verknüpfung von Ritualmorden und Pessachfeiern in der antisemitischen Legendenbildung« (DHA V, S. 517, vgl. 669 f.) verarbeitete Heine in einer sich, wie es in einem Brief an Rudolf Christiani vom 25. Mai 1824 lautet, »sehr sauer« anlassenden Niederschrift einer »großen Novelle« (HSA XX, S. 164): Während der abendlichen Feier des Passahfestes schmuggeln zwei Fremde den Leichnam eines Kindes in das Haus des Rabbiners Abraham von Bacherach ein, um so die jüdische Gemeinde, die angeblich ihre Osterbrote in das Blut von Christenkindern eintauchen würde, des Ritualmords zu bezichtigen. Wie bedeutsam der produktionsästhetische Stellenwert der *Histoire des juifs, depuis Jesus-Christ jusqu'à present* für den historischem Denken verpflichteten Autor Heinrich Heine gewesen ist, belegt Heines Brief an Moses Moser vom 25. Juni 1824 anlässlich der Fertigstellung des ersten Kapitels des *Rabbi von Bacherach*:

> Außerdem treibe ich viel Chronikenstudium und ganz besonders viel historia judaica. Letztere wegen Berührung mit dem Rabbi, und vielleicht auch wegen inneren Bedürfnisses. Ganz eigene Gefühle bewegen mich, wenn ich jene traurigen Analen durchblättere; eine Fülle der Belehrung und des Schmerzes. Der Geist der jüdischen Geschichte offenbart sich mir immer mehr und mehr, und diese geistige Rührung wird mir gewiß in der Folge sehr zu statten kommen. An meinem Rabbi habe ich erst 1/3 geschrieben, meine Schmerzen haben mich auf schlimme Weise daran unterbrochen, und Gott weiß ob ich ihn bald und gut vollende. (HSA XX, S. 167)

Dieser Brief kann als Gradmesser für Heines enge Bindung an die jüdische Gemeinschaft Mitte der 1820er Jahre gelten. Es hat den Anschein, dass der von immensen Schreibschwierigkeiten begleitete Arbeitsprozess im Zusammenhang mit der Irritation des Verfassers steht, der sich bei seinem Beitritt in den Kulturverein noch als religiös indifferent verstanden hatte und nun »betäubende Anwandlungen von Pietismus« (HSA XX, S. 165 f.) an sich bemerkte.

# III.

Die Bedeutung von Heines Brief an Moses Moser vom 25. Oktober 1824 steht außer Zweifel. Ohne jegliche Ironie teilt Heine hier seinem Freund mit, dass er von seinem im Entstehen begriffenen Text »kaum 1/3« erarbeitet habe, aber zuversichtlich sei, dass er einen »sehr große[n] [...] Band« kraft »unsäglicher Liebe«, mit der er »das ganze Werk in der Brust [trage]«, realisieren werde; den Pol der Antipathie gewichtete Heine sodann mit Blick auf »feindselige [...] Reaktionen«, die indes verstummen würden angesichts eines »aus der Liebe« hervorgegangenen »unsterbliche[n] Buch[es]«, einer »ewige[n] Lampe im Dome Gottes« (HSA XX, S. 176). Heines Abscheu gegen die Feinde und seine Solidarität für die Unterdrückten bestimmen auch zwei beigelegte Gedichte. Es sind »Widmungsgedichte an die beiden bisherigen Helfer, das eine über die Zeiten hinweg an Basnage, das andere ein direkter Dank an Moser«.[14] Das Gedicht *An Edom!* leitete Heine mit seinem Kommentar für Moser ein, dass »die schmerzliche Lektüre« von Basnages Werk »Mitte des vorigen Monaths endlich vollendet« worden sei. Die »vielen [...] Ideen und Gefühle«, die es angeregt hatte, sollte durch »folgende Reflekzion angedeutet« werden:

An Edom!

Ein Jahrtausend schon und länger,
Dulden wir uns brüderlich,
Du, du duldest daß ich athme,
Daß du rasest dulde Ich.

Manchmal nur, in dunklen Zeiten,
Ward dir wunderlich zu Muth,

---

14   Manfred Windfuhr: »Der Rabbi von Bacherach«. Zur Genese und Produktionsästhetik des zweiten Kapitels. In: Heine-Jahrbuch. Hrsg. vom Heinrich-Heine-Institut Düsseldorf. Hamburg 1989, S. 90.

Und die liebefrommen Tätzchen
Färbtest Du mit meinem Blut.

Jetzt wird unsre Freundschaft fester,
Und noch täglich nimmt sie zu;
Denn ich selbst begann zu rasen,
Und ich werde fast wie Du. (HSA XX, S. 176 f.)

Das Gedicht *Brich aus in lauten Klagen*, das »ich gestern Abend machte, als ich […] an Dich dachte«, kennzeichnete Heine ausdrücklich als eine Dankesgabe – die möglicherweise in den öffentlichen Diskurs eingefügt werden sollte. So teilte er Moser »die Freude« mit, »wenn ich Dir mahl den Rabbi zuschicken kann, und ich dichtete schon die Verse die ich auf dem weißen Umschlag des Exemplars als Vorwort für Dich schreiben« würde:

Brich aus in lauten Klagen,
Du düstres Martyrerlied,
Das ich so lang getragen
Im flammenstillen Gemüth'.

Es dringt in alle Ohren,
und durch die Ohren ins Herz;
Ich habe gewaltig beschworen
Den tausendjährigen Schmerz.

Es weinen die Großen und Kleinen,
Sogar die kalten Herr'n,
Die Frauen und Blumen weinen,
Es weinen am Himmel die Stern'.

Und alle die Thränen fließen
Nach Süden, im stillen Verein,
Sie fließen und ergießen
Sich all' in den Jordan hinein. (HSA XX, S. 177 f.)

Heines briefliche Aussage, dass es eine »schmerzliche Lektüre« von Basnages Werk gewesen war, ist eng verflochten mit dem poetischen Ausdruck. Im Sinn der Aufgabenstellung des Kulturvereins, sich mit der
Geschichte der Juden in der Diaspora durch Studium der Quellen auseinanderzusetzen, hatte sich Heine zu der Zeit der Abfassung beider Gedichte »Belege zu den Bereichen Blutige Massaker, Vertreibungen, Fal-
sche Anschuldigungen (angebliche Ritualmorde, Hostienschändungen
usw.)« und »Diskriminierungen anderer Art« (DHA V, S. 513) notiert.
Die poetischen Folgen sind Anklage und Klage, seit alters her Funda-
mente pathetischen Sprechens. Korrespondenzgedichte sind *An Edom!*
und *Brich aus in lauten Klagen* vor dem Hintergrund des Signalwerts,
den »Ein Jahrtausend« und »tausendjährig[]« setzen. Die Gedichte lassen keinen Zweifel aufkommen, dass es eine finstere Geschichte ist. So
dominiert beide Gedichte eine Symbolik des Düsteren, die von je individueller Tonlage bestimmt ist: Von bitterem Sarkasmus zeugt der Vers
»Manchmal nur, in dunklen Zeiten«, von einer Empfindsamkeit, die
Heine durch seine Wortneuschöpfung »flammenstille[s] Gemüth'« umschreibt, zeugt der Vers »Du düstres Martyrerlied« in *Brich aus in lauten
Klagen*. Der inhaltliche Kern bleibt dabei derselbe: die fast »ausschließ-
liche« Konzentration auf den »Aspekt[s] des jüdischen Martyriums«
(DHA V, S. 505).[15]

Während *Brich aus in lauten Klagen* ein Klagedicht ist, ist *An Edom!*
ein Anklagegedicht. Heines Identifikation mit den Gejagten, die in
der »Kollektiverfahrung einer aus Trauer und Schmerz bestehenden

---

15  Dass diese fortwirken musste, belegt Heines Äußerung anlässlich eines Judenpro-
groms in Hamburg von 1830: »Ein Jude sagte zum andern: ›Ich war zu schwach‹.
Dies Wort empfiehlt sich als Motto zu einer Geschichte des Judenthums« (DHA XI,
S. 217).

Tradition«[16] gründet, kommt hier in einer Strafpredigt an die Jäger
zum Ausdruck. Dass Heine das Gedicht als eine »Reflekzion« über ein
»[dialektisches] Grundverhältnis«[17] zwischen dem »Ich« und dem »Du«
verstanden wissen wollte, mag mit seinem dreimaligen Gebrauch des
zweideutigen Wortes ›dulden‹ zusammenhängen. ›Dulden‹ im Sinn von
›gestatten‹ ist im dritten Vers angesichts des Hinweises gemeint, dass
Juden im »Jahrtausend« des Zusammenlebens mit Christen zeitweise
unter ihrer Macht »athmen« konnten. Die weitaus stärker zu gewichten-
de Bedeutung des ›Duldens‹ im Sinn von ›Erleiden‹ bekommt das Verb
im folgenden Vers der ersten Strophe. Er ist pathetisch auch vor dem
etymologischen Hintergrund, dass »páschein« mit »»erdulden««[18] übersetzt worden ist: »Daß du rasest dulde Ich«. Das Verhältnis zwischen
»Ich« und »Du« wird in einer historischen wie überhistorischen Perspektive verarbeitet: »Ein Jahrtausend schon und länger«. Bereits der Titel
ist Ausdruck eines symbolischen Sprechens. So trägt der, der hier dem
lyrischen Ich als Adressat der direkten Anrede gegenübergestellt wird, als
ersten Namen den Namen Esau (Gen. 25, 25 u. 30). Heine aktualisierte
die biblische Bilderwelt, das alte Motiv des Bruderstreits zwischen Isaaks
Söhnen Esau und Jakob um die Vormachtstellung des Erstgeborenen;
»Edom« ist durch die talmudische Literatur als Urtypus eines Juden
feindlich gesinnten Menschenschlags überliefert worden. Das Gedicht
tritt diesem sarkastisch mit »liebefrommen Tätzchen« entgegen, bis hin
zu der das ›Rasen‹ aus der ersten Strophe wieder aufnehmenden War-
nung, dass »Rache der Juden an ihren Feinden«[19] verübt werden könnte:
»Denn ich selbst begann zu rasen, / Und ich werde fast wie Du«.

---

16   Robert C. Holub: Deutscher Dichter jüdischer Herkunft. In: »Ich Narr des Glücks«.
     Heinrich Heine 1797–1856. Bilder einer Ausstellung. Hrsg. von Joseph A. Kurse.
     Stuttgart/Weimar 1997, S. 50.

17   Windfuhr, »Der Rabbi von Bacherach«, S. 90.

18   Eintrag »Pathos« in: Friedrich Kluge: Etymologisches Wörterbuch der deutschen
     Sprache, 22. Auflage. Unter Mithilfe von Max Bürgisser und Bernd Gregor neu be-
     arbeitet von Elmar Seebold. Berlin/New York 1989, S. 532.

19   Dieter Lamping: Von Kafka bis Celan. Jüdischer Diskurs in der deutschen Literatur
     des 20. Jahrhunderts. Göttingen 1998, S. 50.

In *Brich aus in lauten Klagen* ist die Kennzeichnung des Gedichts als eines Lieds im zweiten Vers maßgeblich. Sie begründet eine »empfindsam-fromm[e]«[20] Haltung, in der Mensch und Natur, Seelisches und Stoffliches eine aus »Thränen« gebildete leidenschaftliche Einheit bilden. Während *An Edom!* sich fast wie eine ohnmächtige Kriegserklärung deuten lässt, mündet *Brich aus in lauten Klagen* in die Hoffnung auf Versöhnung: »[A]ll'«, eingeschlossen »[s]ogar die kalten Herr'n«, verbinden sich »im stillen Verein« in den »Jordan« als das Land der Väter. Das pathetische Zentrum des Gedichts sind die Verse: »Ich habe gewaltig beschworen / Den tausendjährigen Schmerz«. *An Edom!* und *Brich aus in lauten Klagen* bilden »die erste unmittelbare lyrische Gestaltung eines schmerzvoll-stolzen Zusammengehörigkeits- und Solidaritätsgefühls« (DHA I, S. 1192 f.). Sie zeugen von »unmittelbarem Bekenntnischarakter« (ebd.): Heine war in dieser Phase seiner Arbeit am *Rabbi von Bacherach* gewillt, das Amt zu übernehmen, Poet des jüdischen Leids zu sein.

## IV.

Im ersten Kapitel des Fragments *Der Rabbi von Bacherach* wird ein ähnlicher Ton angeschlagen wie in den beiden Widmungsgedichten. Der Erzähler, »[ü]berwältigt vom Schicksal der kleinen Gemeinde« in Bacherach, setzt zu Beginn »mit einer stimmungshaften Ausdrucksgebärde«[21] ein:

Unterhalb des Rheingaus, wo die Ufer des Stromes ihre lachende Miene verlieren, Berg und Felsen mit ihren abenteuerlichen Bergruinen sich trotziger Gebärden und eine wildere, ernstere Herrlichkeit emporsteigt, dort liegt wie eine schaurige Sage der Vorzeit die finstere, uralte Stadt Bacherach. (DHA V, S. 109)

---

20  Windfuhr: »Der Rabbi von Bacherach«, S. 90.
21  Slobodan Grubačić: Heines Erzählprosa. Versuch einer Analyse. Stuttgart/Berlin et al. 1972, S. 114.

Eine deutliche Entsprechung zu den Gedichten markiert die Symbolik des Düsteren. So bereitet Heines wortspielerische Polemik im ersten Absatz des Fragments das Kernmotiv des Ritualmords der Romanhandlung vor: »Die Geistlichkeit herrschte im Dunkeln durch die Verdunkelung des Geistes.« (DHA V, S. 109) Wie im anklagenden Gedicht *An Edom!* artikuliert sich erneut Antipathie. Unzweideutig sind die Wertungen des Erzählers, der von »gereiztem Pöbel« (DHA V, S. 110) spricht und die Ritualmordlegende das »läppische, in Chroniken und Legenden bis zum Ekel oft wiederholte Mährchen« (ebd.) nennt. Die Symbolik des Finsteren kehrt auch hier in einem »ernst-pathetischem, teilweise auch aggressiven Ton«[22] wieder: Judenfeinde »schwärzten« eine Kinderleiche »heimlich« in das »verfehmte Haus eines Juden [hinein]«, um »dort nächtlich die betende Judenfamilie« mit der Bezichtigung, diese würde beim Passahfest Christenblut benutzen, zu überfallen (DHA V, S. 110).[23] Das erste Kapitel schließt damit, dass der Rabbi den Entschluss fasst, die jüdische Gemeinde zu verlassen, und mit seiner Frau in der Nacht »durch die dunkle Gassen Bacherachs« (DHA V, S. 116) in Richtung Frankfurt flieht.

Näher noch als *An Edom!* steht *Brich aus in lauten Klagen* in Verbindung mit Heines Romanfragment. So wog Heine 1824, *Brich aus in*

---

22   Hartmut Kircher: »Wie schlecht beschützt ist Israel…«. Zur Szene am Frankfurter Ghetto-Tor in Heines »Rabbi von Bacherach«. In: Heine-Jahrbuch. Hrsg. vom Heinrich-Heine-Institut Düsseldorf. Hamburg 1973, S. 42.

23   Heine verschränkte Fiktionales und Faktisches. Das Kernmotiv der Romanhandlung wird in der Folge eingeführt: »Dies geschah«, so der Erzähler im Duktus des Chronisten, der »dem Christentum« einen »dokumentarischen Spiegel« vorhalten will (Kircher, Heine und das Judentum, S. 204), »im Jahr 1287, und auch zu Bacherach, wo eine von diesen Sankt-Wernerskirchen gebaut wurde, erging über die Juden viel Drangsal und Elend« (DHA V, S. 110). Windfuhr weist darauf hin, dass »die Ermordung des Knaben in Oberwesel 1287 […] einen der größten rheinischen Judenprograme des Mittelalters ein[leitete]« (DHA V, S. 670 f.). Grubačić hat dieses Verfahren mit Heines »Kontrafaktur des Märchens« erläutert, die »dem undeterminierten, auf wunderbare Geschehnisse vorweisenden Eingang […] eine analog gebaute, aber nun besonders die Zeit und den Ort präzisierende, das Faßbare und Wirkliche bestimmende Einführung entgegen. Denn in diesem Werk begibt sich das Unerhörte nicht einen Bereich der Phantasie und des Wunderbaren […]« (Grubačić, Heines Erzählprosa, S. 115).

*lauten Klagen* vielleicht einmal als »Vorwort« (HSA XX, S. 178) seinem Roman voranzustellen. Nahe liegt, dass er sich vor allem auf die von ihm für »gelungen« befundene Darstellung der »Paschafeier« (HSA XX, S. 167) im ersten Kapitel bezog. Wie das Gedicht bestimmt die Gattung des Gesangs Heines eine Aura des Kulturhistorischen herstellende Schilderung der zentralen Gedächtnisfeier an das ägyptische Exil und die Rückkehr ins Land der Väter. Im Unterschied zu dem antichristlichen Akzent, den Heine mit *An Edom!* und den Wertungen zu Beginn seines Romanfragments setzte, zielte er hauptsächlich hier auf die Herstellung einer befriedeten Gemeinschaft von Christen und Juden, in der sich, wie es in *Brich aus in lauten Klagen* heißt, »alle«, eingeschlossen »[s]elbst die kalten Herr'n«, versammeln. Ein statisches Erzählen, gepaart mit archaisierenden und allegorisierenden Formen sowie biblischen Anklängen diente ihn für den Zweck der Vermittlung der »innere[n] Geschichtlichkeit«[24] der jüdischen Kultur. Zu deren wichtigen Aspekten gehört, dass der »Hausvater« am Sederabend mit einem »singende[n] Ton« die Agade vorliest und die »Zuhörer[]« »chorartig« (DHA V, S. 113) einstimmen. Dieser Ton, heißt es im Anschluss, »klingt so schauervoll innig«, dass selbst Abtrünnige »im tiefsten Herzen erschüttert werden, wenn ihnen die alten [...] Paschaklänge [...] ins Ohr dringen« (ebd.). Die Einheit stiftende Wirkung des Gesangs und die Parallelität der Worte »Ohr« und »Herz« sind das Gedicht und Erzählpassagen wie diese verbindende Elemente. Sie lassen sich anhand Heines Figur der »schönen Sara« näher erläutern. Es will den Anschein haben, dass das ›Ich‹ des Gedichts *Brich aus in lauten Klagen* in den Einzugsbereich dieser entindividualisiert erzählten Protagonistin begibt, um die Gedichtworte vom »flammenstille[n] Gemüth'« erzählerisch zu entfalten. Besondere Aufmerksamkeit verwendete Heine auf »die schöne Sara« in seiner Ritusbeschreibung des Sederabends, die »unser[]« Mitgefühl bewirken soll:

> Die schöne Sara, die auf einem ebenfalls erhabenen Sammetsessel an seiner Seite saß, trug als Wirtin nichts von ihrem Geschmeide, nur weißes Linnen

---

24  Grubačić, Heines Erzählprosa, S. 117.

umschloß ihren schlanken Leib und ihr frommes Antlitz. Dieses Antlitz war rührend schön […]; das Bewußtsein des tiefen Elends, der bittren Schmach und der schlimmen Fahrnisse, worinnen ihre Verwandten und Freunde leben, verbreitet über ihre holden Gesichtszüge eine gewisse leidende Innigkeit und beobachtende Liebesangst, die unsere Herzen sonderbar bezaubern. (DHA V, S. 113 f.)[25]

Im zweiten Kapitel wird der Faden erneut aufgenommen, nun unter ausdrücklicher Berücksichtigung der Macht des Gesangs auf »die schöne Sara«. Das Paar ist nach der erzwungenen Flucht am Morgen in Frankfurt angelangt und nimmt nun in der Synagoge am Festtagsgottesdienst teil. Das Prinzip der *amplificatio*, die ein Mittel pathetischen Ausdrucks ist, dominiert: Zunächst ist es eine Stimmung »frommen Behagen[s], gemischt mit weiblicher Neugier«, in der sie die Vorgänge unten in der »sogenannte[n] Männerschule« der Synagoge verfolgt. »[N]och heimlich wohler ums Herz« wird es ihr sodann in dem Bewusstsein, »in der Mitte so vieler Menschen« zu sein, »die ihr so nahe verwandt durch gemeinschaftliche Abstammung, Denkweise und Leiden«. »[A]ber noch viel bewegter wurde« ihre »Seele«, als sie den Gesang aus »jene[m] […] Buch« hörte,

das Gott mit heilig eigner Hand geschrieben und für dessen Erhaltung die Juden so viel erduldet, so viel Elend und Haß, Schmach und Tod, ein tausendjähriges Martyrium. […] Der Vorsänger nahm das Buch, und als sei es ein wirkliches Kind, ein Kind um dessentwillen man große Schmerzen erlitten und das man nur desto mehr liebt, wiegte er es in seinen Armen, tän-

---

25   Windfuhr weist darauf hin, dass diese Stelle aus der Druckfassung von 1840 ursprünglich anders lautete. »[I]hr frommes Antlitz« ist Ergebnis der Überführung von »»wie eine Rose in einem Felde mit Lilien schaute hervor aus einem weißen Schleyerbunde ihr blühendes Gesicht«« in eine »Kurzformel« (DHA V, S. 610). Grubačić sieht in Heines Darstellung des Sederabends »das besondere Pathos« des ersten Kapitels: »Nur die ›großen‹ Leidenschaften werden dargestellt. Diese ›visuelle Charakterologie‹, in der das Portrait nicht nur aus dem Gesicht, sondern auch aus der ganzen Gestalt mit ihren Kleidern spricht, beruht auf der seelisch-stofflichen Einheit, die hier das Erzählprinzip bildet« (Grubačić, Heines Erzählprosa, S. 117).

zelte damit hin und her, drückte es an seine Brust, und durchschauert von solcher Berührung, erhub er seine Stimme zu einem so jauchzend frommen Dankliede, daß es der schönen Sara bedünkte, als ob die Säulen der heiligen Lade zu blühen begönnen, und die wunderbaren Blumen und Blätter der Kapitäler immer höher hinaufwüchsen, und die Töne des Diskanten sich in lauter Nachtigallen verwandelten, und die Wölbung der Synagoge gesprengt würde von den gewaltigen Tönen des Bassisten, und die Freudigkeit Gottes herabströmte aus dem blauen Himmel. (DHA V, S. 133 f.)

Es liegt nahe, dass diese Passage Spuren hinterlassen hat in Karl Emil Franzos' Erzählung *Zwei Retter* (1877). Am »Vorabend des ›Versöhnungs-tages‹« in Barnow findet ein Gottesdienst statt, zu dem sich »alle versammelt« haben – auch die an Heines *An Edom!* erinnernde Figur Friedrich Wollmann, ein »dunkle Zeiten«[26] verheißender »großer Mann [...] mit schwarzen Haaren und dunklen blitzenden Augen« und »finster[em] [Gesicht]«.[27] Als Wollmann den Raum des Gebetshauses betritt, schnürt es den Gemeindemitgliedern die Kehle zu, da der neue Mandatar auf einen flüchtigen jüdischen Soldaten Jagd macht, dem die jüdische Gemeinde geholfen hat. Rettung bedeutet da der Gesang von Klein Mendele, der, als ein »närrisch Männlein«[28] eingeführt, zum Held wird. Heines *Brich aus in lauten Klagen* erscheint wie ein passgerechtes Vorwort für Franzos' Erzählung:

Klein-Mendele zitterte an allen Gliedern. Dann aber richtete er sich auf und begann die Töne der »Kol-Nidra«, jener uralten, einfachen Weise, die Niemand vergessen kann, der sie einmal gehört hat. Zitternd und unsicher klang anfangs seine Stimme, dann aber ward sie immer mächtiger, und klar und voll und herzbewegend klang sie durch den Raum und über die Beter hin und empor zu Gott. So hat Klein-Mendele nie wieder gesungen, wie an jenem Abend. Eine wundersame Weihe war über den Menschen gekom-

---

26 Karl Emil Franzos: Zweit Retter. In: ders.: Der Bart des Abraham Weinkäfer. Leipzig 1977, S. 119.
27 Ebd., S. 121.
28 Ebd., S. 120.

men. Wie er so sang, war er kein trällernd Männlein mehr, sondern ein gewaltiger Priester, der für sein Volk zu Gott die Stimme erhebt. Er dachte an die einstige Herrlichkeit und dann an die vielen Jahrhunderte der Schmach und der Verfolgung, und in seiner Stimme klang es, wie wir ruhelos gehetzt worden sind über die Erde, die Ärmsten unter den Armen, die Unglücklichsten unter den Unglücklichen. Und wie die Verfolgung noch nicht geendet hat, und wie immer neue Dränger gegen uns den Arm erheben, und wie immer neue Schwerter in unserem Fleische wühlen. All' unser Leid klang in seiner Stimme, unser unsägliches Leid, unsere unzähligen Thränen. Aber noch etwas Anderes klang darin, unser Stolz, unsere Zuversicht, unser Gottvertrauen. O, es ist nicht zu sagen, wie Klein-Mendele sang in jener schweren Stunde, – weinen, weinen, weinen mußte Jeder, und doch mußte er wieder stolz sein Haupt erheben …

[…] Wollmann hatte sein Gesicht während des Gesangs der Thora-Lade zugekehrt, dann aber wendete er sich um. […] In seinen Augen flimmerte es wie Tränen.[29]

---

29  Ebd., S. 123 f.

Während der Gesang in Franzos' *Zwei Retter* eine Erlösung bedeutet, die
sich wie die Erfüllung des in Heines Gedicht *Brich aus in lauten Klagen*
formulierten Gedankens liest, dass »[s]ogar die kalten Herr'n [weinen]«,
beschreitet Heines Fragment gebliebener Roman, dessen Scheitern vielleicht darin mitbegründet ist, dass Heine seinen Rabbi nach der pathetischen Darstellung des Sederabends die Flucht antreten lässt, einen anderen Weg. Er führt von der Tragik zur Komik.[30]

---

30  Der deutsch-jüdische Neuphilologe, Literaturwissenschaftler, Studienrat und Herausgeber Erich Loewenthal hat in seinem Nachwort zu der 1937 im Schockenverlag
mit Sitz in Berlin veröffentlichten Ausgabe von Heines *Der Rabbi von Bacherach*,
das verdienstvollerweise im Heine-Jahrbuch Mitte der 1960er Jahre und in dem von
Koopmann Mitte der 1970er Jahre herausgegebenen Sammelband *Heinrich Heine.
Wege der Forschung* wiederabgedruckt worden ist, seinen »zwiespältigen Gesamtein-
druck« (Erich Loewenthal: Der »Rabbi von Bacherach« (1937). Heinrich Heine. Wege
der Forschung. Hrsg. von Helmut Koopmann. Darmstadt 1975, S. 47) dargelegt.
Einerseits gelängen Heine insbesondere am Anfang seines »historischen Sittengemäl-
des« äußerst »ergreifende Seiten«, die den Rang des *Rabbi* als der »erste[n] Ghetto-
erzählung in deutscher Sprache« (ebd., S. 32) begründen. Andererseits hielt Loewenthal irritiert fest, dass »im Verlaufe des zweitens Kapitels« und vor allem im dritten
Kapitel die im ersten Kapitel deutlich wahrnehmbaren »ernste[n] Motive« mit ihrer
»erschütternde[n] Tragik« konterkariert werden von »grellen satirischen Lichtern und
einer ausgelassen possenhaften Stimmung, der nichts heilig zu sein scheint« (ebd.).
Löwenthal deutete Heines Fragment als literarisches Zeugnis der engen Verflechtung
von Werk und Leben des Schriftstellers: »Der ziemlich leichthin erfolgte Übertritt
zum Christentum« habe es Heines »künstlerischem Ernst unmöglich« gemacht, »die
Novelle als Ausdruck des seelischen Ringens weiterzuführen. So blieb […] ein Bruchstück, doch nicht das ›Bruchstück einer großen Konfession‹« (ebd., S. 42). Während
Loewenthal den Bruch im Stil als Indikator für das Scheitern des Fragment gebliebenen Romans deutet, haben Forscherinnen und Forscher wie Höhn den Blick auf
Heines durchdachte Erzählweise gelenkt. Konsequent habe Heine etwa im Hinblick
auf die »Doppelporträts von Städten und Menschen oder wiederkehrende Orts- und
Zeitwechsel« einen »konstrastästhetischen Ansatz« umgesetzt, der im »weltanschau-
liche[n] Dualismus von asketischem Genussverzicht und sinnlich erfülltem Leben«
gründe (Gerhard Höhn: »Sauerkraut und Ambrosia«. Heines Kontrastästhetik. In:
Heine-Jahrbuch 2009, S. 1–27, hier: S. 14). Stephens hat anhand des Motivs der
Schwelle vorgeführt, dass Heines *Rabbi* von einer systematisch gewollten Diskontinuität im Hinblick auf die Struktur des Erzählens sowie ambiguer Figurengestaltung
zeugt (Anthony Stephens: Von Schwellen und deren Überschreitung. Heines »Der
Rabbi von Bacherach«. In: Studien zur Literatur der Frühromantik. Hrsg. von Günter
Blamberger, Manfred Engel, Monika Ritzer. Frankfurt a. M. u. a. 1991, S. 192–222).

# »Einst tönte der Dichter / über die Feldschlacht hinaus«

## ›Kriegs‹-Lyrik bei Rainer Maria Rilke

*Erich Unglaub*

Die Wege zum Pathos sind nicht immer geradlinig und einfach, sie müssen auch nicht darin verweilen, nicht länger als nötig, um eine neue Position zu gewinnen. Deshalb kann dieser erhabene Zustand auch ein transitorischer sein, nicht notwendigerweise der Höhepunkt eines Schaffens, sondern ein zu überwindender Zustand, auf den der Schöpfer auch bald mit Schaudern, Skepsis, Abwehr und Verheimlichen zurückblicken kann. Die pathetische Geste, der ihr innewohnende Stil, ihr unweigerlicher Anspruch auf Geltung wird damit relativiert, manchmal auch desavouiert. Der Dichter Rainer Maria Rilke mag mit seinen Gedichten zum Krieg dieses poetologische Muster verdeutlichen,[1] hinter dem sich nicht nur ein literarisches, sondern auch ein sehr persönliches Erleben[2] zu strukturieren vermag.

---

1 Gleichwohl wird selten das lyrische Werk dieses Dichters mit Pathos in Verbindung gebracht. Rilke fehlt z. B. in der Darstellung von Rainer Dachselt: Pathos. Tradition und Aktualität einer vergessenen Kategorie der Poetik. Heidelberg 2013. Einerseits gelten Rilkes *Fünf Gesänge* (1914) keineswegs als unverzichtbare Teile seines Schaffens, andererseits ist die literaturgeschichtliche Einordnung unter Stimmungslyrik um 1900 auch keine Empfehlung. Vgl. Burkhard Meyer-Sickendiek: Zur Kategorie der Stimmungslyrik im 19. Jahrhundert. In: Handbuch Literatur & Emotionen. Hrsg. von Martin von Koppenfels und Cornelia Zumbusch. Berlin/Boston 2016, S. 353–355.

2 Im privaten Sprachgebrauch ging Rilke mit dem Begriff Pathos sehr vorsichtig um. Im veröffentlichten Briefwerk finden sich nur wenige Beispiele: Rilke an Sophia Schill (16. März 1900), an Lou Andreas-Salomé (21. Januar 1904), an Clara Rilke (16. Oktober 1907), an Ilse Erdmann (18. August 1915), an Richard von Kühlmann (5. August 1917), an General-Major a. D. Cäsar von Sedlakowitz (9. Dezember 1920), an Gudi Nölke (12. Februar 1923). Mit bestem Dank an Curdin Ebneter für die Übermittlung der Daten.

## I. Keine Heroen

Rilkes Werk ist vor allem in seinen Anfängen durch ›Stimmungslyrik‹ gekennzeichnet. Impressionistische Bilder, Stimmungen und Haltungen prägen das Frühwerk, das nur selten satirische und sarkastische Züge annimmt. Pathetische Verse scheinen dem Autor gänzlich fremd gewesen zu sein. Selbst durch Schulbildung vermittelte Vorbilder in diese Richtung sind nicht zu bemerken. Prag und München scheinen in den neunziger Jahren auch kein geeignetes Pflaster für derlei Lyrik gewesen zu sein. Rilkes persönliche Vorbilder wie Heine, Liliencron, J. P. Jacobsen regten wenig in diese Richtung an, aber auch ein erfolgreicher Zeitgenosse wie Richard Dehmel konnte ihn nicht dazu anregen.

Ebenso wenig der persönliche Bildungsgang, der schon früh in eine österreichische Kadettenanstalt führte, aber dort im Scheitern auch zu einer lebenslangen Abgrenzung, ja Abscheu vor militärischer Fasson beitrug. Kollektives militärisches Pathos war nie Rilkes bevorzugtes Register. Wenn, dann zeigte es sich nur in historischem Gewand, wie im Fahnenkult der *Cornet*-Dichtung.[3] Freilich immer gewendet in individuelles ›Erleben‹.

Heldenhafte Großtaten, wie sie Ritterlegenden anboten, wurden von Rilke stets eines pathetischen Musters ›entkleidet‹ und blieben unabgeschlossen in ihrer Handlung.[4]

In der Lyrik wie in den Prosaerzählungen ist Distanz erkennbar, sei es mit der Perspektive einer Chronik, der Nähe zu einer Randfigur der

---

3  Rainer Maria Rilke: Die Weise von Liebe und Tod des Cornets Christoph Rilke. In: Rainer Maria Rilke: Werke. Kommentierte Ausgabe in vier Bänden. Bd. 1. Hrsg. von Manfred Engel, Ulrich Fülleborn et al. Frankfurt a. M. /Leipzig 1996 (fortan: KA), S. 139–152.

4  Vgl. die *Skizze zu einem Sankt Georg* (KA 1, S. 399), *St. Georg* (KA 1, S. 565) und die Erzählung *Der Drachentöter* (KA 3, S. 430–434). Im langen Gedicht *Karl XII. von Schweden reitet in der Ukraine* (KA I, S. 301–303.) wird eine militärische Niederlage für den Schauenden zum Lebensfest. Rilke hat die *Skizze zu einem Sankt Georg* (entstanden: August 1907) für den österreichischen *Kriegs-Almanach 1914–1916*. Hrsg. von Kriegs-Hilfsbüro des k. k. Ministeriums des Innern. Redigiert von Karl Kobald. Wien o. J. [1916], S. 35 zur Verfügung gestellt. Der Erlös ging an Kriegsopfer.

Erzählung oder mit dem Aufgreifen eines Genres, das trotz ernstem Stoff Pathos nur begrenzt zulässt wie in dem derben Landsknecht-Lied.[5]

## II. Forciertes Erleben

Auf den ersten Blick näher an einem pathetischen Aufschwung erscheint das Gedicht *Der Knabe*:[6]

Ich möchte einer werden so wie die,
die durch die Nacht mit wilden Pferden fahren,
mit Fackeln, die gleich aufgegangenen Haaren
in ihres Jagens großem Winde wehn.
Vorn möcht ich stehen wie in einem Kahne,
groß und wie eine Fahne aufgerollt.
Dunkel, aber mit einem Helm von Gold,
der unruhig glänzt. Und hinter mir gereiht
zehn Männer aus derselben Dunkelheit
mit Helmen, die wie meiner unstet sind,
bald klar wie Glas, bald dunkel, alt und blind.
Und einer steht bei mir und bläst uns Raum
mit der Trompete, welche blitzt und schreit,
und bläst uns eine schwarze Einsamkeit,
durch die wir rasen wie ein rascher Traum:
die Häuser fallen hinter uns ins Knie,
die Gassen biegen sich uns schief entgegen,
die Plätze weichen aus: wir fassen sie,
und unsre Rosse rauschen wie ein Regen.

---

5   Vgl. die Gedichte in der Reihe *Aus dem Dreißigjährigen Kriege* in der Sammlung *Larenopfer* (1895). KA I, S. 48–54.
6   KA I, S. 269.

Der hier vorgestellte Knabentraum eines forcierten lyrischen Ichs ist 1902/1903 in Rilkes ersten Pariser Zeit entstanden, bündelt markante Motive (Nacht, Fackeln, Pferde, Fahne, Helme, Mannschaft, Geschwindigkeit) und zeigt eine Momentaufnahme, der ein über die pathetische Bewegung hinausgehendes Ziel fehlt. Das Gedicht selbst gibt es nicht vor, Rilke selbst hat es bei einem Vortrag für die Zuhörer angedeutet und die Bilderfolge als Fahrt eines Feuerwehrwagens erläutert. Früher Kinderwunsch und reales Erlebnis eines Pariser Brandes erscheinen verschmolzen, so dass ein Basler Zuhörer 1919 notierte: »Feuerwehr in Paris, glänzende Helme und im Dunkel auflodernde Fackeln schenken dem Dichter die leuchtende Impression eines Wunschtraumes; aber der Ausdruck, die Form erinnert an die expressive Wucht der Gestaltung unserer jungen Künstlergeneration.«[7] Fünfhebiger Jambus, das Versmaß der Dramen in der deutschen Klassik ebenso wie im Sonett, nur gelegentlich von Unregelmäßigkeiten rhythmisch unterbrochen, zeigt den Ursprung des Pathos an. Der Verzicht auf Strophengliederung und die immer wieder unterbrochene Reimfolge[8] signalisieren Anspannung und emotionales Ergreifen des lyrischen Ichs. Zu Rilkes Lesung des Gedichts in Elberfeld (1910) wird auch die Distanz zwischen Dichter und lyrischem Ich spürbar, wenn betont wird: »Wie wunderbar zeichnete er z. B. die Vorbeifahrt der Feuerwehr und die Gedanken des kleinen pariser Gamin, der dabei zum Helden wird.«[9] Rilkes Pathos ist in diesen Texten nicht direkter Ausdruck von persönlicher Ergriffenheit, auch nicht die klassizistisch bemühte Konstruktion eines *poeta doctus*, sondern die impressionistische Wiedergabe von Augenblicksbildern, Fragmenten von Vorgängen und Identifikationen, die zwar vereinzelt Elemente des Pathos erfassen, aber in keinem approbierten Genus des Pathos Zuflucht

---

7  Eduard Fritz Knuchel: Literarische Vortragsabende des Quodlibet. Zitiert nach: Rainer Maria Rilke: Schweizer Vortragsreise 1919. Hrsg. von Rätus Luck. Frankfurt a. M. 1986, S. 231.

8  Umschließende Reime, Kreuzreime, Reimpaar, Waisen.

9  Hans-Henrik Krummacher: Paul Zech und Rainer Maria Rilke. In: Zeit der Moderne. Zur deutschen Literatur von der Jahrhundertwende bis zur Gegenwart. Festschrift Bernhard Zeller. Hrsg. von Hans-Henrik Krummacher, Fritz Martini et al. Stuttgart 1984, S. 513.

finden. Dieses poetischen Verfahren kann man in den Sammlungen der Dinggedichte im *Buch der Bilder* (1902/1906) und der *Neuen Gedichte* (1907/1908) wiederholt erkennen. Auch das rilkesche Formenrepertoire dieser Phase ist dem angemessen. Vergleichsweise konzise Gedichtformen wie Sonett und Quatrain entsprechen nicht nur der Tradition des Symbolismus, sie erlauben Augenblicksbilder, die sich freilich – auch für Rilke erkennbar bedrohlich – anzuhäufen drohten. Der Wechsel zu neuen Formen und zu einer neustrukturierten Dichtersprache deutete sich nach 1910 an. Hier fand auch das Thema ›Pathos‹ für Rilke besondere Relevanz. Der biografische Kontext ist dabei nicht zu übersehen:

Das Zusammentreffen mit Norbert von Hellingrath in Paris (1910) und München (1911) und die Begegnung mit den durch ihn vermittelten Pindar-Übersetzungen von Friedrich Hölderlin[10] gibt ebenso Impulse wie die Beschäftigung mit Goethes Hymnen und Klopstocks Oden.[11] Ansätze, Fragmente, Entwürfe zu einer pathetischen Dichtersprache sind nun zahlreicher, vom Bewusstsein des zukünftigen eigenen Werks getragen. Dies zeigt sich auch in kürzesten Entwürfen, wie im Zweizeiler von Ende Dezember 1911, schon auf Schloss Duino, dem Ort der bald danach entstandenen Elegien:

> Fühlend Götter, die sich nahe rühren
> an der anderen Seite der Natur[12]

und auch in dem, langen titellosen Entwurf (Ende Januar 1912), der den Aufbruch zum reimlosen Langzeilengedicht zeigt. Die Anfangszeile stellt die Frage des Dichters:

---

10 Vgl. dazu ausführlicher Amelia Valtolina: »O du wandelnder Geist, du wandelndster!«: Rilkes Begegnung mit Hölderlin – nach hundert Jahren. In: Wozu Dichter? Hundert Jahre Poetologien nach Hölderlin. Hrsg. von Éva Koczizky. Berlin 2016, S. 65–76.
11 Vgl. Herbert Singer: Rilke und Hölderlin. Köln/Graz 1957, S. 84–86.
12 KA 2, S. 18.

Soll ich die Städte rühmen, die überlebenden
(die ich anstaunte) großen Sternbilder der Erde.
Denn nur zum Rühmen noch steht mir das Herz, so gewaltig
weiß ich die Welt. Und selbst meine Klage
wird mir zur Preisung dicht vor dem stöhnenden Herzen.[13]

Solche Verse verraten den heroischen Entschluss zum Rühmen (forciert durch die bekannten harten Fügungen, deren Muster von Pindar und Hölderlin stammen), aber wer soll in dieser Zeit gerühmt werden? Der Gegenstand des Dichtens ist dubios geworden, der »Werktag«[14] der Gegenwart bedarf offensichtlich des Dichters nicht. Die neuen Themen, die Stadt, die Technik, sie übertönen ihn, sind auch nicht mehr sein Beruf. Mit Friedrich Hölderlins Elegie *Brot und Wein* wäre zu fragen: »Wozu Dichter in dürftiger Zeit?«

> [...] So laßt mich solange
> vor Vergehendem stehn; anklagend nicht, aber
> noch einmal bewundernd. Und wo mich eines
> das mir vor Augen versinkt, etwa zur Klage bewegt
> sei es kein Vorwurf für euch.[15]

Das große Vergehende erscheint hier der angemessene Gegenstand für die Dichtung, die zur klassischen Form der pathetischen Klage[16] wird. Schon im Gestus des Propheten bestimmt er Aufgaben und trennt die dafür Berufenen: Die Dichter des Großen, Vergehenden, von den Dichtern des Tagwerks:

---

13  KA 2, S. 36.
14  Ebd.
15  Ebd.
16  Karl Heinz Bohrer sieht bei Rilke in der »Verwendung des antikischen Motivs« den »Introitus zur Entdeckung des modernen Tragischen.« Karl Heinz Bohrer: Das Tragische. Erscheinung, Pathos, Klage. München 2009, S. 161.

[…] Sehet, es wäre
arg um das Große bestellt, wenn es irgend der Schonung
bedürfte. Wem die Paläste oder Gärten
Kühnheit nicht mehr, wem Aufstieg und Rückfall
alter Fontänen nicht mehr, wem das Verhaltene
in den Bildern oder der Statuen ewiges Dastehn
nicht mehr die Seele erschreckt und verwandelt, der gehe
diesem hinaus und tue sein Tagwerk; wo anders
lauert das Große auf ihn und wird ihn wo anders
anfalln, daß er sich wehrt.[17]

Was bleibt, ist das Schauen der ruinösen Monumente und Gestalten
der Vergangenheit, nicht in Nostalgie, sondern im Bewusstsein ihrer
Endlichkeit und durch ihr bloßes noch Vorhandensein zum Gegenstand
und Vorwurf des Dichters für die Verwandlung, die Metamorphose ins
Gedicht.

## III. Die große Vergangenheit

Damit ist ein Programm gegeben, ja proklamiert. Eines, das zunächst
noch sehr schmal und begrenzt aussieht, wenn es die täglichen Dinge,
die Gegenstände der Stadt, der Technik, deren Klang und Lärm aus-
klammert,[18] es nur als Aufgabe für »jüngere Völker«[19] legitimiert, die sich
den Aufgaben der Gegenwart zuwenden.

Man könnte fragen: Von wo her definiert sich dieser Dichter/Seher?
Wie kann er es begründen, dass er sich zu den ›alten Völkern‹ zählt?
Ist das eine antikische Rolle und Position? Hier wird der Versuch ei-
nes Manifests erkennbar, eine Setzung für das Kommende, das nicht

---

17 KA 2, S. 36.
18 Wie er über diese schwebende Multiplizität der Großstadt schreibt, dass sie einen
»summenden Schwarm« (KA 2, S. 36) ergebe, wäre das auch leicht auf den Eindruck
der letzten Gedicht-Sammlungen zu übertragen (wenn wir die *Requien* ausnehmen).
19 Ebd.

die Sammlung der Einzeldinge erreichen will, sondern das Rühmen der großen Chiffren, die ein Grundgedanke verbindet. Insofern ist es plausibel, wenn Rilke es nicht mehr darum geht, einen weiteren Teil des *Stunden-Buchs* oder des *Buchs der Bilder* mit unterschiedlichsten Blicken auf unterschiedlichste Gegenstände zu assortieren, auch nicht, früher Geschriebenes und verstreut Veröffentlichtes zu sammeln, wie es sein Herausgeber im Insel Verlag, Adolf Hünich, gerade unternommen hat.[20]

Rilke hat das pathetische Abschieds-Gedicht an die Städte, obwohl es schon auf den entsprechenden Ton gestimmt ist, nicht in die Sammlung der *Duineser Elegien* aufgenommen. Es blieb »Fragmentarisches«, erhielt nicht einmal eine Überschrift. Es blieb bei diesem transitorischen Charakter.[21]

Freilich waren die Setzungen für Rilkes implizite Poetik bedeutsam. Die Absage an die Gegenwart, »diesen geräumigen Tag, den uralten Werktag«, ist kein Ignorieren von Welt, sondern die Anerkennung ihrer Fremdheit gegenüber der Dichtung. Rilke erkennt für sich:

[…] Auch bei dem leisesten Auftrag
säng ich sie gerne. Doch vermut ich, sie will nur,
daß ich vibriere wie sie.[22]

Widerspiegelung und gleichsetzende Resonanz sieht Rilke nicht als Auftrag seiner Dichtung an. Auf der Suche nach einem legitimierenden Auftrag für seine neu zu schreibende Lyrik sieht er noch einen Verlust, den er als einzigen ausführt:

---

20  Vgl. Rainer Maria Rilke: Erste Gedichte. Leipzig 1913.

21  Ernst Zinn hat in seinen beiden Editionen des Gedichts ihm folgenden Titel hinzugefügt: »[Fragment einer Elegie]« und am Ende des Gedichts die Erläuterung: »[Geschrieben zwischen der Ersten und der Zweiten Elegie]«. Rainer Maria Rilke: Sämtliche Werke. Hrsg. von Rilke-Archiv. In Verbindung mit Ruth Sieber-Rilke besorgt durch Ernst Zinn. Bd. 2. Frankfurt a. M. 1965 (fortan: SW II), S. 385–386.

22  KA 2, S. 36.

[…] Einst tönte der Dichter
über die Feldschlacht hinaus; was will eine Stimme
neben dem neuen Gedröhn der metallenen Handlung
drin diese Zeit sich verringt mit anstürmender Zukunft.
Auch bedarf sie des Anrufes kaum ihr eigener Schlachtlärm
übertönt sich zum Lied.[23]

Die in archaische Vergangenheit projizierte Rolle des Dichters/Sängers im Krieg erscheint in der Gegenwart des Jahres 1913 obsolet. Die moderne technisierte Welt verwandelt ihren Lärm, ohne der Hilfe eines Dichters zu bedürfen, zum »Lied«. Die Rolle des pathetischen Sängers in einer die Zukunft entscheidenden existentiellen Grenzsituation des Staats hat sich damit für Rilke historisch erledigt. »So laßt mich solange vor Vergehendem stehn«[24] ist die Losung für seinen dichterischen Auftrag. Es ist das Bewusstsein, am Ende einer Epoche zu stehen und an dieser Schwelle dichterisch zu einem (vorwiegend technisch verstandenen) Zukunftprojekt, mit neuer Kunst und Formensprache, nichts mehr beizutragen.

## IV. Der Große Krieg

Die Zumutungen der Gegenwart ließen sich nicht mit Rilkes bis 1914 gewohnten Poetologien abwenden. Der Dichter spürte nach euphorischen Anfängen im adriatischen Duino (1912) deutlich das Stocken der *Elegien*-Produktion und suchte auf Reisen in Spanien, diesen Zustand zu überwinden. Dabei wurde Rilke, der die provisorischen Domizile in der Großstadt Paris weiterhin als feste Bezugspunkte benötigte, im Sommer 1914 vom Ausbruch des Ersten Weltkriegs auf einer Reise in Deutschland überrascht. Katharina Kippenberg, die Gattin des Insel-Verlegers in Leipzig, erinnerte sich:

---

23  Ebd.
24  Ebd.

Da schlug der Blitz ein mit der Nachricht von der Mobilisierung Rußlands.[25]
Mein Mann brachte sie aus der Stadt, in das Wohnzimmer stürzend, wo Rilke und ich beim Tee saßen. Ich fühlte mich erbleichen. Rilke dagegen zeigte
sich ganz als das politische Kind, das er war, und sagte völlig ruhig: »Das ist
doch wohl nur eine Geste.«

Am 31. Juli rief der Kaiser vom Balkon seines Berliner Schlosses herunter
die unauslöschliche Anklage in die Zeit und in die Geschichte: »Fünf-
undzwanzig Jahre habe ich den Frieden geschirmt, wir sind im tiefsten
Frieden überfallen worden.« […] Mein Mann eilte am Abend in die
Stadt, neue Nachrichten zu erfahren. Rilke und ich saßen uns zu Hause
stumm gegenüber, es wurden nur einzelne Ausrufe wie »Unmöglich –
furchtbar – Krieg??« hervorgestoßen, reden konnte man nicht. Da stand
Rilke auf und holte seine Bibel. Er las von Elias aus dem Buch der Könige des Alten Testamentes,[26] stockend, leise und mit langen Pausen. Man
nahm wohl kaum etwas von der alten Geschichte selbst auf, doch ging
sie neben der ungeheuren Gegenwart her, wie etwa die Begleitung eines
Hundes noch eben als ein sympathisches Moment erfaßt wird, wenn wir
in rasender Erregung auf etwas zueilen.

Am nächsten Tage reiste Rilke nach München ab.[27]

Der daran anschließende Aufenthalt in einer Sommerfrische des
Münchner Oberlands führte zu einer Folge von Gedichten, die schnell
als pathetische Kriegsbegeisterung ihres Verfassers wahrgenommen und
in Dienst genommen wurden. Ihre Entstehung führt in die Anfangstage
des August 1914.[28] Die von Rilke damals verfassten »Gesänge« erreichten
einen Monat später in Abschriften Lou Andreas-Salomé und Thankmar
von Münchhausen. Eine weitere Kopie ging unmittelbar nach der Entstehung auch an das Verleger-Ehepaar Bruckmann in München. Hugo

---

25  Am 31. Juli 1914.
26  Vgl. 3 Könige 17,1–4 Könige 2,15. Allerdings wäre auch denkbar, dass Rilke den
    Kampf von Elias mit dem Antichrist heranzieht.
27  Katharina Kippenberg: Rainer Maria Rilke. Ein Beitrag. Vierte Ausgabe. Wiesbaden
    1948, S. 216–218.
28  Beginn der Niederschrift 2./3. August 1914.

Bruckmann las die Hymne dem Florenzer Schriftsteller Carlo Placci und dem Hölderlin-Herausgeber Norbert von Hellingrath vor.[29] Zur Leipziger Buchmesse im Herbst 1914 erschienen diese *Fünf Gesänge* gedruckt im *Insel-Almanach auf das Jahr 1915.*[30] Anfragen für weitere Abdrucke stimmte Rilke nicht mehr zu.[31] Einem früheren Verleger gab er sogleich Bescheid:»Kriegslieder sind keine bei mir zu holen, beim besten Willen.«[32] Im Gegenteil, er nahm in verschiedenen Antwortschreiben seine Haltung aus den ersten Augusttagen zurück. »Damals stürzten wir alle in das plötzlich aufgerichtete und aufgethane gemeinsame Herz,« teilte er Thankmar von Münchhausen mit, jetzt, Mitte September, sei »der Rückschlag aus dem allgemeinen Herzen, in das aufgegebene in das verlassene namenlose eigene Herz« zu bewältigen. Das unter dem ersten Kriegsdruck plötzlich aufscheinende »Gemeinsame« wirkt in dieser Argumentation wie eine Reprise des ›tönenden Dichters‹ über dem Schlachtfeld. Solche Lyrik zu schreiben hatte Rilke schon in seinen Zeilen von 1912 als abgelegte Aufgabe bezeichnet. Trotzdem ist nicht von einem pathetischen Rückfall in epigonale Konventionen zu sprechen, da sich Rilke auch in diesen ›Gesängen‹ deutlich von der Kriegslyrik anderer Autoren abgehoben hat. Rilkes Gedichte sind völlig frei von Nationalismen, es werden nicht einmal die kriegführenden Mächte benannt.[33] Auch der in diesem Genre übliche Begriff ›Vaterland‹ ist abwesend, weder ›Deutsch-

---

29  Vgl. Rainer Maria Rilke – Norbert von Hellingrath: Briefe und Dokumente. Hrsg. von Klaus E. Bohnenkamp. Göttingen 2008, S. 104.

30  Fünf Gesänge. Von Rainer Maria Rilke. August 1914. In: Kriegs-Almanach 1915. Leipzig 1914, S. 14–19.

31  Die Haltung von Intellektuellen und Künstlern in Rilkes Umkreis zum Kriegsausbruch erläutert Michel Itty: L'épée ou la plume? Rilke à l'épreuve de la Grande Guerre. Préface de Gerald Stieg. Paris 2015, S. 58–63. Bemerkenswert ist v. a. der Vergleich mit Ernst Jünger.

32  Rilke an Axel Juncker 19. Oktober 1914. Rainer Maria Rilke: Briefe an Axel Juncker. Hrsg. von Renate Scharffenberg. Frankfurt a. M. 1979, S. 200.

33  Dafür ist auch Rilkes Biografie charakteristisch: »Avant 1914, la patrie de Rilke était multiple. Lié par amitié à des familles nobles, notamment celle la princesse de Tour et Taxis et de la baronne Sidonie von Nádherný-Borutin, les frontières géographiques et linguistiques d'avaient aucun sens pour lui.« Gerald Stieg: Rilke l'Européen. In: L'Autriche et l'idée d'Europe. Hrsg. von Michel Reffet. Dijon 1997, S. 141.

land‹ noch ›Österreich‹ werden begrifflich fassbar, keine geografischen, auch keine spezifisch kulturellen Gegebenheiten. Es ist deshalb überzogen, aus dem Text zu postulieren: »Die Kernfrage des Zyklus, die nach dem Verhältnis des Dichter zur Nation und ihren Erlebnissen, also zur Gemeinschaft überhaupt, wird Rilke ebenso durch den Krieg wie durch seine Beschäftigung mit Hölderlin aufgedrungen.«[34]

Rilke vermeidet die für den Kriegs-›Fall‹ konventionellen literarischen Register, wie das im 19. Jahrhundert populäre Reiterlied,[35] revitalisierte Landsknechtslieder, lyrische Adressen ›An die deutschen Krieger‹, Schlachtenschilderungen und historisierende Heldenballaden. Damit sind die üblichen und zeittypischen Kriegs-Dienste eines Dichters (der seine eigene Einberufung in das österreichische (!) Heer sich nicht mehrvorstellen konnte) mit rhetorischen und poetischen Ausflügen in pathetisch getönte, traditionell deutsche Schlachtfelder in der Literatur deutlich gemieden.[36] Rilke unterscheidet sich hierin von den Versfolgen Rudolf Alexander Schröders und Albrecht Schaeffers, zwischen denen seine ›Gesänge‹ an vorderer Stelle, aber gezwängt, im Kriegs-Almanach erscheinen.

Rilkes *Fünf Gesänge* sind durch Unregelmäßigkeit charakterisiert. Sie lassen keine scharfe Kontur erkennen, sind von unterschiedlicher Länge (28, 27, 35, 26, 29 Zeilen), gelegentlich durch Einschnitte (aber keine Strophenbildung) unterteilt, im zweiten Gesang ist der Abbruch durch Punkte markiert. Rilke verzichtet gänzlich auf Reime, schwankt meist zwischen fünf- und sechstaktigen Verse, überdeckt von Zeilensprün-

---

34   Singer (1957), S. 50.
35   Zu diesem Genre vgl. Robert Theel: »Die Maschine hat den Helden getötet.« Beobachtungen zu direkten und indirekten Verwendungen des Mentalitätsbegriffs in fiktionalen und essayistischen Texten vor und während des 1. Weltkrieges im Hinblick auf den Heroismusbegriff (Nowak, Soyka, Kraus, Unruh, Marinetti, Rilke). In: Krieg und Literatur/War and Literature. Internationales Jahrbuch zur Kriegs- und Antikriegsliteraturforschung Bd. 5, Nr. 9, S. 106–107.
36   Leider nur inhaltliche, keine stilistische Analyse bietet Mamoru Kojma: Über *Fünf Gesänge* Rainer Maria Rilkes. In: Rezeption der deutschen Gegenwartsliteratur im Ausland. Internationale Forschungen zur neueren deutschen Literatur. Hrsg. von Dietrich Papenfuß und Jürgen Sprin. Stuttgart/Berlin et al. 1976, S. 327–332.

gen und Zäsuren. Das rhapsodische Element dominiert, oft der Eindruck des hastig Improvisierten. Sagbarkeit im Sinne eines populären Kriegs-Chorals ist sichtlich nicht intendiert. Rilke stellte klar, diese Zeilen »sind nicht als Kriegs-Lieder zu betrachten.«[37] Mit ihnen ist weder auf dem Kasernenhof noch auf dem Schlachtfeld selbst Staat zu machen. Marschieren kann man jedenfalls mit ihnen nicht. Sind sie eine rhapsodische Mobilisierung?

Es wird auf eine andere stilistische literarische Tradition rekurriert.[38] Den ›Gesang‹ von Pindar und Hölderlin. Wie in den *Duineser Elegien* und im Fragment *Soll ich die Städte rühmen* zeigt sich auch in den neuen »Gesängen« als metrische Grundlage das Langzeilengedicht, oft mit fünffüßigen daktylischen Versen – allerdings mit großen rhythmischen Freiheiten, sodass verkürzte Hexameter und Pentameter erkennbar sind.[39] Die Wortwahl lässt Anleihen an den Sprachgebrauch bei Klopstock und Hölderlin erkennen, ungewöhnliche Komposita treten auf, ebenso die deutliche Dynamisierung der Bilder, harte Fügungen, Ellipsen und Inversionen in der Syntax.[40] Besonders auffällig sind Anrufe und Einschübe von rhetorischen Fragen in das Satzgefüge. Auch Wiederholungen von Leitworten,[41] ebenso Parallelismen und rhythmische Strukturen wie der Gebrauch des Enjambements und Abweichungen in der Interpunktion. Sie heben sich deutlich vom Stil der vorausgehenden ›Neuen Gedichte‹ ab, nähern sich in fallweise unterschiedlicher Intensität den erhabenen Stilen Klopstocks und Hölderlins, auch der Pindar-Übersetzungen. So ist es nicht ohne Bedeutung, dass der Dichter die Verse in den ihm zugesandten Band von Hellingraths Hölderlin-Ausgabe eingetragen hat. Bernhard Böschenstein bilanziert bei den *Fünf Gesängen*: »Rilke gibt sich

---

37  Ebd.
38  Vgl. dazu die grundlegende Untersuchung von Singer (1957), S. 34–57.
39  Vgl. zur Langzeilengruppe dieser Phase ebd., S. 82–83.
40  Vgl. die prägnanten Beispiele ebd., S. 85–86.
41  Vgl. ebd., S. 102–103.

hier einer ihm fremden Sprechweise hin, der heroischen.«[42] Die ersten
Zeilen kündigen sie an:[43]

Zum ersten Mal seh ich dich aufstehn
hörengesagter fernster unglaublicher Kriegs-Gott.
Wie so dicht zwischen die friedliche Frucht
furchtbares Handeln gesät war, plötzlich erwachsenes.
Gestern war es noch klein, bedurfte der Nahrung, mannshoch
steht es schon da: morgen
überwächst es den Mann. Denn der glühende Gott
reißt mit Einem das Wachstum
aus dem wurzelnden Volk, und die Ernte beginnt.
Menschlich hebt sich das Feld ins Menschengewitter. [...]

Die Eingangswendung »zum ersten Mal« verbindet sich mit der Zeitan-
gabe unter dem Titel des Gedichts. Damit ist die Textfolge durch den
Paratext im »August 1914« verankert,[44] ohne dass das Gedicht selbst explizit darauf eingehen muss. Ein wissendes Ich nimmt die alarmierende
Veränderung in einer Art Distichon in den Blick und setzt das zentrale
Thema in die durch drei außerordentlich betonte Adjektive in Endposi-
tion des zweiten Verses.
    Diese deutlich rhetorische Ansage wird in einem syntaktisch nicht
geschlossenen Vergleich in einem weiteren Zweizeiler hart angefügt. Das
scheinbar erzählende Erläutern, das die Zeilenstruktur mit Enjambements und Zäsuren außer Kraft setzt, steuert somit ungestüm auf eine
entschlossene und beschließende Sentenz (»die Ernte beginnt«) zu. Sie
wird überboten durch die erneute Ansage, eine Satzinversion, die die
Wortwiederholung (»Mensch«) polförmig positioniert.

---

42  Bernhard Böschenstein: Im Zwiegespräch mit Hölderlin: George, Rilke, Trakl, Ce-
    lan. In: Philosophie und Poesie. Otto Pöggeler zum 60. Geburtstag. Bd. 2. Hrsg.
    Annemarie Gethmann-Siefert. Stuttgart 1988, S. 247.
43  KA 2, S. 106.
44  Diese Vorgehensweise, meist auf den Entstehungsort, weniger auf die Entstehungs-
    zeit bezogen, tritt schon in den vorausgehenden Gedichtbänden Rilkes häufiger auf.

Die Kommunikationsform ist unübersichtlich, ja verwirrend. Im ersten Zweizeiler spricht ein Seher[45] den »Kriegs-Gott« direkt an: Das Ich des Gedichts bestimmt mit ihm ein Du. Wie im theatralen Beiseite-Sprechen verschwimmt dieses danach in unpersönlichen Konstruktionen, um dreimal in ein wenig bestimmbares Es zu gelangen. Nach einer hart markierten Zäsur, gerät der »glühende Gott« ins Blickfeld des Ichs, freilich nun nicht mehr als Teil der eigenen Konfrontation, sondern im Handeln, das sich auf das Schicksal der Menschen bezieht, die ihm ausgeliefert sind.

Es lassen sich vier inhaltliche Markierungen des pathetischen Sprechens feststellen:

1. Ein Sänger/Seher als die Person, die den »Gott« visionär erfasst. Die Figur ist das lyrische Ich des Gedichts und – legitimiert seit der antiken Poetik – als Künder der Wahrheit. Die ersten drei Gedichte beginnen jeweils mit dieser betonten Haltung (»Heil mir, daß ich Ergriffene sehe«[46] / »Sing ich wirklich das Schrecknis [...]?«[47]) münden aber in ein Wir und Uns der Gemeinsamkeit.[48] Der Dichter wird somit als Scharnier zwischen Vision und (außerordentlichem) Tagwerk angesiedelt. Die Ahnung der Vorkriegszeit: »Fühlend Götter,

---

45  Ob Klopstocks Konzept der ›Barden-Poesie‹ hier eine Rolle gespielt hat, bleibt zu bedenken. Vgl. Leif Ludwig Albertsen: Die freien Rhythmen. Rationale Bemerkungen im allgemeinen und zu Klopstock. Aarhus 1971, S. 129–130. Allerdings fehlen bei Rilke alle nationalen Untertöne.

46  KA 2, S. 107. Roman Woerner zitiert die Stelle ungenau, unterstreicht durch Interpunktion das Pathos und erreicht damit eine Überhöhung von Rilkes Aussage mit der Version: »Heil mir, daß ich ergriffen sehe!« Daraus leitet er die These ab: »Wenn irgend etwas beweist, daß den Dichter geistige Einsamkeit nicht des Gemeingefühls hat unfähig werden lassen, ist es dieser Ausruf – und das gibt dem ganzen Gedicht die Tonlage!« Roman Woerner: Über Rainer Maria Rilke. In: Germanisch-Romanische Monatsschrift 25 (1937), S. 83.

47  KA 2, S. 108.

48  Es ist nicht mehr das ganz identifikatorische »uns« des *Knaben*-Gedichts. Nun spricht das lyrische Ich deutlich abgehoben die Gemeinschaft an, zu der er zählt. Die Spannung zwischen Einsamkeit des Dichters und der ›heiligen‹ Gemeinschaft konnte – zeitbedingt – überzogen wirken. Vgl. Friedrich Beißner: Rilkes Begegnung mit Hölderlin. In: Euphorion 37 (1936), S. 44–47.

die sich nahe rühren« wird hier zur selbstbewussten Sänger-Positi-
on ausgebaut. In einem emphatischen Aufschwung werden nun alle
Adressaten mit »o Freunde« erfasst. Der Dichter Rilke, der bis dahin
eineinhalb Jahrzehnte die Einsamkeit als Lebens- und Arbeitsprinzip
erwählt hatte,[49] ließ nun sein lyrisches Ich – wie im *Knaben*-Traum –
in die Idee einer Gemeinschaft umschlagen.

2. Mythologische Elemente sind erkennbar. Freilich sind es nur kaum
kenntliche Versatzstücke, die einen leichten Schleier über den Text
werfen. So verzichtet Rilke in diesem Zyklus auf Namen aus der
griechisch-römischen Götterwelt,[50] auch auf gewohnte Epitheta.
Das trauernde Sternbild der Berenike ist nur angedeutet, es endet
mit einem Textabbruch, der eine weitere Explikation verhindert.
Prägungen wie »Krieger-Gott« und »Schlacht-Gott« erscheinen als
konventionelle Umschreibungen.[51] Allerdings ist die bei Rilke nicht
so seltene Getrenntschreibung (z. B. *Stunden-Buch*, *Marien-Leben*)
von sonst geläufigen Komposita eher eine Markierung von Diffe-
renz, die auf einen abweichenden Sprachsinn hindeutet. Damit wird
hier die auch literarisch übliche Bezeichnung »Kriegsgott« für die
mythologischen Figuren Ares /Mars die schnelle Charakterisierung
als Bildungsgut[52] entzogen. Rilkes »Kriegs-Gott« ist keiner beson-

---

49  Vgl. Erich Unglaub: Liebe und Kunst? Neue Lebens- und Arbeitskonzepte für Paar-
    beziehungen in Biographie und Werk von Rainer Maria Rilke. In: Die Literatur der
    Lebensreform. Kulturkritik und Aufbruchstimmung um 1900. Hrsg. von Thorsten
    Carstensen/Marcel Schmid. Bielefeld 2016, S. 255–263.
50  Böschenstein (1988), S. 247–248, benennt die Übernahmen aus der Antike durch
    Hölderlins Übersetzungen.
51  Eine vorsichtige Problematisierung ist erkennbar: Rilke hatte eigentlich die ganze
    Zeit hindurch den Krieg als eine Art Naturkatastrophe, einen Gott betrachtet, zu
    dem er im ersten Augenblick der Begeisterung ja sagte und später nein.« Thorkild
    Bjørnvig: Die Bedeutung des Weltkriegs für Rilke und sein Werk. In: orbis litterar-
    um 11 (Juni 1956), H. 1–2, S. 14 und S. 16–17.
52  Etwas vage fragend bleibt die Aussage des lyrischen Ichs: »Sing ich wirklich das
    Schrecknis, / wirklich den Gott, den ich als einen der frühern / nur noch erinnern-
    den Götter ferne bewundernd geglaubt?« (KA 2, S. 108).

deren kulturgeschichtlichen Verortung verlässlich zuzurechnen.[53] In der Mythologie der Antike ist der aus dem Schlaf erwachende Mars nur Gegenstand des Gelächters,[54] erst in der Ikonologie des17. Jahrhunderts wird der schlafende Gott zu einer Allegorie des Waffenstillstands.[55]

3. Rilke erinnert mit der begrifflichen Offenheit, auch an vorantike, chthonische Kräfte.[56] Nicht ganz unvorbereitet erscheint das Bild des seit dem »Helden-Alter« ›schlafenden‹ Schöpfer-Gotts bei Rilke schon im Januar 1914 in einem Quatrain ohne Titel. Hier herrscht noch die Zuversicht, dass auch schlimmes menschliches Handeln »seiner Welten heile Überzahl«[57] nicht verdunkeln kann.[58] Ein halbes Jahr danach allerdings weist die Erkenntnis:

Endlich ein Gott. Da wir den friedlichen oft
nicht mehr ergriffen, ergreift uns plötzlich der Schlacht-Gott

aus dem gewohnten mythologischen Kontext hinaus. Für die Gegenwart sind die antiken Götter ohne Verbindlichkeit, die hier konstruierte Polarisierung von einem kriegerischem und einem friedlichen Gott ist in der antiken Welt nicht geläufig.[59] Es ist eine Dichotomie, die auf einen anderen Kontext hinweist.

---

53 Vgl. Singer (1957), S. 51–52, der hier eine Rezeption von Georg Heyms Gedicht *Der Krieg* (1911) sieht.
54 Vgl. Ovid: Metamorphosen, Liber IV, 167–273.
55 Vgl. Martina Dlugaiczyk: Der Waffenstillstand (1609–1621) als Medienereignis. Politische Bildpropaganda in den Niederlanden. Münster/New York 2005, S. 123–136.
56 Ähnlich schon 1907 in der Gedichtfolge *Santa Maria a Cetrella* (KA 1, S. 386).
57 Vgl. SW II, S. 76–77.
58 Verdienstvoll weist Itty (2015), S. 63 auf dieses Gedicht hin. Es ist noch zu diskutieren, ob die Verse den »Kriegs-Gott« der ›Gesänge‹ schon präfigurieren, oder ob nicht ein anderes, konträres Register in der Gottesvorstellung Rilke mobilisiert wird, was auch den Wechsel vom gereimten Vierzeiler zur pathetischen Gedichtform begründen könnte. Zur Konkurrenz der beiden Gottes-Vorstellungen vgl. ebd., S. 80–85.
59 Bei den Griechen war Göttin [!] Eirene für den Frieden zuständig, bei den Römern der Kaiserzeit die Göttin Pax.

4. Biblische Tradition wird verarbeitet. Diese ist hier durch das neutes-
tamentliche Gleichnis vom Sämann[60] präsent. Auch hierzu gibt es
keine Ankündigung, eine modifizierte Version wird eingepasst. Markante Elemente sind umschrieben wie Weizen (»friedliche Frucht«)
und Unkraut (»furchtbares Handeln«). Der Antagonist des guten Sä-
manns, im Matthäus-Evangelium als »Feind« und »Teufel« bezeichnet, der heimlich den bösen Samen ausbringt, bleibt in dieser Strophe verhüllt. Das Wachstum des Korns, die staunende Entdeckung
des Unkrauts, stehen für die Reifung zum Krieg, schließlich erkennbar mit dem Beginn der Ernte. Der Schnitter erscheint als »glühen-
der Gott«,[61] kaum unterscheidbar vom »Feind« des Evangeliums.

Doch welche Botschaft verbindet sich mit diesem Schleier aus geborgten
pathetischen Formen und klassischen Bildern?

Schon im Bericht von Katharina Kippenberg wird erkennbar, dass
Rilke bei Kriegsausbruch sich nicht auf die gängige literarische Tradition
von deutsch-patriotischen Versen zum Sedanstag über Hölderlins Hymnen bis zu den homerischen Epen und pindarischen Gesängen eingelas-
sen hatte, sondern in den prophetischen Büchern des Alten Testaments
Antworten auf die Ereignisse der Zeit suchte. Dies sehr zum Befremden
der Gastgeber.

Rilke suchte die Ereignisse der Gegenwart mit einer ›anderen‹
Schicht der Vergangenheit in Verbindung zu bringen. Das Verfahren ist
bei diesem Dichter nicht ganz neu. Bei einem Gedicht (1907) über eine
Madonnenfigur in Capri findet sich das Modell:

[...]
und ein Lied von Hirten ist imstande,
*Ewige,* die älter sind als du,
herzurufen zwischen ihre Ziegen;

---

60  Mt. 13, 24–42.
61  Das Bild wird in der Weltkriegszeit auch mit der biblischen Erzählung vom bren-
    nenden Dornbusch (Ex 3, 1–6) in Verbindung gebracht.

oder jene Männer rufen sie
während sie die Weingewinde biegen:
Einer viel zu großen Melodie
Stücke abgebrochen in sich findend,
um sie dann (im Weinberg weiterbindend)
hinzuschreien wie ein Tier das schrie –.[62]

Der Sprung geschieht in eine andere Zeit, rückwärtsgewandt in sehr ferne, mythische (»Ewige«) Verhältnisse. Diese den Hirten und Weinberg-Gärtnern verbundene Stilebene des ›Gesangs‹ ist bei Rilke durch Elementarsituationen, Mündlichkeit und Fragmentarik geprägt. Das ergibt in diesem Setting ein Pathos der Frühzeit der Menschengeschichte. In diese Zeitebene, die noch vor dem Vorhang der Antike liegt, kehrt Rilke mit seinen *Fünf Gesängen* zurück. Hier hat ein »hörengesagter fernster unglaublicher Kriegs-Gott« seinen Ort, von dem er »aufsteht«. Rilke verleiht ihr wiederholt das Etikett der »Vorzeit« (Prähistorie), ohne sie mit einer Landschaft, einer ›Nation‹ oder einem Kulturraum zu verbinden. Ubiquität und allgemeine Gültigkeit sind ihre Charakteristika. Nur der Kriegs-Gott ist ihr Repräsentant.[63] Gewalttätig und feindselig erscheint er, nachdem er ›aufgestanden‹ ist, den Menschen der Gegenwart. Dieser Übergriff des chthonischen Bereichs in die Gegenwart des lyrischen Ichs ist der Kern des Konflikts, der Anlass zum Krieg. Er verändert die Landschaft, die menschlichen Beziehungen (Kinder, Greise, Frauen, Bräute, Mütter, Mädchen, Knaben, Jünglinge) unter dem Signum der gemeinsamen Betroffenheit und des »Abschieds.« Die gegenwärtigen Verhältnisse in den Beziehungen der Gemeinschaft verwandeln sich zurück in die Strukturen der »Vorzeit« (in II). Der Kriegs-Gott erzwingt eine von ihm bestimmte Gestalt: Die Menschen »glühen in Eines zusammen«, »in ein neues Geschöpf, das der tödlich belebt.«[64] Auch dies

---

62 KA 1, S. 386.
63 Im ersten Gedicht vereinigt er einige Merkmale der antiken Götter Pluto, Mars und Vulcanus.
64 Die Umkehrung des Prometheus-Mythos ist hier erkennbar.

betrifft die Existenz des lyrischen Ichs ist betroffen, das unter diesem Druck gezwungen wird, für diese Gemeinschaft zu sprechen.

Dies fordert zum Widerspruch heraus, zur Frage nach der Legitimation des Kriegs-Gotts, nach seinen Wegen und Zielen, nach seinem »Wissen«. Die Zerstörungen, die er bewirkt, die Verwandlungen, entstellen die Menschen, die nun gemeinsam »ein eisernes Herz aus eisernem Weltall« in ihrer Brust tragen müssen. Die Rückkehr zum gewohnten eigenen Herz, »das langsam andere, unser errungenes«, ist unmöglich.

Das lyrische Ich greift mit einem Appell in diesen Zustand ein: »Und nun / endiget, Freunde, das plötzlich zugemutete Herz, braucht das gewaltsame auf!« Der Imperativ gegen den Kriegs-Gott ist als Wendung an die ›andere‹ Gemeinschaft, die der »Freunde«, formuliert. Das Instrument des Widerstands ist befremdlich, aber in höchstem Maße literarisch: Das gemeinschaftliche »Rühmen«, das »immer« (!) einem todesbereiten Kampf galt. Jetzt verbindet sich diese Haltung mit der Klage, dem Schmerz, zu sehr von »Vergangenem« geprägt zu sein. Die Auswirkungen sind das beklagte Kämpfen mit einem unbegreiflichen Schicksal, das *wie* ein ersehnter Kampf angenommen wird.

Der Aufruf zum Kampf (in V) wendet sich gegen den »schrecklichen Gott«, dessen urzeitlichen Mutwillen zur Zerstörung. Vor der Rückkehr zur archaischen Form der Existenz wird gewarnt: »Ahmt nicht / Früherem nach, Einstigem.« Eine neue Front wird mit »Gemüt« und »handelndem Schmerz« als Motivation eröffnet. Unter diesem neuen Signum (»Euer aller Gesicht dringt dort zu Zügen zusamm«) zeigt sich die »Fahne«. Die Hoffnung ist präsent, denn darin zeigten sich die »Züge der Zukunft«, freilich mit der Einschränkung: »vielleicht. Daß sich der Haß nicht / dauernd drin hielte.« Erst hier geraten die »Völker […] umher« ins Blickfeld. Sie waren zuvor nicht nur Fremde, sondern auch Gebende. Der Krieg hat den Austausch (der »gefühlte Beruf«) unterbrochen, eine Begrenzung gebracht, jedoch nicht den ganzen Verlust der so erfahrenen »Welt«. Dieses nicht verloren gegangene Potenzial wird im Schlussvergleich wirksam: Der Spiegel als Brennglas bündelt die Energie des Sonnenlichts zum Abwehrmittel, ebenso richtet sich die im Frieden gewonnene »Welt« gegen die »Irrenden«. Liegt darin die Überwindung des Kriegs-Gotts?

Mit dem so geschaffenen Szenarium errichtet Rilke in seinen *Fünf Gedichten* ein Modell für die Kriegssituation von 1914, die er nicht als Auseinandersetzung zwischen Völkern und Nationen sieht, sondern als Aufstand einer überwunden geglaubten barbarischen Vorzeit gegen die Moderne insgesamt. Er kommt bei dieser Konstruktion nicht ohne deutliche Anleihen aus unterschiedlichen Mythologien aus, die auf pathetische Situationen rekurrieren. Doch zeigen sich dabei auch neue Pathosformeln.[65] Zunächst in der Gestalt des »Kriegs-Gotts«, der mit der antiken Mythologie nur mehr wenig gemeinsam hat. Die Personifizierung des ›Kriegs‹ in dieser Gestalt hat vorausgehenden Muster in den Jahren kurz vor dem Ersten Weltkrieg. Markante Beispiele sind die Grafik *Der Krieg* (1901–1902) von Alfred Kubin, die in einem von Hans von Weber herausgegebenen Mappenwerk (1903, Auflage: 1000 Exemplare) große Beachtung fand.[66]

Alfred Kubin: Der Krieg.

---

65  Der von Aby Warburg (1905) geprägte Terminus bezog sich auf die Gebärdensprache der antiken Kunst, die seit der Renaissance nachgeahmt wurde. In Rilkes *Fünf Gesängen* könnte man die Formulierung neuer (sprachlicher) Bilder sehen, die pathetisch aufgeladen, innerhalb des Zyklus wiederholt aufgerufen und damit definiert werden.

66  Vgl. Annegret Hoberg: Alfred Kubin. Drawings 1897–1909. München 2008, S. 23–25. Abbildung: S. 21.

Ähnlich erschien die Gestalt im Gedicht *Der Krieg* (1911) von Georg
Heym mit der Anfangsstrophe:[67]

Aufgestanden ist er, welcher lange schlief,
Aufgestanden unten aus Gewölben tief.
In der Dämmrung steht er, groß und unbekannt,
Und den Mond zerdrückt er in der schwarzen Hand.

Rilkes pathetische Bildwelt ist keine isolierte. Denn auch hier ist der
Kriegs-Gott mit Motiven der Gewalt, des bedrohlichen Turms, der glü-
henden Trümmer, des Vulkans versehen. Deutlicher als bei Rilke ist die
Herkunft aus einer unteren Welt (»Gewölben«) und dem Erstehen aus
einem Schlaf gezeichnet.

Rilkes insistierender Rekurs auf die (nicht sehr konkretisierte) »Vor-
zeit« und die durch sie erfolgte mythische Beglaubigung des »Kriegs-
Gotts« betont einen anderen Aspekt. Durch die Bewegung des »Aufste-
hens« und Wachsens zu monumentaler Größe (Turm) und meteorischer
Gewalt wird ein weiteres Formelelement erzeugt. Der Zwang gegen die
Menschen und ihre Zusammenführung zu einem einzigen »eisernen
Herzen« im Kampf ist die Fortführung. Die Gesellschaftsstruktur der
Gedichte wird nicht soziologisch konturiert, sondern mit sog. natürlichen Ständen (Lebensalterstufen, Mann-Frau-Muster) benannt. Der
Widerstand aus dem Gefühl findet sich als Formel im Kriegs-Fahnen-
bild eines im Widerstand vereinten Gesichts der »Freunde«. Der Zug in
die Auseinandersetzung wird als pathetische Abschiedsformel gezeichnet, dem Kampf »Rühmen«, »Schmerz« und »Klage« zugeordnet sind.

Mit einem solchen pathetischen Setting verweigert sich Rilkes
Kriegslyrik der realistischen Nach- oder Vorzeichnung[68] des sich abzeich-
nenden Weltkonflikts, er fügt es auch nicht in bereits bestehende klassische Kriegsdarstellungsmuster ein, sondern entwirft dafür ein neues,

---

67   Kurt Pinthus (Hrsg.): Menschheitsdämmerung. Ein Dokument des Expressionis-
     mus. Revidierte Ausgabe. Hamburg 1969, S. 79.
68   Beispiele dazu liefern die Gedichte von August Stramm und Ernst Stadler.

nicht vordergründig aktualisierendes Szenario, das der Struktur nach die Konstruktion eines ›anderen‹ Verständnisses dieser Auseinandersetzung leistet. Bei Rilke ist es eben nicht die Auseinandersetzung mit Nationalismen, sondern die Abwehr des Eingriffs von chthonischen Kräften und die Hoffnung auf die Rettung der Moderne, für die das lyrische Ich in der Rolle eines ›Sehers‹ Partei ergreift. Er bedient sich in seiner Gedichtsprache der Tradition, die Rilke in der Hölderlin-Ausgabe von Hellingrath ebenso zugänglich war, wie der Dichtersprache der ersten Bruchstücke der *Duineser Elegien*.

Rilkes Kriegslyrik ist somit kein einheitliches Gebilde. Der Blick eines Dichters auf den Kriegseinbruch wird einerseits als Scheitern der friedlichen Ideale der Zeit angesehen, andererseits werden die Veränderungen gesehen, die die neue Situation heraufbringt, die bisher individualisierten Lebensformen und -situationen werden durch die Zwangssituation in neue, gemeinschaftliche Formen gebracht. So ungewollt sie sind, sie werden als erhabene Zustände gezeichnet, die den Sänger zum Innehalten zwingt:

> Seit drei Tagen, was ists? Sing ich wirklich das Schrecknis,
> wirklich den Gott, den ich als einen der frühern
> nur noch erinnernden Götter ferne bewundernd geglaubt?

Der Zweifel entsteht, ob der »reißende Gott«, der altes Wissen, Gebautes und Vertrautes zerstört, in der Lage ist, in der »hohen Verwandlung« eine Wendung zum Guten zu bringen. Er wird übertroffen mit der Wendung des Sängers an die »Freunde«:

> Aber im Rühmen, o Freunde, rühmet den Schmerz auch,
> rühmt ohne Wehleid den Schmerz, daß wir die Künftigen nicht
> waren, sondern verwandter
> allem Vergangenen noch: rühmt es und klagt.

Rühmen und Klagen sind Rilkes universale Themen seit den Elegien, beide Themen bedingen einen pathetischen Stil.[69] Er setzt sich im fünften Gedicht fort als ein Preis des heroischen Schmerzes, der sich als Movens des Kämpfens zeigt, jetzt aber gegen den Kriegs-Gott gerichtet. Gedrängt und hart aneinander gefügt in aufgelöster, unabsehbarer Syntax sind dazu die die Gedankenführung begleitenden Bilder: von Blut, Fahne, Schmerztuch und als letzten Vergleich, das Sonnenlicht, gebündelt im Brennspiegel. In eine Schlussparenthese gesetzt:

> [...] (Euer eigenes Irrn
> brenne im schmerzhaften auf, im schrecklichen Herzen.)

erscheint noch die vertane Zukunftschance. So pathetisch die Begegnung mit dem »Kriegs-Gott« gezeichnet ist,[70] so wenig gewiss ist die Ahnung von »Zügen der Zukunft vielleicht«, die Haß zu überwinden und Fremdes anzuerkennen vermag,[71] letztlich bleibt auch ein Eingeständnis einer Möglichkeit des Irrtums auf allen Seiten. Eine solche Einsicht, vermindert die Eindeutigkeit einer heroischen Botschaft, führt zu einem Abbruch des Stils. Die Parenthese wird damit nicht zum stillen ›letzten Wort‹ des Sängers, sondern zum beiseite gesprochenen Eingeständnis des Zweifels, der die verbale Gestik der Klage und des Rühmens noch

---

69   Sie verbinden sich auch mit der mythologischen Figur von Ares und den aktuellen Kriegserscheinungen. Vgl. Wolfgang Janke: Archaischer Gesang. Pindar – Hölderlin – Rilke. Werke und Wahrheit. Würzburg 2005, S. 200–201.

70   Vgl. dazu Gerald Stieg: Sakralisierung durch Dichtung bei Rainer Maria Rilke und Georg Trakl. In: Kunstreligion. Bd. 2. Die Radikalisierung des Konzepts nach 1850. Hrsg. von Albert Meier, Alessandro Costazza et al. Berlin 2012, S. 274–277. Es ist die Frage, ob der Begriff ›Sakralisierung‹ nicht zu sehr an Vorstellungen christlicher Religion anknüpft, die Rilke eher abgelehnt hat.

71   Trotz aller Kritik erkennt Robert Theel darin einen Vorzug: »Im Unterschied zur aggressiv-heroischen Semantik der historischen Kriegsdichtung plädiert Rilke für eine Krisensemantik, die dem Heroismus eine innovative Gestalt abgewinnt.« Robert Theel: Die Maschine, S. 114. Vgl. auch Robert Theel: »Analphabet des Unheils«. Rilke, der Krieg, die »poetische Mobilmachung« und der ›Cornet‹. In: Blätter der Rilke-Gesellschaft. Bd. 20. 1993, S. 87–114.

zu überragen vermag, freilich nicht als rhetorische Pointe, sondern als bescheidenere Zurücknahme.[72]

Das von Rilke zurückgehaltene sechste Gedicht versucht, die eigene Lebenslinie des lyrischen Ichs in die neue Situation zu verlängern. Rilke greift dabei auf ein bei ihm schon früher vorhandenes pathetisches Motiv zurück und fügt es auch stilistisch in den neuen Ton ein:

Dich will ich rühmen, Fahne. Immer von Kind auf
sah ich dir nach, grüßte dich ahnend;
wenn dich die Strömung der Reihen, Schlafende, hintrug,
grüßt ich dich schauernd, als träumtest du, daß ich dich grüßte.[73]

Rilke setzt Hoffnung auf Ding-Magie, die Erkenntnis des lyrischen Ichs lautet:

Das also bist du. Wie der Falke den Reiher
greift dich im Luftraum dein großes Bewußtsein. Entringt dich
deinem gefalteten Schlaf. Wie du dich lange verstellt hast.
Dinge sind heimlich. Sieh, unser Herz auch
ist ein heimliches Ding.[74]

Nicht der »Kriegs-Gott« ist das Faszinosum, sondern das pathetische Bild der in der Luft schwingenden Fahne, das »Schmerztuch«[75] der Freunde und Krieger. Mit ihm, dem ohne Gebrauch säuberlich gefaltet und deponierten Objekt, entfaltet sich nun, so die Erwartung, das In-

---

72  Trotzdem war der Verlag einverstanden. Der Verlagsleiter Anton Kippenberg, der schon zum Militärdienst eingezogen war, schrieb an Rilke am 26. September 1914: »Die Insel sandte mir Ihre herrlichen Verse – sie sollen in den *Kriegs-Almanach der Insel* (so heißt der Almanach auf 1915) kommen.« Rainer Maria Rilke: Briefwechsel mit Anton Kippenberg 1906 bis 1926. Hrsg. von Ingeborg Schnack und Renate Scharffenberg. Bd. 2. Frankfurt a. M./Leipzig 1995, S. 8.
73  SW II, S. 419.
74  SW II, S. 420.
75  KA 2, S. 110. Der Vergleich mit dem Schweißtuch der Veronika aus der Passionsgeschichte Christi liegt nicht fern.

nerste zu enthüllen. In diesem großen Aufschwung bleibt die Frage nach dem Charakter der Fahne[76] unbeantwortet: Sie ist von keiner Heraldik geprägt. Der Sänger hat sein eigenes Herz als heimliches Zentrum, nicht eine politische oder strategische Botschaft. Sie zu präsentieren vermag – so die Hoffnung des Gedichts – ein pathetischer Aufschwung in einer neuen Gemeinschaft, die sich gegen den Kriegs-Gott richtet. Obwohl Rilke mit seinen *Fünf Gesängen* an schon vorhandene Bildwelten anknüpft, starke Pathosformeln aufnimmt und neue entwirft, sich von einer an der Hölderlin-Tradition orientierten Sprachgestik inspirieren lässt, gelingt es der Gedichtfolge nicht, breite Wirkung zu entfalten. Rilkes poetisches Modell vom Wesen dieses Kriegs war ungewohnt und ließ sich nicht mit den geläufigen Kriegs-Erklärungen, -mythisierungen und Rechtfertigungsstereotypen in Übereinstimmung bringen. Zudem fehlte ihm, trotz einprägsamer Metaphorik, ein fassbares ›Narrativ‹, das ihm Plausibilität und Rückhalt geben konnte. Rilke wollte auch dieses Experiment nicht fortsetzen, Kriegslyrik nicht in sein dichterisches Werk aufgenommen wissen.

## V. Verlust ohne Pathos

Rilke kannte das Gegenteil: Das beiläufig gezeichnete Sterben der Hauptgestalt in Jens Peter Jacobsens Roman *Niels Lyhne* (1885), verwundet in einem Lazarett des deutsch-dänischen Kriegs von 1864, hatte in dem von Rilke schon 1896 bewunderten Werk gezeigt, dass sich hochgespannte Erwartungen nicht erfüllen müssen:[77]

> Es wäre so schön gewesen, wenn er nun einen Gott gehabt hätte, zu dem er hätte klagen, zu dem er hätte beten können.

---

76  Ähnlich unbestimmt ist die ›Fahne‹ in Rilkes Gedicht *Der Knabe* (1902/03) und in der Verserzählung *Die Weise von Liebe und Tod des Cornets Christoph Rilke* (1899), die 1912 in der populären Reihe der Insel-Bücherei erschienen ist.
77  Jens Peter Jacobsen: Niels Lyhne. Doktor Faust. Eines begabten jungen Mannes Tagebuch. Aus dem Dänischen von Mathilde Mann. Paris/Leipzig 1895, S. 305.

Gegen Morgen fing er an, zu phantasieren; die Entzündung war in vollem Gange.

Und so ging es noch zwei Tage und zwei Nächte weiter.

Das letzte Mal, als Hjerrild Niels Lyhne sah, lag er da und phantasierte von seiner Rüstung, und daß er stehend sterben wolle.

Und endlich starb er denn den Tod, den schweren Tod.

Rilke übernimmt von hier den Gedanken an den ›eigenen Tod‹,[78] der Rittertum nur noch als Phantasterei zuließ. Deshalb waren Rilkes ›Gesänge‹ von 1914 und ihre Haltung für offiziöses Heldentum, nationale Kriegsziele, Siegesmeldungen, gar Annexionen nicht zu gebrauchen.[79] Im Kontext des *Kriegs-Almanachs* des Insel-Verlags und umgeben von propagandistischer Kriegslyrik waren die Gedichte – auch durch den inzwischen bekannten Dichter-Namen ›Rilke‹ – eine subtilere, wenngleich unsicherere Botschaft. Diese Gefahr spürte Rilke auch bald. Ist es ein Gegenzauber, dass er dann in der Zeit seiner eigenen Einberufung zum Militärdienst (1916) ein Gedicht ganz anderer Art für einen österreichischen *Kriegs-Almanach* zur Verfügung stellte?[80]

Als Rilke gegen Ende des Weltkriegs zwei junge Künstler in seiner Bekanntschaft als im Krieg Gefallene zu betrauern hatte, verzichtete er auf literarische Requien, Langgedichte und Pathos. Er wählte für sie das Sonett als noble Form des Abschieds. Nicht die Gemeinschaft der Krieger, der politischen Nation oder der betroffenen Familien zählte für ihn. Rilke betrauerte den vorzeitigen Verlust für die Kunst und stellte in

---

78  Das Motiv wurde wichtig im Roman *Die Aufzeichnungen des Malte Laurids Brigge* (1910).

79  Krieg als gesetzte »Metapher für gesteigerte Lebensintensität« durch Kunst und Dichtung kontrastiert mit der empirischen Wirklichkeit des Ersten Weltkriegs. Vgl. dazu Manfred Engel: Rainer Maria Rilkes »Duineser Elegien« und die moderne deutsche Lyrik. Zwischen Jahrhundertwende und Avantgarde. Stuttgart 1986, S. 144 und 245.

80  Rilke gab die *Skizze zu einem Sankt Georg* (entstanden: August 1907) für den österreichischen *Kriegs-Almanach 1914–1916*. Herausgegeben vom Kriegs-Hilfsbüro des k. k. Ministeriums des Innern. Redigiert von Karl Kobald. Wien o. J. [1916], S. 35. Der Erlös ging an Kriegsopfer.

den Ziel- und Endpunkt der Schlussstrophe für die beiden im Weltkrieg Umgekommenen die Klage des seelenverwandten Zurückgebliebenen um jeden der Verstorbenen:

Doch keiner wie der Freund[81]

begreift zugleich die tiefe Überlebung.
Und seine Trauer schenkt ihn der Erhebung.[82]

Rühmendes Pathos setzt Trauer voraus, so Rilkes Botschaft. Sie wird ihn begleiten.

---

81  Rilkes allumfassender pathetischer Freundschaftsbegriff der *Gesänge* hatte sich gewandelt.
82  Rainer Maria Rilke: *Zum Gedächtnis an Götz von Seckendorf [!] und Bernhard von der Marwitz.* KA 2, S. 319.

# »dem Wunder leise wie einem Vogel die Hand hinhalten«

## Pathos im lyrischen Werk Hilde Domins

*Kathrin Heintz*

Das Grimmsche Wörterbuch definiert ›Pathos‹ knapp als »das leiden, das ergriffensein wovon, die leidenschaft, besonders der leidenschaftliche, erhabene, affectvolle ausdruck«[1] und verweist damit auf beide Begriffe von Pathos: den emotionalen, der dem heutigen umgangssprachlichen Verständnis entspricht, sowie den kommunikativen, aus der antiken Rhetorik stammenden und damit ursprünglicheren. Eine literaturwissenschaftliche Auseinandersetzung mit Pathos muss sich der Frage stellen, wie sich beide Begriffe auf Literatur beziehen lassen, denn dieses Ansinnen kann durchaus als problematisch bewertet werden: Einerseits lassen poetische Texte keine, zumindest keine unmittelbaren Rückschlüsse auf die Emotion des Autors oder der Autorin zu, auch wenn die Frage nach dem oder der Schreibenden und womöglich auch dessen oder deren emotionaler Disposition heute verstärkt wieder gestellt wird. Andererseits erfordert die Behauptung, dass ein Text bei Leserinnen und Lesern Ergriffenheit hervorruft, im Grunde die Durchführung empirischer Rezeptionsstudien und damit einen Aufwand, der nur im Rahmen größerer Projekte möglich ist. Dieser Beitrag stellt sich dennoch der Aufgabe, Pathos, im Sinne von »besonders eindringliche[n] Gefühle[n]«[2] und besonders eindringlich vermittelten Gefühlen, im lyrischen Werk

---

1 Jacob und Wilhelm Grimm: Das Deutsche Wörterbuch. Bd. 13, Sp. 1503 bis 1504. Online einsehbar unter: http://woerterbuchnetz.de/cgi-bin/WBNetz/wbgui_py?sig le=DWB&mode=Vernetzung&lemid=GP01292#XGP01292 (Stand: 2.11.207).
2 Cornelia Zumbusch: Probleme mit dem Pathos. Zur Einleitung. In: Pathos. Zur Geschichte einer problematischen Kategorie. Hrsg. von Cornelia Zumbusch. Berlin 2010, S. 7–24, hier: S. 8.

Hilde Domins zu untersuchen und nimmt exemplarische Gedichte in
den Blick.

Als methodischer Orientierungspunkt dient dabei Joachim Knapes
Untersuchung von ›Pathosnarrativen‹ in epischen Texten.[3] »Es handelt
sich hier um spezifisch konturierte verbalsprachliche Vollzüge einer Af-
fekthandlung im Erzählkontext.«[4] Knape argumentiert, dass Pathos in
der Rhetorik dazu diene, eine »emotionale[] Stimmung«[5] zu erzeugen,
die die Zuhörerschaft den Argumente des Redners gewogen mache. Ein
poetischer Text, der eine indirekte Form der Kommunikation darstellt,
könne Pathos erzeugen, indem er den Rezipientinnen und Rezipienten
Szenen vor Augen führte, die mit bestimmten Emotionen behaftet seien.
In diesem Kontext prägt Knape den Begriff ›Pathosnarrative‹. Darunter
versteht er »in der jeweiligen Textur verankerte Appelle an die Imagination.«[6] Sie können beispielsweise in Form intertextueller Verweise auftreten, die eine bestimmte Stimmungslage evozieren.[7] Das Argument, dass
Referenzen in Texten auch auf eine bestimmte emotionale Gestimmtheit
verweisen können und so Pathos erzeugen, lässt sich für die Lyrikanalyse
fruchtbar machen und wird nachfolgend auf Hilde Domins lyrisches
Œuvre angewandt.

Die textzentrierten Analyse soll jedoch nicht darüber hinwegtäu-
schen, dass das Pathos im Werk der Autorin sich aus ihren Erfahrungen und den damit verbundenen Emotionen speist. »Ausgangspunkt für
Dichtung ist nach Domin die subjektive Erfahrung, die im Kunstwerk
ins Allgemeine transzendiert wird.«[8] Aus ihrem Ergriffensein resultiert
der Wunsch zu Schreiben. Es entstehen Werke, die darauf angelegt sind,
Leserinnen und Leser zu ergreifen und bei diesen eine kathartische Wir-

---

3  Joachim Knape: Rhetorischer Pathosbegriff und literarische Pathosnarrative. In: Pathos. Zur Geschichte einer problematischen Kategorie. Hrsg. von Cornelia Zumbusch. Berlin 2010, S. 25–44.
4  Ebd., S. 34.
5  Ebd., S. 27.
6  Ebd., S. 42.
7  Vgl. ebd., S. 38.
8  Irmgard Hammers: Hilde Domin. Dichtungstheoretische Reflexion und künstlerische Verwirklichung. Köln/Weimar et al. 2017, S. 71.

kung hervorzurufen. Aufgabe des Autors oder der Autorin ist es nach Domin, Muster in eigenen Erfahrungen zu erkennen, die Identifikation ermöglichen, sofern der Leser oder die Leserin Ähnliches erlebt habe. »Hilde Domin spricht in diesem Zusammenhang von der Erfahrung erster Ordnung, nämlich der des Dichters, und der Erfahrung zweiter Ordnung, nämlich derjenigen des Lesers.«[9] »Wenn der Leser mit dem von außen kommenden Gedicht in eine Kommunikation eintritt, kann er auf ein Ich stoßen, das sein Innerstes für einen Augenblick trifft.«[10]

Ein kurzer Blick auf die Lebensgeschichte der Autorin stellt zunächst besonders prägende Erfahrungen vor. Im Anschluss daran wird anhand des lyrischen Werks der pathetische Gehalt der Gedichte Domins ausgeleuchtet. Der Untersuchung liegt die Annahme zugrunde, dass die Lyrik mit Blick auf die verarbeiteten Themen häufig eine relativ nüchterne Sprache verwendet, dass ihre Gedichte strukturell jedoch darauf angelegt sind, Betroffenheit zu erzeugen.

Hilde Domin, die zu diesem Zeitpunkt noch Hilde(gard Dina) Löwenstein heißt, lernt an der Universität Heidelberg 1931 Erwin Walter Palm kennen. Beide bändeln miteinander an und verlassen im Folgejahr Deutschland, um in Italien zu studieren. Sie heiraten 1936 in Rom. Da beide jüdische Wurzeln haben, wird der selbstgewählte Auslandsaufenthalt zu einem Exil. Italien ist wegen des Bündnisses, das Mussolinis mit Hitler eingeht, ein zunehmend unsicherer Aufenthaltsort. Das Paar flieht daher 1939 nach England und 1940 von dort aus in die Dominikanische Republik nach Santo Domingo, wo es bis in die 1950er Jahre hinein lebt. Nach einer längeren Phase mit wechselnden Aufenthaltsorten in Spanien und Deutschland, entschließen sich die Palms im Jahr 1961 zu einer dauerhaften Rückkehr. Beide leben bis zu ihrem Tod gemeinsam in Heidelberg. Erwin Walter Palm verstirbt 1988, Hilde Domin im Februar 2006.

---

9  Ebd., S. 74.
10  Jianguang Wu: Das lyrische Werk Hilde Domins im Kontext der deutschen Literatur nach 1945. Frankfurt a. M. /New York et al. 2000, S. 119.

Aus dieser Lebensgeschichte speisen sich die Themen des literarischen Werks: Exilerfahrungen und die Liebe sind Ausgangspunkt vieler Gedichte. Als drittes wesentliches Thema ist die Auseinandersetzung mit der (Mutter-)Sprache und dem eigenen Schreiben zu nennen. Alle drei Gegenstände sind in den Texten eng miteinander verbunden. Der Beitrag fokussiert sich auf die Untersuchung der ersten beiden, da eine Auseinandersetzung mit letzterem nicht ohne eine detaillierte Rückbindung an Domins poetologische Texte erfolgen kann und damit den hier gegebenen Rahmen deutlich sprengen würde. Zuletzt wirft er einen Blick auf Domins ›engagierte‹ Lyrik. Zu jedem der drei Aspekte wird zumindest ein Gedicht dezidiert in den Blick genommen.

## Exilerfahrungen im Werk Domins

Hilde Domin wird bis heute hauptsächlich als Exilautorin wahrgenommen, da viele der Themen, die in ihrer Lyrik relevant sind, mit ihren Exilerfahrungen in Zusammenhang stehen. Jianguang Wu stellt dies wie folgt dar:

> Die Exilthematik fächert sich auf in verschiedene lyrische Unterthemen: Unterwegssein, Heimatlosigkeit und Heimatsuche, Wehrlosigkeit, Vergeblichkeitsbewußtsein (Todesmotiv) und Hoffnung bis hin zur Epiphanie, einer Art Selbstrettung. Die thematische Ambivalenz spiegelt gleichzeitig auch eine Eigenschaft der gesamten Lyrik von Hilde Domin wider, nämlich die Paradoxie. Die Liebesmotivik ist ebenfalls ein Teil dieses Komplexes.[11]

Betrachtet man Domins Entwicklung als Autorin, so wird schnell klar, dass die Kategorisierung als Exilautorin nicht ganz treffend ist oder, wie bei Jianguang Wu, einen relativ weiten Begriff voraussetzt. Domin beginnt erst nach Ende des Zweiten Weltkriegs zu schreiben und verfasst daher, dem gängigen Verständnis nach, keine Exil-, sondern, in der ers-

---

11   Ebd., S. 36.

ten produktiven Phase, Emigrationsliteratur.[12] Die Gedichte, die sie insbesondere in den 1960er Jahren in Deutschland schreibt, speisen sich zwar ebenfalls aus ihren Exilerfahrungen, jedoch reflektiert Domin diese nun aus der Perspektive einer Zurückgekehrten.

Ein Grund dafür, dass man die Autorin dennoch hauptsächlich mit dem Thema Exil assoziiert, mag die Wahl ihres Pseudonyms ›Domin‹ sein, das auf die Dominikanische Republik rekurriert. Hilde nimmt es an, als sie versuchte, sich als Autorin zu etablieren und in Deutschland »eine triumphale Aufnahmebereitschaft [erlebt]«[13]. Als Heimkehrende rückt sie damit ihren Exilort in den Fokus, weil sie dort nicht nur zu schreiben beginnt, sondern sich darüber hinaus als Autorin begreift. Diese Entwicklung ist stark mit einem persönlichen Tiefpunkt und damit auch mit einer Phase starker Emotionalität verwoben:

Der Zeitpunkt des [...] Schreibbeginns im November 1951 [...] war eine biographische Grenzsituation. Kurz zuvor war die Mutter in New York gestorben und Domin stand aus Gründen, die sie nicht näher bezeichnet, am Rande des Selbstmords. Das Schreiben half ihr zu überleben.[14]

Erst nach dem Tod Domins, als ihre Korrespondenz gesichtet wird, offenbaren sich die Motive für einen Suizid, die Michael Braun in seiner Monographie noch nicht benennen kann: Domins Lebenskrise ist derart

---

12  Vgl. Michael Braun: Exil und Engagement. Untersuchungen zur Lyrik und Poetik Hilde Domins. Frankfurt a. M. 1993, S. 41.

13  Werner Helwig: Autobiographisches. In: Heimkehr ins Wort. Materialien zu Hilde Domin. Hrsg. von Bettina von Wagenheim. Frankfurt a. M. 1982, S. 142. Domin findet rasch Beachtung: 1959 erscheint ihr erster Gedichtband, *Nur eine Rose als Stütze*, bei S. Fischer, wo auch die weiteren lyrischen Werke Domins publizierte werden. Die hohen Auflagen (von *Nur eine Rose als Stütze* wurden in den ersten 10 Jahren in 5 Auflagen insgesamt 10 000 Exemplare gedruckt) sind Indiz dafür, dass die Gedichte eine breite Rezeption erfahren. Andere Texte, wie ihre wenigen Prosawerke und theoretische, insbesondere poetologische erscheinen ebenfalls bei renommierten Verlagen wie Suhrkamp und Pieper.

14  Braun (1993), S. 32.

schwer, weil sie sich in der Trauerphase von Erwin Walter Palm allein gelassen fühlt.[15]

Ausbruch von hier
Für Paul Celan, Peter Szondi, Jean Améry,

die nicht weiterleben wollten
Das Seil
nach Häftlingsart aus Bettüchern geknüpft
die Bettücher auf denen ich geweint habe
ich winde es um mich
Taucherseil
um meinen Leib
ich springe ab
ich tauche
weg vom Tag
hindurch
tauche ich auf
auf der andern Seite der Erde
Dort will ich
freier atmen
dort will ich ein Alphabet erfinden
von tätigen Buchstaben[16]

Die Widmung dieses Gedichts kreiert Pathos. Domin benennt drei prominente, jüdischstämmige Persönlichkeiten, die den Holocaust überlebten und in den 1970er Jahren (vermutlich) Suizid begangen. Der Text wird auf diese Weise in einen bestimmten Deutungsrahmen gestellt: Er gibt die Sehnsucht nach dem Selbstmord preis, welchen die Autorin tatsächlich eine Zeit lang als einzig möglichen Ausweg ansah. Dass

---

15  Vgl. Jan Bürger/Frank Druffner: Hilde Domin: Die Liebe im Exil. Briefe an Erwin Walter Palm aus den Jahren 1931–1959. Frankfurt a. M. 2009, S. 257.
16  Hilde Domin: Gesammelte Gedichte. Frankfurt a. M. 2004, S. 359.

er zuerst unter dem Titel *Flucht* erschien, weist darauf hin, dass nicht nur diese metaphorische Lesart ihre Berechtigung hat, sondern mit dem »Abtauchen« in die Karibik, eine zweite, ebenfalls autobiographische Interpretation mitzudenken ist. In beiden Fällen sind die letzten vier Verse von besonderer Bedeutung, die davon erzählen, dass die Autorin den kreativen Umgang mit Sprache als Ziel ihrer Flucht betrachtet. Das Adjektiv »tätig« (V.16) macht deutlich, dass das lyrische Ich den Umgang mit Sprache als aktives Handeln betrachtet, als ein Aufbäumen gegen die Misere in der es steckt und die aus dieser resultierenden Todessehnsucht.

Anhand des autobiographischen Gedichts *Landen dürfen*[17] lässt sich ebenfalls demonstrieren, wie Pathos in Leben und Werk Domins miteinander verwoben sind. Es thematisiert die Wahl ihres Pseudonyms in poetisch gebrochener Form. Die erste Strophe (V. 1–3) lautet: »Ich nannte mich / ich selber rief mich / mit dem Namen einer Insel.« Indem sie sich selbst benennt, ruft sich Domin gewissermaßen in ihr (neues) Leben als Schriftstellerin – so suggeriert es zumindest das lyrische Ich. Das zentrale Moment des »Landen Dürfens«, von dem die Rede ist, symbolisiert die Emanzipation der (Dichter-)Persönlichkeit. Dies verdeutlicht der Gedichtauftakt: Das Wörtchen »ich« steht in den beiden ersten, parallel gebauten Versen[18] jeweils am Anfang und Ende, ist gleichermaßen Subjekt und Objekt.

Die Insel Hispaniola, auf der die Dominikanische Republik liegt, wird mit dem Emanzipationsprozess in Verbindung gebracht. Sie sei einerseits (laut des sechsten Verses) eine Erfindung von Kolumbus und andererseits betretbares Land (V. 10) sei. Demnach vermengen sich dort Fiktion und Realität zu einer neuen Realität. Mit dieser Reflexion des Verwobenseins von Faktualem und Fiktionalem thematisiert das Gedicht das Spannungsfeld, in dem es selbst situiert ist: Es handelt sich um einen Text, der auf die Lebensgeschichte seiner Autorin rekurriert und ein Stück weit Auskunft über sie gibt, zugleich aber durch die literarische

---

17  Ebd., S. 229.
18  Derartige Wiederholungsfiguren sind charakteristisch für die frühen Gedichte der Autorin. Vgl. Braun (1993), S. 108 ff.

Überformung bedeutet, dass er keinen Anspruch auf eine wie auch immer geartete »Wahrheit« erhebt, sondern als Mittel der Selbstinszenierung zu verstehen ist. Er gibt einerseits eine bestimmte Interpretation von Domins Autorschaft vor und ist andererseits seinem Charakter als Gedicht zufolge als grundsätzlich polysem anzusehen. Man kann daher bereits die Form, die für diese Selbstdarstellung gewählt wurde und die dessen Aussagen als prinzipiell offen markiert, als pathetisch ansehen. Pathos wird zudem auf inhaltlicher Ebene konstruiert: *Landen dürfen* rekurriert im sechsten und siebten Vers auf Christopher Kolumbus, der die Insel für Europa entdeckte und vereinnahmte. Name und Geschichte der Insel werden im vierten bis siebten Vers gleichgesetzt mit dem Namen der ersten europäischen Kolonie auf amerikanischem Boden: La Navidad. Nur so lässt sich erklären, dass in Vers 8 von einem »Weihnachtssonntag« die Rede ist, denn in der Nacht vom Sonntag, den 24. Dezember 1492, strandete die Santa Maria vor der Küste der Insel, woraufhin Kolumbus aus ihren Wrackteilen La Navidad errichten ließ. Das Gedicht bezieht sich damit auf einen Neuanfang, der mit der nachfolgenden Kolonialisierung historische Bedeutung hat. Die individuelle Entwicklung einer Persönlichkeit wird mit einer menschheitsgeschichtlichen parallel geführt. Das Gedicht kann aufgrund dieser hyperbolischen Struktur als klar pathetisch eingeordnet werden. Zugleich ist Christopher Kolumbus eine historische Figur, die deutlich mit ambivalenten Emotionen konnotiert ist; seine Leben steht für die Leidenschaft des Entdeckertums, aber auch für den Beginn der mit großem Leid verbundenen Kolonialisierungsgeschichte. Durch die Bezugnahme des Gedichts auf Kolumbus werden bei den Leserinnen und Lesern die Assoziationen und Emotion aktiviert, die sie jeweils mit dem berühmten Seefahrer verbinden.

Bei *Alle meine Schiffe* handelt sich um einen der Texte, die die Themenkomplexe Exil und Liebe vereinen. Die Verbindung schafft die nautische Symbolik, auf die die Autorin immer wieder zurückgreift:[19] Das

---

19  Andere Beispiele hierfür sind, neben dem bereits besprochenen *Landen können*, Gedichte wie *Galionsfigur*, *Treulose Kahnfahrt* oder *Rückkehr der Schiffe*. Zudem trägt Domins zweiter Gedichtband im Jahr 1962 den Titel *Rückkehr der Schiffe*.

Meer, Schiffe und Häfen sowie Aspekte der Navigation spielen eine Rolle und künden von einer Reise, die sinnlos erscheint, weil ein Ankommen unmöglich ist. Den Schiffen fehlt nicht nur ein Ziel, auch der Heimathafen wurde »vergessen« (V. 2) und muss, da er nicht mehr angesteuert werden kann, vom lyrischen Ich verloren gegeben werden.

## Die Liebeslyrik der Autorin

Alle meine Schiffe

Alle meine Schiffe
haben die Häfen vergessen
und meine Füße den Weg.
Es wird nicht gesät und nicht geerntet
denn es ist keine Vergangenheit
und keine Zukunft,
kaum eine Bühne im Tag.
Nur der kleine
zärtliche Abstand
zwischen dir und mir,
den du nicht verminderst.[20]

Das Gedicht enthält mehrere Merkmale, die insbesondere für die späte Lyrik Domins charakteristisch sind. Es ist verhältnismäßig kurz, verteilt wenige knappe, teilweise elliptische Sätze auf ein paar Strophen. Konkret heißt das in diesem Fall, dass drei Sätze zwei Versgruppen bilden. Das freie Versmaß, der Einsatz zahlreicher Enjambements und die hohe Zugänglichkeit, die u. a. aus der Wortwahl und der grammatikalisch und semantisch korrekt eingesetzten Sprache resultiert, sind ebenfalls typisch. Braun attestiert Domin aufgrund derartiger stilistischer Merkmale »eine zunehmende Tendenz zur Reduktion«, deren Effekte seien eine »stär-

---

20  Domin (2004), S. 56.

kere Appellfunktion durch variierte Wiederholungen, Rhythmisierung und mitteilenden Sprachgestus, zugleich aber auch größere Offenheit«.[21] Dichtungstheoretisch ist in diesem Zusammenhang Domins Begriff der ›unspezifischen Genauigkeit‹ relevant.

> Dabei zielt die Autorin auf den Urzustand der Sprache, in dem jedes Wort sein Gegenwort einschließt. [...] Die Wortbedeutung soll nicht durch schmückende, festlegende Beiwörter eingeengt werden, so daß die Rückführung auf den Kern des Wortes die Erschließung semantischer Wortfelder und damit neue Bedeutungen ermögliche, die nicht unbedingt vom Autor intendiert sind. [...] Hilde Domins vielgerühmte Einfachheit stellt sich somit als höchste Abstraktion heraus, Reduktion der Kunst auf das Wesentliche. Alles, was nicht ausdrücklich in den Versen steht, muß mitgedacht werden, nichts ist endgültig definiert, festgelegt, die unbeleuchtete Seite des Wortes kann durch den aktiven Leser [...] aufgrund einer ähnlichen Erfahrung konkretisiert werden.[22]

Das Gedicht ermöglicht mehrere verwandte Lesarten: Man kann es gleichermaßen auf das Verlorensein in geographischer und emotionaler Hinsicht beziehen und als Hinterfragen des Sinns des Lebens verstehen, weil darin weder Vergangenheit noch Zukunft »ist« (V. 5). Wenn Saat und Ernte ausfallen, ist zudem die physische Existenz bedroht. Die Verse 4–7, die dies formulieren und dem mittleren der drei Sätze entsprechen sind grammatikalisch markiert. Während der erste und der dritte Satz aus Sicht eines lyrischen Ichs formuliert sind, das im achten bis elften Vers ein Gegenüber anspricht, steht der zweite in der dritten Person Singular und verwendet die neutrale Form »es«. Dadurch entsteht der Eindruck, dass die Aussagen sich nicht nur auf das lyrische Ich und dessen Gesprächspartner beziehen, sondern zu verallgemeinern sind. Aber was bedeutet es, dass weder Vergangenheit noch Zukunft existieren? Ins

---

21    Braun (1993), S. 211.
22    Irmgard Hammers: Hilde Domin. Dichtungstheoretische Reflexion und künstlerische Verwirklichung. Köln/Weimar et al. 2017, S. 61.

Positive gewendet, suggeriert dies die Konzentration auf die Gegenwart. Was diese Gegenwart ausmacht, offenbart wiederum die zweite Strophe: Sie zeichnet sich durch die Nähe zu einer geliebten Person aus, die gewissermaßen greifbar ist, aber dennoch eine bestimmte, als »zärtlich« bezeichnete (V. 9) Distanz einhält. Der »Abstand« (ebd.) ist aufgrund der Eigenschaft »zärtlich« zu sein, zunächst positiv konnotiert. Dies verändert sich im elften und letzten Vers, wenn das lyrische Ich behauptet, dass das Gegenüber diese Distanz nicht verringere. Damit gibt der Sprecher zu erkennen, dass er sich wünscht, sie zu überwinden. Das Gedicht konstruiert damit eine deutlich asymmetrische Liebesbeziehung, in der die emotionale und erotisch konnotierte Spannung als konstitutives Element dargestellt wird. Die Trennung beider Partner verbindet diese. Der positive Aspekt der problematischen Beziehung besteht in der Beständigkeit des unerfüllten Begehrens nach Nähe, die angesichts der Verlorenheit des lyrischen Ichs große Bedeutung hat.

Der vierte Vers kann als intertextueller Bezug auf ein bekanntes Gleichnis aus der der Bergpredigt verstanden werden:

»Sehet die Vögel unter dem Himmel an: sie säen nicht, sie ernten nicht, sie sammeln nicht in die Scheunen; und euer himmlischer Vater nährt sie doch. Seid ihr denn nicht viel mehr denn sie?«[23]

Dieser Aufruf, positiv in die Zukunft zu sehen, lässt sich im Kontext des Gedichts nicht durch Vertrauen in Gott, sondern in das Gegenüber bzw. die gemeinsame Beziehung begründen.

*Alle meine Schiffe* entsteht in den Jahren 1951 und 52,[24] also noch während der Zeit des verlängerten karibischen Exils, in der bereits erwähnten Lebenskrise der Autorin. Es zeugt davon, dass die Beziehung (nicht nur zu dieser Zeit) nicht nur von Leidenschaft, sondern auch durch das Leiden aneinander gekennzeichnet ist.[25] Beide Affekte werden lyrisch

---

23  Mat 6,26 in ähnlicher Form auch bei Luc 12,24.

24  Vgl. Braun (1993), S. 245.

25  Da der Raum fehlt, um auf derartige biographische Hintergründe en détail einzugehen, sei in diesem Zusammenhang auf folgende 2009 erschienene, von Jan Bürger,

verarbeitet und ohne einen Rückgriff auf eine göttliche oder religiöse Macht transzendiert.

> Dem lyrischen Prozeß von der Notwendigkeit des Gedichteschreibens durch das Wiederauferstehungsvermögen des Menschen bis hin zur Freiheit entspricht in der Lyrik Domins die Verarbeitung der Leiden mit Hilfe der Hoffnung bis hin zur Epiphanie.[26]

Im Bereich der Liebeslyrik gibt es ebenfalls Texte, die mittels intertextueller Referenzen darauf ausgerichtet sind, bestimmte Rezeptionsmuster und die damit einhergehenden Emotionen bei der Leserschaft zu aktivieren. Hierzu gehören die beiden Texte *Brief auf den anderen Kontinent*[27] und *Mein Herze wir sind verreist,*[28] die sich auf den Mythos um Orpheus und Eurydike beziehen, der für eine besonders tiefe und dauerhafte Liebe steht. Zugleich handelt es sich um eine besonders tragische Beziehung, da das Paar nicht nur durch den Tod Eurydikes getrennt wird, sondern Orpheus darüber hinaus schmerzlich erfahren muss, dass er diesen trotz oder gerade wegen seiner übergroßen Liebe und seines leidenschaftlichen Engagements nicht ungeschehen machen kann. Beide Gedichte kann man zugleich als intertextuelle Referenz auf Rainer Maria Rilkes Bearbeitung des Stoffs *Orpheus. Eurydike. Hermes.* lesen. Dies verweist besonders auf den zuletzt genannten Aspekt der Geschichte, da Rilke sich auf den scheiternden Versuch der Befreiung Eurydikes aus dem Totenreich fokussiert. Zudem besteht ein interessantes intertextuelles Spannungsverhältnis zu einem weiteren Gedicht Rilkes, *Der Tod der Geliebten*. Dieses handelt davon, dass ein Mann durch das Sterben der Geliebten eine Verbindung zum Reich der Toten aufbaut und mit diesen gleichsam in Kontakt tritt, statt wie es bei Domin der Fall ist, zurück-

---

Frank Druffner herausgegebene und kommentierte Auswahledition von Briefen verwiesen: *Hilde Domin: Die Liebe im Exil. Briefe an Erwin Walter Palm aus den Jahren 1931–1959.*

26   Wu (2000), S. 54.

27   Domin (2004), S. 287.

28   Hilde Domin: Der Baum blüht trotzdem. Frankfurt a. M. 1999, S. 7.

gelassen zu werden, ohne zu wissen, was den Anderen oder die Andere erwartet und inwiefern er oder sie überhaupt noch existiert (»[...] das Reich / in dem du gehst oder liegst / oder stehst / in dem du jetzt alles weißt / oder alles vergißt« V. 11–15). Rilkes Text spricht sogar davon, dass der Liebende das Totenreich für seine tote Geliebte erkundet, sich also einen Wissensvorsprung erarbeitet, der es ihr erleichtern soll, sich dort zu bewegen. Bei Domin hingegen klagt das lyrische Ich »ich möchte eintreten« (V. 8), wird jedoch von dem »Herze« angemahnt, ihm nicht zu schnell nachzufolgen.

## ›Engagierte‹ Lyrik

Die vorgestellten Gedichtanalysen offenbaren zumindest andeutungsweise ein typisches Merkmal der Lyrik Domins: Sie zeichnet sich durch ambivalente Darstellungen aus. In der Mehrzahl vermitteln die Texte eine negative Grundstimmung, unterminieren diese jedoch, indem sie eine positive Lesart, gewissermaßen einen Ausweg, Hoffnungsschimmer oder Halt im Leben, offerieren. Die Freiheit des lyrischen Ichs besteht in den Gedichten immer wieder darin, sich trotz widriger Umstände für etwas entscheiden zu können. Dies deutet sich u. a. an, wenn sie eine Reihe von fünf Gedichten unter dem Titel *Ausreisegedichte* zusammenstellt.

Die Gedichte heißen nicht ›Einreisegedichte‹, was der äußeren biographischen Entwicklung entspräche. Das Substantiv ›Ausreise‹, eine verfremdete Vokabel für ›Rückkehr‹, drückt im Gegensatz zu Exil und Emigration die Freiwilligkeit aus, ein Land verlassen zu können.[29]

Das dritte *Ausreiselied* ist ein Beispiel dafür, wie Domin über intertextuelle Referenzen Assoziationen wachruft, die mit bestimmten emotionalen Bewertungen verbunden sind: Das lyrische Ich setzt sich gleich im ersten Vers, »Ich Gulliver«, mit Swifts »am Ende glücklich zurückkeh-

---

29 Braun (1993), S. 146.

rende[r] Figur«[30] gleich, die einen satirischen Blick auf die Welt wirft. »Was sich in Domins Lyrik verändert hat, ist also nicht das Ich, sondern die Welt in der Perspektive des Ichs.«[31] Es geht diesem und anderen Gedichten demnach darum, Blickwinkel zu hinterfragen.

Der Titel dieses Beitrags wurde dem Gedicht *Wahl* entlehnt, in dem es ebenfalls um wechselnde Perspektiven geht. Dies versinnbildlichen die Verse 16–20, die deutlich machen, dass der Mandelbaum, den die ersten 4 Strophen in den Mittelpunkt stellen, aus der Perspektive einer vorübergehenden (V. 16) bzw. vorbeifahrenden (V. 17–19) Person gesehen wird. Der Blick der vorbeiziehenden Person auf den fest verwurzelten Baum führt zu einer »unmögliche[n] Wahl« (V. 21 f.):

Wahl

[…]
Lachen und Weinen und die unmögliche
Wahl haben
und nichts ganz recht tun
und nichts ganz verkehrt
und vielleicht alles verlieren
Doch mit Ja und Nein und Für-immer-vorbei
nicht müde werden
sondern dem Wunder
leise
wie einem Vogel,
die Hand hinhalten[32]

Die letzten vier Verse waren mit identischem Wortlaut zuvor bereits als eigenständiges Gedicht erschienen.[33] Als Domin die 13 Worte als Referenz auf das eigene Werk in *Wahl* einfügt, passt sie jedoch die Inter-

---

30   Ebd., S. 150.
31   Ebd.
32   Domin (1999), S. 12 f.
33   Domin (2004), S. 294.

punktion an. In beiden Texten findet sich nur jeweils ein Satzzeichen. Während *Nicht müde werden* mit einem Schlusspunkt endet und damit als ein elliptischer Satz ohne Subjekt gelesen werden kann, findet sich in *Wahl* ein Komma am Ende des vorletzten Verses. Damit wird an dieser Stelle eine Atempause markiert, die den letzten Vers vom Rest des Textes (in dem Leserinnen und Leser den Atemfluss und Sprachrhythmus selbst regulieren müssen) separiert. Die beschriebene Geste, »die Hand hinhalten«, die Unterstützung symbolisiert, erfährt damit eine besondere Betonung. Die Forderung danach, das Vertrauen nicht zu verlieren – sei es nun das in Wunder oder in andere Menschen – ist der Kern des Gedichts. Sie macht nur Sinn, wenn man mitliest, dass dieses Vertrauen bereits häufig enttäuscht wurde. Dies wird in den Versen jedoch lediglich impliziert. Sie stellen das sogenannte »Wunder« durch den Vergleich mit einem Vogel als etwas Zartes, Scheues dar, das man erst an seine eigene Nähe gewöhnen müsse.

Auffällig ist zudem, dass die Ergänzung eines Verses dazu führt, dass die sechste Strophe als einzige 6 statt 5 Verse aufweist und dadurch hervorgehoben wird. Der entsprechende Vers konkretisiert, was Menschen »müde werden« lassen kann: »Ja und Nein und Für-immer-vorbei« (V. 26). Ermüdend sind klare Bekenntnisse, die ausschließlich und endgültig sind. Doch auch »mit« ihnen (ebd.) kann oder soll es gelingen, offen für Wunder zu bleiben. Dieser Gedanken des ›Dennoch‹ oder ›Trotzdem‹ findet sich implizit oder explizit in vielen anderen Gedichten.[34]

---

34  An prominenter Stelle findet sich letzteres in ihrem letzten Lyrikband: *Der Baum blüht trotzdem*. Es ist zugleich der Titel eines der enthaltenen Gedichte und dessen erster Vers. Siehe: Hilde Domin: Der Baum blüht trotzdem. Frankfurt a. M. 1999, S. 10. Ilka Scheidgens verleiht ihrer sehr persönlich erzählenden Biographie der Autorin daher den Untertitel *Dichterin des Dennoch*. Und Margret Karsch überschreibt ihre Untersuchung von Domins Beitrag zum Diskurs um Lyrik nach Auschwitz mit dem Domin-Zitat *Das Dennoch jeden Buchstabens*. Es handelt sich dabei um den (fast vollständigen) letzten Vers des zweiten der drei Gedichte, die sie unter dem Titel *Drei Arten Gedichte aufzuschreiben* publiziert. Er verweist auf den ähnlich gefassten Schlussvers des ersten der drei Gedichte. Vgl. Domin (2004), S. 333. Karsch befasst sich im dritten Abschnitt ihrer Abhandlung (143–219) mit Leid, versteht darunter jedoch, dem Fokus ihrer Untersuchung entsprechend, ausschließlich Erfahrungen, die im Zusammenhang mit dem Exil bzw. dem Holocaust stehen.

Häufig wird die Lyrik der Autorin, insbesondere die späte, aufgrund ihres hier angedeuteten Aufforderungscharakters als ›engagiert‹ bezeichnet.[35] Diese Einordnung widerspricht zumindest aus Sicht Domins keineswegs dem Verständnis, dass ein Gedicht ein Kunstwerk sei, das für sich selbst spricht.

> In ihrer ausdrücklich positiven Antwort auf die Frage nach der Funktionalität von Lyrik in der modernen Lebensrealität hebt Domin den scheinbaren Widerspruch zwischen Autonomie bzw. Zweckfreiheit und Engagement auf.[36]

Ein Gedicht steht in Domins Denken für sich selbst und wird von verschiedenen Leserinnen und Lesern auf unterschiedliche Weise gelesen. Aufgrund der thematischen Ausrichtung und der häufig ambivalenten Konstruktion ist es dazu angetan, dialektische Denkprozesse auszulösen und enthält eine politische Dimension.

> Domin [hält] im Bewusstsein der Widerstände beharrlich an der Hoffnung fest: Die Hoffnung richtet sich ›dennoch‹ auf ein besseres Zusammenleben der Menschen. Für Domin wie für Adorno ist die Kunst Trägerin der Hoffnung, dass das Subjekt seiner Vergesellschaftung und Funktionalisierung […] zumindest etwas entgegenzusetzen hat, wenn das Entrinnen des Menschen aus diesen Prozessen damit auch nicht gewährleistet ist. Für beide wird in ihren Texten das Paradoxon zum Ausgangspunkt, um ihre Denkbe-

---

35   Michael Braun diskutiert Domins Lyrik ab dem Jahr ihrer Rückkehr, also ab 1961, ebenfalls dezidiert unter diesem Begriff und verortet hierzu die poetologischen Texte der Autorin innerhalb der Debatte zur Funktion von Lyrik. Vgl. Braun (1993), S. 115–219. Eine neuere Einordnung in die Debatte um ›engagierte Lyrik‹ findet sich bei Karsch. Vgl. Margret Karsch: »Das Dennoch jedes Buchstabens«. Hilde Domins Gedichte im Diskurs um Lyrik nach Auschwitz. Bielefeld 2007, S. 99–109. Karsch widerspricht Brauns Befund, dass sich die Motive in Domins Lyrik chronologisch entwickeln und stellt fest, »dass Domin in ihrer Lyrik immer schon politische Themen aufgegriffen und Position bezogen hat.« (ebd., S. 340). Die Autorin habe jedoch ab den 1960er Jahren »in ihren Texten verstärkt explizitere Formen von Engagement gewählt.« (ebd.).

36   Michael Braun: Exil und Engagement. Untersuchungen zur Lyrik und Poetik Hilde Domins. F Frankfurt a. M. 1993, 108 f.

wegung dialektisch zu dynamisieren. Im Fall von Domins Dichtung erfasst diese Dynamik auch den Rezeptionsprozess.[37]

Einige der ›engagierten‹ Gedichte rekurrieren auf konkrete politische Ereignisse und Themen, stellen Umstände als misslich dar. Beispiele hierfür sind die *Fernsehgedichte* mit den Titeln *Napalm-Lazarett* und *Brennende Stadt (Beirut)*[38], die sich mit Kriegen auseinandersetzen, oder auch *Talfahrt*[39], das die »Intensivhaltung der Tiere« (V. 2) und das »Sterben der Bäume« (V. 4) thematisiert. Diese »Gedichte, deren Thema eine politische Wirklichkeitserfahrung ist, die wirksame und ›virulente‹ Erfahrungsmodelle formuliert, um den politischen Menschen im Leser zu mobilisieren«[40], belegt Braun wie Domin selbst mit Krolows Terminus des ›öffentlichen Gedichts‹.[41]

> Das ›öffentliche Gedicht‹ soll ein Text sein, der eine politische Erfahrung exemplarisch in Sprache umsetzt. […] Das Wichtigste, ja überhaupt das Politische eines öffentlichen Gedichts ist es […], daß es sich für keinen Zweck einspannen läßt, sondern autonom bleibt.[42]

In *Der übernächste Krieg*[43] beschwört Domin mit einer Referenz auf Einstein den Rückfall in die Barbarei herauf. Sie scheut sich nicht, in den Schlussversen zu formulieren, dass in einem zukünftigen Krieg den »Unangepaßten der Welt« (V. 20) vielleicht »der Mond / als universales KZ« (V. 21 f.) dienen werde – schreckt also nicht davor zurück, anzudeuten,

---

37  Karsch (2007), S. 335.
38  Domin (1999), S. 65 f. Das erste der beiden Gedichte erschien in identischer Fassung jedoch unter einem etwas anderen Titel *(Nach dem Fernsehbericht: Napalm-Lazarett)* bereits 1970 in Domins Gedichtband *Ich will dich.*
39  Ebd., S. 26.
40  Braun (1993), S. 173.
41  Braun versteht die *Fernsehgedichte* weniger als eine Kritik an der politischen Situation, sondern vielmehr als eine am vermittelnden Medium, dass den Kriegsort als »beliebig ein- und ausblendbaren fernen Ausschnitt« (ebd., S. 181) präsentiert.
42  Hammers (2017), S. 143.
43  Ebd., S. 50.

dass die Menschheit wieder dazu zurückkehren werde, die unvorstellbar schrecklichen Methoden der Nazis anzuwenden.[44] Das lyrische Ich stellt sich indes in der ersten Strophe des Textes als Hybrid zwischen Mensch und Vogel dar, der weder Arme (V. 1) noch Flügel habe und daher weder fliege (V. 5) wie ein Vogel noch töte (V. 7) wie ein Mensch. Das beschriebene Wesen kann damit vermutlich den Unangepassten zugerechnet werden und scheint den »Töter[n]« nichts entgegenzusetzen zu haben als das Privileg, sie nicht umarmen zu müssen (vgl. V. 8). Es ist einer der raren Texte der Autorin, in denen es keine Ambivalenzen gibt, die keine positive Lesart zulassen, in denen sich das lyrische Ich nicht mit einem »dennoch« dem Schlechten in der Welt entgegenstemmt.

Die Prognose, dass erneut Konzentrationslager entstehen werden, ist mit dem wohl größtmöglichen Maß an negativ konnotiertem Pathos verbunden. Über KZs zu sprechen oder zu schreiben, führt zu einer starken emotionalen Reaktion der Rezipientinnen und Rezipienten. In Anlehnung an Knape lässt sich argumentieren, dass allein die Nennung des Begriffs dramatische Bilder wachruft. Hier ist insbesondere an das in höchstem Maße eindringliche und verstörende Bildmaterial zur Befreiung des Konzentrationslager Auschwitz-Birkenau zu denken. Es ist durchaus auffällig, dass die Autorin auf einen derart drastischen Ver-

---

44  Vergleiche, die im Zusammenhang mit Nazi-Deutschland stehen, sind speziell im politischen Kontext bis heute populär. Dabei lässt sich beobachten, dass sich dabei fast immer die- oder derjenige diskreditiert, die oder der die Äußerung tätigt, da derartige Vergleiche unter dem Generalverdacht der Bagatellisierung von Nazi-Verbrechen stehen. Beispiele aus dem Jahr 2017 gibt es zur Genüge: So verglich Donald Trump die USA in einer Nachricht, die er im Januar auf Twitter veröffentlichte, mit Nazi-Deutschland, als US-Medien ankündeten, Informationen über ihn publik machen zu wollen, die vom russischen Geheimdienst stammen. Der Kabarettist Jan Böhmermann reagierte darauf, indem er Trump wegen seiner Kampagne um den Slogan »America first« mit Adolf Hitler und dessen Versuch Deutschland als eine Art »führender Nation« zu etablieren verglich. Trumps Pressesprecher Sean Spicer wiederum bezeichnete die deutsche Regierung im April, als er diese für den Einsatzes von Chemiewaffen in Syrien verantwortlich macht, gar als schlimmer als Hitler, entschuldigt sich aber im Nachhinein dafür. Einige Wochen zuvor verglich Recep Tayyip Erdogan Angela Merkel mit den Nationalsozialisten, weil diese Wahlkampfauftritte türkischer Politiker in Deutschland untersagt hatte.

gleich zurückgreift, da sie die Gräueltaten der Nationalsozialisten nur äußerst selten derart unmissverständlich thematisiert. Es muss ihr daher ein besonderes Anliegen gewesen sein, mit *Der übernächste Krieg* eine starke emotionale Reaktion hervorzurufen und auf diese Weise womöglich Engagement zu initiieren.

Diesem Gedicht geht ein anderes mit dem Titel *Vaterländer* in dem Gedichtband unmittelbar voraus. Es stellt die Erfahrung des Vertriebenseins, aber auch die, Asyl zu finden, mit Blick auf die Menschheitsgeschichte als etwas Universelles dar. Es arbeitet mit Ambivalenzen, die sich zu der Aussage verdichten, dass Liebe nie ganz perfekt, aber auch niemals völlig abwesend sei: Deutlich formuliert das Gedicht »irgendetwas ist immer da / das sich zu lieben lohnt / irgendetwas ist nie da« (V. 15–17). Aus der Vielzahl der Vaterländer resultiere, dass der Mensch »vaterlandslos« (V. 2) und »heimatlos« (V. 3) sei. Die Hoffnung gebende, positive Aussage, dass es »immer« (V. 9) Menschen gibt, die »die Arme öffnen« (V. 10) wird geradezu ins Lächerliche gezogen, indem die Geste als »Gymnastik« (V. 11) und »unordentlicher Gebrauch unserer Glieder« (V. 14) deklariert wird. Am Ende weist das lyrische Ich darauf hin, dass jedes neue Land, das »die Arme auf[macht]« (V. 5), Grenzen habe (V. 18) und impliziert damit, dass bereits das Vorhandensein von Grenzen zu Vertreibung führe. Ohne dass dies explizit formuliert würde, wird die Forderung nach einer Abschaffung von Grenzen in dem Gedicht laut, da die bisherigen Öffnungen einzelner Länder als nicht weitgreifend genug dargestellt wird. Dass Domin gerade die positive Geste der geöffneten Hände, die man als Symbol für Humanität verstehen kann und die Domin in *Nicht müde werden* und *Wahl* als etwas Erstrebenswertes, das nicht aufgegeben werden dürfe, in den Fokus und in die Nähe einer ›conditio humana‹ rückt, kritisiert, ist überraschend. Dies lässt sich nur erklären, wenn man den Text als Kritik auf der Makroebene an den im Titel genannten »Vaterländern« versteht. Er verdeutlicht, dass sich international oder gar global gesehen etwas ändern müsse, weil die an sich positive Geste einzelner Menschen lächerlich wirkt angesichts der immer gleichen Problematik der Verfolgung und Vertreibung von Menschen. Die scheinbare Kritik an der Hilfsbereitschaft Einzelner dient in

*Vaterländer* dazu, bei Leserinnen und Lesern Anstoß zu erregen und hinterfragt zu werden. Sie provoziert eine emotionale Reaktion und kann damit als pathetisch begriffen werden.

## Resümee

Die Lyrik Domins lässt sich, trotz oder vielleicht gerade wegen all der Klarheit, in der sie verfasst ist, als pathetisch bezeichnen. Pathos entsteht darin durch Intertextualität oder die Bezugnahme auf Außerliterarisches. Die Gedichte weisen bei beiden Arten von Referenzen eine große Bandbreite auf: Sie rekurrieren auf biblische Texte ebenso wie auf Mythen und die Lyrik anderer Autorinnen und Autoren oder Domins eigenes Werk, verweisen auf bekannte Wendepunkte der Menschheitsgeschichte, prominente Persönlichkeiten oder die aktuelle soziale und politische Situation. Auch Kombinationen solcher Referenzen finden sich, beispielsweise wenn sie sich auf Rilkes lyrische Bearbeitung des Orpheus-Eurydike-Stoffes bezieht. Selbst die Widmungen, die Domin verwendet, erzeugen (teilweise) Pathos.

Mit dem Exil und der Liebe wurden zwei wesentliche Themen im lyrischen Œuvre der Autorin vorgestellt, die stark emotional aufgeladen sind, und mit Hilfe exemplarischer Gedichte skizziert, warum diese strukturell darauf angelegt sind, Affekte zu evozieren. Auch die engagierte Lyrik Domins wurde in diesem Zusammenhang untersucht. Für die drei Teilbereiche des Werks, die eng miteinander verwoben sind und teilweise als unterschiedliche Zugänge zu ein und demselben Text zu verstehen sind, gilt, dass die darin enthaltenen Bezugnahmen mit bestimmten Assoziationen und Konnotationen verbunden sind, die mit ihrer Nennung evoziert werden und dazu geeignet sind, emotionale Reaktionen bei den Leserinnen und Lesern zu erzeugen. Hierzu ist es nicht erforderlich, dass ihnen *eine* eindeutige Emotion zugeordnet werden kann: Eine Verweis auf eine historische Figur wie Kolumbus, die ambivalent rezipiert wird und entsprechend unterschiedlich bewertet werden kann, ist durchaus geeignet, um unterschiedliche Affekte wachzurufen.

Aus diesem Grund kann nicht davon gesprochen werden, dass Pathos die Polysemie der Texte einschränkt, vielmehr erzeugt sie eine Bedeutungsoffenheit, die diese betont und damit auf die interpretative Freiheit der Leserinnen und Leser verweist

# »Wer raucht, sieht kaltblütig aus«

## Pathos und Lakonie in den Gesprächen zwischen Alexander Kluge und Heiner Müller

*Sandra Fluhrer*

Kluge:    Warum hast du jetzt mir aufgetragen, ich soll mich mit Tacitus be-schäftigen? Vor zwei Jahren hast du mir die Aufgabe gestellt, ich soll den lesen.

Müller:   Mhm. *(Bläst Rauch aus.)*

Kluge:    Was war dein Grund? Was hast du dir dabei gedacht?

Müller:   *(Nach kurzem Schweigen.)* Naja erstmal hab ich – hm – Tacitus ziem-lich früh g-gelesen und – ich glaube, das war auch ziemlich prägend.

Kluge:    Und deswegen muss *ich* den doch nicht lesen.

Müller:   Und deswegen musst du ihn auch lesen, natürlich, wenn wir was zu-sammen machen wollen *(lacht ab der Hälfte des Satzes)*. Aber, nein, nein, der Hauptpunkt ist, dass … ich überlege jetzt grade, ob ich nicht mehr – ob es für mich nicht immer mehr ein ästhetisches Ver-gnügen war, Tacitus zu lesen als ein historisches Interesse, hm? Mich gehen ja diese Kaiser nix an, die interessieren mich eigentlich auch nicht; mich interessiert nur, dass sie […] zu dem Text geworden sind. Und … dieser Text, in der Mischung von … von –

Kluge:    Kolportage.

Müller:   Manier und –. Ja, Kolportage, aber auch Lakonie. Der ist ungeheu-er modern oder kommt – erscheint mir sehr modern, kommt mir sehr nahe. Und dieser Lakonismus oder Manierismus ist ja auch nur vielleicht eine Form, die es ermöglicht, Erfahrungen, die einen sonst sprachlos machen, noch mitzuteilen in Sprache, hm? Das ist glaube ich ein wichtiger Punkt: der Erfahrungsdruck, unter dem der Tacitus da steht, auch wenn er persönlich nicht in diesen Situationen gewesen ist, wie Seneca oder so. Aber der Erfahrungsdruck war so stark, dass

... diese ... kristalline Form ... nötig war, um die Erfahrung überhaupt zu formulieren. Und das ist etwas, was, ... glaube ich auch mit
meinen Texten etwas zu tun hat, dass da einfach ein Erfahrungsdruck
ist, der ..., der so – ja – Kondensationen nötig macht, sonst ... –[1]

Die von 1988 bis 1995 zwischen Alexander Kluge und Heiner Müller
geführten Fernsehgespräche kreisen, mal explizit, mal subkutan, um die
Frage, wie Erfahrung bearbeitbar und tradierbar ist. Den Hintergrund
bildet dafür die von beiden geteilte Grundfrage, »wie *Geschichte und
Individuum* verbunden sind.«[2] Der Weg führt über geteilte Praktiken

---

1    »In den Ruinen der Moral tätig«, DCTP-Sendung 10 vor 11, 17.4.1989. Kluges Fern-
     sehgespräche mit Müller sind auf der Webseite »Alexander Kluge: Kulturgeschich-
     te im Dialog« der Cornell University, der Universität Bremen und der Princeton
     University gespeichert, https://kluge.library.cornell.edu/de/conversations/mueller,
     zuletzt eingesehen am 20.1.2018. Für detailliertere Analysen stütze ich mich im Fol-
     genden auf eigene Transkriptionen der Videofassungen; für nur kursorisch behandel-
     te Passagen greife ich auf die von Kluge edierten Druckfassungen zurück, die einen
     Großteil der Gespräche versammeln. Alexander Kluge/Heiner Müller: »Ich schulde
     der Welt einen Toten.« Gespräche. Hamburg 1996a; dies.: Ich bin ein Landvermes-
     ser. Gespräche. Neue Folge. Hamburg 1996b. Für das zitierte Gespräch: Alexander
     Kluge: »In den Ruinen der Moral tätig ...«. Heiner Müller und Alexander Kluge
     im Gespräch über die »Annalen« des Tacitus. In: Kalkfell zwei. Hrsg. von Frank
     Hörnigk. Berlin 2004, S. 44–48. Die Heiner-Müller-Werkausgabe bei Suhrkamp
     enthält die Gespräche ebenfalls. Eine Transkription der Gespräche, die der Vielfalt
     an Zeichen und medialen Verfahren der Aufzeichnungen gerecht wird, erscheint,
     wenn nicht unmöglich, so doch wenigstens schwer entzifferbar. Die zitierte Passage
     etwa enthält natürlich nur einen Bruchteil der bezeichenbaren Gesprächselemente.
     In den Druckfassungen ist Vieles geglättet; paralinguistische Aspekte, Mimik und
     Gestik sind ausgespart; teilweise sind Kluges Eingriffe leicht sinnverändernd. Letzt-
     lich handelt es sich um einen anderen Text in einem anderen Medium. Ein Interesse
     an den affektiven Dimensionen der Gespräche muss sich an die Videofassungen
     halten, da Erfahrung und Erfahrbarkeit von der materiellen Ausgestaltung des Zei-
     chenmaterials abhängen, die in den Aufzeichnungen besonders vielfältig ist. Kluges
     Buchfassungen bieten dabei wichtige Anregungen für die Analyse. Vgl. Matthias
     Uecker: Sprechen und/oder schreiben? Alexander Kluges Gespräche zwischen den
     Medien. In: Formenwelt des Dialogs. Hrsg. von Christian Schulte, Winfried Siebers
     et al. Göttingen 2016, S. 217–232.
2    Rainer Stollmann: Die Erfahrung ist die Message. Notizen zu den Fernsehgesprä-
     chen von Alexander Kluge mit Heiner Müller. In: Maske und Kothurn 35: Die Bau-

des Lesens: Lektüreaufträge, Berichte über eigene Lektüreerfahrungen, Beobachtungen zu den Lektüreerfahrungen des Anderen, Rezitationen fremder und eigener Texte. Die Gespräche sind eine Form gemeinsamer philologischer Praxis; über die geteilte Textarbeit schreibt sich unwillkürlich eine gemeinsame Affektpoetik.

Indem sie auf Erfahrung rekurriert und auf Erfahrbarkeit abzielt, ist diese Poetik dem Pathischen in seiner ersten Wortbedeutung verpflichtet: dem »Erleiden im Gegensatz zum Tun«, der Widerfahrnis, dem Angegangensein – *páthos* ist das, »was einem Seienden zukommt bzw. zustößt«.[3] Für die Philosophie der Stoa, die für die Gespräche zwischen Kluge und Müller wichtig ist, sind alle Wahrnehmungsprozesse pathische Phänomene.[4] Mit Hegel prägt unser Pathos unser Handeln.[5] Der Erfahrungsbegriff Kluges und Müllers knüpft an diesen Gedanken an, schließt aber, anders als der Pathosbegriff Hegels, affektive Dimensionen

---

weise von Paradiesen – für Alexander Kluge (2007), S. 13–20, hier: S. 17. Zu Kluges Fernsehgesprächen liegen viele und vielfältige Forschungsarbeiten vor; die Gespräche mit Müller sind im Detail wenig erforscht. Neben dem Text von Stollmann waren mir hilfreich: Klaus Theweleit: Artisten im Fernsehstudio, unbekümmert. Zwei Herren im west-östlichen Denkversuch. In: Die Schrift an der Wand. Alexander Kluge – Rohstoffe und Materialien. Hrsg. von Christian Schulte. Osnabrück 2000, S. 283–292. Matteo Galli: »[…] eine Menge Arbeitsaufträge«. Alexander Kluge und Heiner Müller. In: Kulturphilosophen als Leser. Porträts literarischer Lektüren. Hrsg. von Heinz-Peter Preußer und Matthias Wilde. Göttingen 2006, S. 343–359; Gaetano Biccari: Heiner Müllers Fernsehinterviews. Performance – Oralität – Autobiographie. In: Theatrographie. Heiner Müllers Theater der Schrift. Hrsg. von Günther Heeg und Theo Giershausen. Berlin 2009, S. 215–226. Anregungen verdanke ich auch dem Kluge-Symposium im Januar 2016 in Stuttgart. Dazu: Christian Schulte, Winfried Siebers et al. (Hrsg.): Formenwelt des Dialogs. Göttingen 2016.

3  Reinhart Meyer-Kalkus: Art. Pathos. In: Historisches Wörterbuch der Philosophie. Bd. 7. Hrsg. von Joachim Ritter et al. Basel 1989, S. 193–199, hier: S. 193. Vgl. auch: J. A. Bär: Art. Pathos. In: Historisches Wörterbuch der Rhetorik. Hrsg. von Gerd Ueding. Band 6: Must-Pop. Tübingen 2003, Sp. 689–717, hier: Sp. 689.

4  Geist und Stoff (*logos* und *hyle*) sind dabei für die Stoiker untrennbar miteinander verbunden. Wolfgang Weinkauf (Hrsg.): Die Philosophie der Stoa. Ausgewählte Texte. Stuttgart 2001, S. 104 f. (Herausgeberkommentar).

5  G. W. F. Hegel: Ästhetik I/II [1835/42]. Hrsg. von Rüdiger Bubner. Stuttgart 1971, S. 335–345 (Teil I, Kap. 3, B.II.3c).

nicht nur explizit ein, sondern räumt ihnen eine Vorrangstellung ein.[6] Darüber hinaus scheinen Kluge und Müller die Annahme Bernhard Waldenfels' zu teilen, wonach es sich bei pathischen Phänomenen, nicht um Phänomene reiner Passivität handelt; die das Widerfahrnis aufnehmende oder aufzunehmen gezwungene Seite hat vielmehr an der kleinen Verwandlung durch das Pathos teil.[7]

Die zentrale Ausdrucksform für das Pathos in den Gesprächen zwischen Kluge und Müller ist die Lakonie. Wie im Dialog zu Tacitus zum Ausdruck kommt, versteht Müller sie als Form, in der sich nicht-bewältigbare Erfahrung kristallisieren kann. In der rhetorischen Tradition wird die Lakonie dem Bereich der *brevitas* oder *brachylogía* zugerechnet.[8] Das Ideal der Kürze, die schützt vor dem Zuviel und die Gefahr bannt, das Publikum zu langweilen,[9] übersteigt die Lakonie noch.[10] Die Ursprünge des Begriffs liegen im militärischen Bereich. Die *Lákones*, die Bewohner Lakoniens (Lakedaimonier, Spartaner) galten als besonders sparsam im Ausdruck, vor allem in der Beschreibung ereignis- und folgenreicher Kriegsbegebenheiten.[11]

Der antike Rhetoriker Demetrius von Phaleron, der sich dieser Ausdrucksform besonders angenommen hat, fasst die Lakonie (in Abgrenzung von der Schlichtheit, der Erhabenheit und der Eleganz) als Stiltyp der Kraft und Vehemenz auf, die sich zur Verkündigung von Siegen oder Niederlagen eigne, während Länge im Ausdruck dem Betteln und Beten

---

6   Der Erfahrungsbegriff Müllers und Kluges steht damit auch den Pathosbegriffen Karl Marx' und Friedrich Nietzsches nahe. Vgl. Bär (2003), Sp. 711 f.

7   Bernhard Waldenfels: Radikalisierte Erfahrung. In: Phänomenologie der Sinnereignisse. Hrsg. Hans-Dieter Gondek, Tobias Nikolaus Klass et al. München 2011, S. 19–36; ders.: Grundmotive einer Phänomenologie des Fremden. Frankfurt a. M. 2006, S. 34–55 (Kap. »Zwischen Pathos und Response«).

8   Heinrich Lausberg: Handbuch der literarischen Rhetorik. Eine Grundlegung der Literaturwissenschaft. 3. Aufl. Stuttgart 1990, S. 466 (§ 939.1). R. Bees: Art. Lakonismus. In: Historisches Wörterbuch der Rhetorik. Hrsg. von Gerd Ueding. Band 6: Must-Pop. Tübingen 2003, Sp. 17–23, hier: Sp. 17.

9   Lausberg (1990), S. 169 f. (§297–314).

10  Bees (2003), Sp. 17.

11  Ebd., Sp. 17 f.

vorbehalten sei.[12] Tacitus umschreibt die Lakonie als »brevitas imperato-
ria«[13] und erklärt, dass in der spartanischen Volksversammlung aufgrund
der strengen und hierarchischen Herrschaftsform keine Debatten statt-
fanden und somit keine aufwändige rhetorische Praxis existierte.[14] In ge-
wissem Sinne ließe sich damit aus der Lakonie der Grad der Entfernung
von demokratischer Politik ableiten.

Müllers Gedanke zur Lakonie als Form für »Erfahrungsdruck« lässt
sich hier anschließen: Lakonische Kürze als Ausdruck extremer Selbst-
kontrolle (etwa in fürstlichen Kältelehren seit dem Ende des 16. Jahrhunderts[15]) weist auf die ihr zugrundeliegende Erfahrung und kann den
Blick auf die Spuren lenken, die davon durch die rhetorische Panzerung
hindurchscheinen. In der Literatur – etwa in Ovids *Metamorphosen* oder
in Tacitus' literarischer Geschichtsschreibung – kristallisiert sich diese
Spannung zwischen Erfahrungsdruck und lakonischer Form zu einer
pathischen Ästhetik.

Da es Müller dezidiert um die Spürbarkeit der Spannung und der
Brüchigkeit der lakonischen Form geht, stehen seine Thesen zum Erfah-
rungsdruck quer zur klassizistischen Diskussion um den Umgang mit
Pathos. Großes Pathos, das Leiden Laokoons etwa, darf für die Wei-
marer Klassiker dann künstlerischer Stoff sein, wenn es eine anmutige
Darstellung erfährt; die Anmut macht es zumutbar.[16] Indem Müller die
Lakonie, mit ihrer politisch-militärischen Geschichte, an die Stelle der
Anmut setzt, ist seine Kategorie des Zumutbaren erfahrungsbezogen

---

12   Demetrius on Style. The Greek Text of Demetrius »De Elocutione«, edited after the
     Paris Manuscript. Hrsg. von W. Rhys Roberts. Cambridge 1902, S. 70f. (§7 u. 8),
     86f. (§36) u. 180f. (§241 u. 242). In der deutschen Ausgabe ist *deinós* (schrecklich,
     furchtbar, von enormer Stärke) als ›vollkommen‹ wiedergegeben. Demetrios: Vom
     Stil. Übers. von Emil Orth. Saarbrücken 1923, S. 9.

13   Vgl. den Herausgeberkommentar in: Demetrius on Style, S. 272 (Die Stelle stammt
     aus den *Historiae*, I.18).

14   Bees (2003), Sp. 18.

15   Vgl. ebd., Sp. 21. Und vgl. Helmut Lethen: Verhaltenslehren der Kälte. Lebensversu-
     che zwischen den Kriegen. Frankfurt a. M. 1994.

16   Martin Dönike: Antikes Pathos und seine modernen Transformationen in der Äs-
     thetik des Weimarer Klassizismus. In: Pathos. Zur Geschichte einer problematischen
     Kategorie. Hrsg. von Cornelia Zumbusch. Berlin 2010, S. 57–82, hier: S. 74.

und stärker körperlich als moralisch zu verstehen. Mit Ovid geht Müller davon aus, dass zu großer Erfahrungsdruck zu Verwandlungen führt, etwa zu Krankheiten.[17] Die Lakonie eines Ovid oder eines Tacitus ist ein Zeichen des Angefülltseins mit schrecklicher Erfahrung. Das gilt es für Müller zu zeigen. An Goethe interessieren Müller die Stellen, an denen auch die Anmut von diesem Angefülltsein zeugt. Als Kluge in einem Gespräch die Rundheit der Goethe'schen *Iphigenie* erwähnt, sagt Müller:

> Die Glätte ist nur der erste Eindruck. Die Glätte ist eigentlich der Beleg dafür, daß jemand lügt, daß jemand etwas weglügt, daß jemand Barbarei weglügt in eine – wie du es beschreibst – Auflösung. […] Goethe hat die Iphigenie ja zunächst in Prosa geschrieben, und dann hat er sie in Jamben umgesetzt. Der Vorgang allein wäre interessant genug. Warum macht er das? Weil der Stoff in Prosa offenbar nicht auszuhalten war. Der Prosa gelang es nicht, die Barbarei wegzudrücken. Deswegen kam die Jambifizierung. Es gibt einen merkwürdigen Satz von Goethe, den Eckermann zitiert: Die Studenten in Jena rebellieren, die hatten sicher Gründe, aber ich muß die Iphigenie in Jamben setzen. […] Man merkt es den Jamben an. Die Jamben zittern. Die Glätte ist keine wirkliche Glätte. Es gibt Pulsschläge unter dieser glatten Oberfläche, und die zittern dauernd.[18]

Die Gespräche zwischen Kluge und Müller verhandeln und zeigen, wie starke Erfahrung ohne Weglügen in Sprache zu fassen sein könnte. Die Brüchigkeit in der Sprache und im Sprechen, die Ambivalenz der Körpersprache und das Störpotential zwischen artikulierter Sprache und Sprache des Körpers sind dabei von entscheidender Bedeutung.

---

17  »Es gibt nicht nur den Tod und die Geburt, sondern es gibt in dem Sinne die Verwandlung, daß ich krank werde oder mich verändern muß. Ich lebe in einer Geschichte, d.h. in einer möglichen Welt, zum Beispiel: hier im Osten. Und der Körper verändert sich, wenn dieser Ort sich verwandelt, zum Beispiel unmöglich wird. Er wird mir dann entzogen. Ich brauche einen Boden unter den Füßen, anderenfalls beginnt die Spirale der Wandlungen, die erst aufhört, wenn ich den eigenen Ort wiedergefunden habe. Deshalb die NVA-Offiziere, die an der Niere erkranken, zu Bluthochdruck neigen …« Kluge/Müller (1996b), S. 147.

18  Kluge/Müller (1996a), S. 100 f.

## I. »Ist das Mitleid?«

Am 26.4.1993 führen Kluge und Müller in *Kluges Magazin 10 vor 11*
ein Gespräch mit dem Titel »Der Tod des Seneca«, das vom Selbstmord
des römischen Stoikers, Dramatikers und Kaisererziehers handelt. Kluge
stellt das Gespräch an den Anfang des ersten Gesprächsbands *»Ich schul-
de der Welt einen Toten«*. Da die Bände die Gespräche nicht in chrono-
logischer Reihenfolge versammeln, ragt »Der Tod des Seneca« besonders
heraus. An der Figur Senecas kristallisiert sich ein Thema, das in vielen
Gesprächen wiederkehrt: die Möglichkeit eines stoischen Umgangs mit
Erfahrung und die Frage, welche Geschichtsschreibung dieser Erfahrung
zukommen könnte. Das Gespräch beginnt mit einer Art Vorspiel, dessen
Bezug zur Thematik sich in den unsichtbaren Fußnoten des Gesprächs
entfaltet:

M:    Es gibt einen Brief von Nietzsche, ich glaube, an Peter Gast. Er hat
      die Nachricht gelesen über den Brand im Haus von Mommsen und er
      sagt sehr prononciert, er kann den Mommsen eigentlich nicht ausste-
      hen, mag nicht, wie der und was der schreibt.

K:    Jetzt kommt der verbrannt zurück.

M:    Ja. Und jetzt beschreibt der, wie der Mommsen in sein brennendes
      Haus läuft und wieder rauskommt, die Haare brennen und er hat
      Wunden überall *(Müller deutet während der Beschreibung mit den
      Handflächen an den eigenen Kopf und berührt die eigenen Wangen.)* –
      um Manuskripte zu retten und Bücher zu retten *(Geste des Einho-
      lens von Gegenständen mit den Armen und Händen)*. Und dann sagt
      er, dass *(mehrmaliges Räuspern)* er f-fast weinen muß, wenn er sich
      das vorstellt *(deutet mit den Handflächen wieder an den eigenen Kopf)*.
      Und dann kommt die tolle Frage, ein Fragesatz: Ist das Mitleid? Diese
      Angst vor Mitleid. *(lacht)* Das ist ganz toll in dem Brief.

K:    Es ist nicht Mitleid, sondern es ist Gewinnsucht, ja –

M:    *(lächelnd)* Ja, ja.

K:    Er hätte gerne den vierten Band ... [der *Römischen Geschichte*, S. F.]

M:    Ja, klar, natürlich, genau.

K:      … als Philologe.

M:      Aber diese Angstfrage ›Ist das Mitleid?‹ *(scheint mit der Hand in die Luft zu schreiben und ein Fragezeichen zu setzen; lächelnd)* Das darf ich mir ja nicht leisten, ich darf kein Mitleid haben.

K:      Nein, nein. *(Pause.)* Der Nietzsche nennt sich ja Philologe, ja?

M:      Mhm. *(hat Rauch im Mund, den er schnell ausbläst, um sprechen zu können)* Genau, ja.

K:      Was würdest du –? Wie würdest du so einen Satz, also so 1992/93, interpretieren? Was is'n Philologe?

M:      *(zögert, trinkt erst einen Schluck Whisky, dann einen Schluck Wasser.)*

K:      Du wärst ja wohl einer?

M:      Ja, ich glaube … der Impuls zur Philologie ist eigentlich Gier, hm, ist Gier, hm.

K:      Gier!

M:      *(lächelnd)* Es gibt sicher nicht nur Neugier, es gibt auch eine Altgier. Das ist fast dasselbe.

K:      Schatzsucher!

M:      Einfach alles haben wollen, alles greifen, alles wissen wollen. Und ich glaube, ohne das geht überhaupt nichts.[19]

---

19   »Der Tod des Seneca«, *10 vor 11*, 26.4.1993. In Kluges Buchfassung, die ich hier einmal zu Vergleichszwecken zitieren will, lautet die Passage folgendermaßen:
M: Es gibt einen Brief von Nietzsche, ich glaube, er ist an Peter Gast. Er schreibt dort, er habe Nachrichten über den Brand im Haus von Theodor Mommsen erhalten. Er schreibt sehr prononciert, daß er Mommsen eigentlich nicht ausstehen kann und auch nicht, was und wie er schreibt. In dem Brief wird erzählt, wie Mommsen in sein brennendes Haus läuft und wieder rauskommt, um Manuskripte und Bücher zu retten. Die Haare brennen, und er hat Wunden überall. Nietzsche sagt, daß er fast weinen muß, wenn er sich das vorstellt. Und dann kommt die tolle Frage, eher ein Fragesatz: Ist das Mitleid? Diese Angst vor Mitleid. Das ist ganz toll gewesen. [Womöglich handelt es sich hier um einen Hörfehler, S. F.]
K: Es ist nicht Mitleid, sondern es ist Gewinnsucht, er hätte gern den vierten Band der römischen Geschichte. Er denkt als Philologe.
M: Ja natürlich. Aber diese Angstfrage *Ist das Mitleid* ist auch noch etwas anderes. ›Das darf ich mir nicht leisten. Ich darf kein Mitleid haben.‹
K: Nietzsche bezeichnet sich ja selbst als Philologen. Wie würdest du so einen Satz 1992/93 interpretieren? Was ist ein Philologe? Du bist ja wohl einer?

Zwischen den Gesprächsinteressen Kluges und Müllers scheint eine Spannung zu bestehen. Müllers lebhafte Adaption der Brandepisode, seine Beschreibung der Reaktion Nietzsches und vor allem sein Versuch, auf Nietzsches Mitleidsangst zu beharren, stehen Kluges Ablenkung auf die Philologie gegenüber, die erst im zweiten Anlauf Erfolg hat. Kluges Ablenkungsmanöver sind kalkuliert; sie rechnen mit der Produktivität der Lücke.[20] Kluge kann davon ausgehen, dass sich das pathische Potential, das in Müllers Nietzsche-Anekdote steckt, gerade im Übergehen erhält.[21] Indem die Thematik des Mitleids bei Nietzsche, aus der sich leicht eine längere Debatte entspinnen ließe, übersprungen wird, bleibt etwas von der schon von Nietzsche empfundenen Trübheit der Mitleidserfahrung als affektive Aufgabe für den Zuschauer erhalten. Ein gleichermaßen interessantes Moment steckt im Übergehen selbst. Beides gehört zum ›optisch, auditiv und philologisch Unbewussten‹[22] der Gespräche

---

M: Ja, ich glaube schon. Der Impuls zur Philologie ist eigentlich Gier. Es gibt ja nicht nur Neugier, es gibt auch eine Altgier. Das ist fast dasselbe. Einfach alles haben wollen, alles greifen, alles wissen wollen. Und ich glaube, ohne das geht überhaupt nichts. Kluge/Müller (1996a), S. 13 f.

20 Kluge geht davon aus, dass die Montage von Kinobildern über die Lücke zwischen den montierten Bildern wirkt, in denen ein neues, ›ungesehenes‹ Bild entstehen kann. Analoge Strukturen lassen sich in Kluges Fernseh- und Prosaarbeiten finden (dem Mainstream-Fernsehen attestiert Kluge Lückenlosigkeit). Alexander Kluge: Die Macht der Bewußtseinsindustrie und das Schicksal unserer Öffentlichkeit. In: Industrialisierung des Bewußtseins. Eine kritische Auseinandersetzung mit den ›neuen‹ Medien. Hrsg. von Klaus von Bismarck. München 1985, S. 51–129, hier: S. 105 f.

21 Gerade das pathische Widerfahrnis entzieht sich einer geschlossenen Repräsentation; es zeigt sich in Lücken und Verschiebungsprozessen. Vgl. im Anschluss an Bernhard Waldenfels: Katrin Busch und Iris Därmann: Einleitung. In: »pathos«. Konturen eines kulturwissenschaftlichen Grundbegriffs. Hrsg. von dens. Bielefeld 2007, S. 7–31, hier: S. 21–23.

22 Im *Kunstwerk*-Aufsatz, auf den sich Kluge für seine Montagetheorie bezieht, spricht Benjamin von der Möglichkeit des Films, das »Optisch-Unbewußt[e]« in Erfahrung zu bringen. Walter Benjamin: Das Kunstwerk im Zeitalter seiner technischen Reproduzierbarkeit. Erste Fassung [1936]. In: Ders.: Gesammelte Schriften, Band I.2. Hrsg. von Rolf Tiedemann und Hermann Schweppenhäuser. Frankfurt a. M. 1974, S. 431–469, hier: S. 463.

und heftet sich, zunächst unbemerkt, an die weiteren im Gespräch behandelten Themen und Texte.

Vor allem ist die pathische Qualität der Episode durch Müllers Erzählweise geprägt. Müller beginnt aus der Distanz mit der Erwähnung des Mediums: »Es gibt einen Brief von Nietzsche«. Dass Müller vorgibt, über den Adressaten nicht ganz sicher zu sein – »ich glaube, an Peter Gast« –, lässt sich nach der antiken Rhetoriklehre als Pathos-Strategie betrachten. In der *dubitatio* »[sucht] der Redner die Glaubwürdigkeit *(fides veritatis)* seines eigenen Standpunktes […] durch die gespielte rednerische Hilflosigkeit [zu kräftigen] […]«.[23]

Auf den vagen Quellenhinweis folgen erzählte Rede und indirekte Rede im Indikativ, die Nietzsche naherücken: »Er hat die Nachricht gelesen über den Brand im Haus von Mommsen und er sagt sehr prononciert, er kann den Mommsen eigentlich nicht ausstehen, mag nicht, wie der und was der schreibt.« Nach Kluges vorauseilender Unterbrechung (»Jetzt kommt der verbrannt zurück.«) wendet sich die erzählte Rede zu einem verbalen und gestischen Vor-Augen-Stellen des brennenden Mommsen, das die mehrfache Vermittlung – Müller liest Nietzsche, der an Gast schreibt, wovon er in der Zeitung gelesen hat – im brisantesten Moment weitestmöglich aufhebt: »die Haare brennen, und er hat Wunden überall.« Das Vor-Augen-Stellen *(evidentia, enárgeia)* ist in der antiken Rhetorik eine wichtige Strategie des *movere*, der affektiven Bewegung des Publikums.[24] Müller verwendet eine ganze Reihe typischer Strategien der *evidentia*, etwa die Detaillierung des Geschehens, die genaue Verhaltensbeschreibung und das Erzählen im Präsens; Kluges Einwurf ließe sich als *percursio* betrachten, als kurzes, Details aussparendes Resümée, das der *evidentia* entgegensteht.[25]

---

23  Lausberg (1990), S. 383 (§766).

24  Vgl. ebd., S. 399–407 (§810–819). Als Mittel der Pathoserregung kann die evidentia als »pathosentsprechende Darstellung wirklich pathoserregender Gegebenheiten« Strategien wie die »Vorführung von Realien« und der »Vorführung gemalter Bilder« ersetzen. Ebd., S. 143 (§257.3)

25  Vgl. ebd., S. 170, 404 u. 435 f. (§299, 813 u. 881).

Nach der mimetischen Darstellung der Branderfahrung Mommsens springt Müller unmittelbar zurück zu Nietzsches Bericht, der nun ebenfalls gestisch unterstützt wird: »– um Manuskripte zu retten und Bücher zu retten *(Geste des Einholens von Gegenständen mit den Armen und Händen)*. Und dann sagt er, dass *(mehrmaliges Räuspern)* er f-fast weinen muß, wenn er sich das vorstellt *(deutet mit den Handflächen wieder an den eigenen Kopf)*.«

Müller kommt hier Nietzsche und Mommsen gleichermaßen nahe; die Branderfahrung Mommsens erfährt die gleiche gestische Übersetzung wie die emotionale Reaktion Nietzsches auf den Zeitungsartikel über Mommsen. Der rhetorische Anlauf, mit dem Nietzsches Frage eingeführt wird, zieht nochmals etwas Distanz ein: »Und dann kommt die tolle Frage, ein Fragesatz: Ist das Mitleid?«, bevor die deutliche Wertung und das Lachen Müllers Rede auf dem Ton einer unerklärt bleibenden Faszination schließen: »Diese Angst vor Mitleid. *(lacht)* Das ist ganz toll in dem Brief.«

Mehr wegen als trotz der Verschränkung von Nähe und Distanz in der Wiedergabe der Briefstelle schlüge ein Pathosmessgerät am Ende von Müllers Part weit nach oben aus. Kluge muss ausgleichen. Sein Einsatz »Es ist nicht Mitleid, sondern es ist Gewinnsucht [...] Er hätte gerne den vierten Band« ist als Witz strukturiert und hat für den Zuschauer oder Leser womöglich auch für einen Moment diesen Effekt.[26] Dass Müller zunächst gegen Kluges Einwand auf der Mitleidsthematik beharrt und die Frage auch nochmals gestisch umsetzt, zeugt vom affektiven Rest der Nietzsche-Episode. Auch Müllers Stammeln und Lachen, bei denen es sich eigentlich um Pathoskiller handeln müsste, erzeugen hier Pathos, da sie das Vor-Augen-Stellen der Erfahrung Mommsens und Nietzsches gegenüber Kluges resümierender Kühle verteidigen.

Kluges Widerspruch kommt auch aus dem Nietzsche-Brief. Einige Wochen vor der Gesprächsaufzeichnung erscheint Müllers Langgedicht »Mommsens Block«, das die Briefstelle als Zitat enthält. Das Gedicht

---

26 Auch dieser Einwurf Kluges ließe sich als Form der *percursio* beschreiben, die Müllers *evidentia* durchkreuzt.

wird weder von Kluge noch von Müller erwähnt, bildet aber offensichtlich einen Gesprächsanlass. Den Brief hat Müller der Einleitung
Alexander Demandts zu den 1992 erstmals herausgegebenen Vorlesungs-
mitschriften Theodor Mommsens zur römischen Kaisergeschichte ent-
nommen, demjenigen Teil von Mommsens römischer Geschichtsschreibung, der als nichtgeschriebener IV. Band des Großwerks gilt.[27] Dem
scheinbar akzidentiellen Gesprächsverlauf unterliegt ein philologisches
Kalkül. Die Stelle aus Nietzsches Brief an Peter Gast (d. i. Heinrich Kö-
selitz) vom 18. Juli 1880 lautet wie folgt:

> Haben Sie von dem Brande von Mommsen's Hause gelesen? Und daß seine
> Excerpten vernichtet sind, die mächtigsten Vorarbeiten, die viel<leicht> ein
> jetzt lebender Gelehrter gemacht hat? Er soll immer wieder in die Flamme
> hineingestürzt sein, und man mußte endlich gegen ihn, den mit Brand-
> wunden bedeckten, Gewalt anwenden. Solche Unternehmungen wie die
> M<ommsen>'s müssen sehr selten sein, weil ein ungeheures Gedächtniß
> und ein entsprechender Scharfsinn in der Kritik und Ordnung eines solchen
> Materials selten zusammenkommen, vielmehr gegen einander zu arbeiten
> pflegen. – Als ich die Geschichte hörte, drehte sich mir das Herz im Leibe
> um, und noch jetzt leide ich physisch, wenn ich dran denke. Ist das Mitleid?
> Aber was geht mich M<ommsen> an? Ich bin ihm gar nicht gewogen. –[28]

Ein Abgleich zwischen Brief und Dialog zeigt, dass Kluge und Müller jeweils eine Seite der affektiven Spannung des Briefes einnehmen.
Nietzsches Affektbekundung steht genau zwischen der philologischen

---

27  Müllers Gedicht besteht fast ausschließlich aus einer Montage aus Teilen der Ein-
    leitung Demandts und der Erinnerungen von Mommsens Tochter Adelheid (die
    auch in die Erzählung der Brand-Episode bei Kluge eingegangen sind). Theodor
    Mommsen: Römische Kaisergeschichte. Nach den Vorlesungsmitschriften von Se-
    bastian und Paul Hensel 1882/86. Hrsg. von Alexander und Barbara Demandt. Mün-
    chen 1992. Adelheid Mommsen: Mein Vater. Erinnerungen an Theodor Mommsen.
    München 1992.
28  Friedrich Nietzsche: Briefwechsel. Kritische Gesamtausgabe. Hrsg. von Giorgio Col-
    li und Mazzino Montinari. Bd. III.1 (Briefe von Nietzsche, 1880–1884). Berlin/New
    York 1981, S. 29.

Sorge, die Kluge interessiert, und der Mitleidsfrage, auf der Müller zu beharren versucht. (»Mommsens Block« enthält beides.) Damit thematisieren Müller und Kluge auch jeweils unterschiedliche Aspekte der Geschichtsschreibung. Kluge fragt nach den Quellen, Müller nach dem Erfahrungsbezug. In der Kombination ergibt sich eine geteilte Geschichtsphilosophie, die der Nietzsches nahesteht: »Ein historisches Phänomen, rein und vollständig erkannt und in ein Erkenntnisphänomen aufgelöst, ist für den, der es erkannt hat, todt.«, heißt es in *Vom Nutzen und Nachtheil der Historie für das Leben* (1874).[29] Der Lebensbezug, das pathische Angegangensein, ist ausschlaggebend. Weder die »monumentalische« Geschichtsschreibung, die einen guten Teil der Geschichte vergisst, noch die von ›Altgier‹ (auch diese Formulierung stammt von Nietzsche[30]) getriebene »antiquarische« vermag aber den Lebensbezug herzustellen; notwendig ist die Verbindung mit einer »kritische[n]« Geschichtsschreibung.[31] Das gehört zum Hintergrund der politisch-ästhetischen Geschichtspraxis, die Kluge und Müller gemeinsam entwerfen.

## II. »Senecas Tod«

Im Gespräch »Der Tod des Seneca« treffen philosophisch-philologischer Dialog und Lyrik aufeinander – implizit durch »Mommsens Block« und explizit durch das im Herbst 1992 entstandene Gedicht »Senecas Tod«,

---

29  Friedrich Nietzsche: Unzeitgemässe Betrachtungen. Zweites Stück: Vom Nutzen und Nachtheil der Historie für das Leben [1874]. In: Ders.: Werke. Kritische Gesamtausgabe. Hrsg. von Giorgio Colli und Mazzino Montinari. Bd. III.1 (Die Geburt der Tragödie, Unzeitgemäße Betrachtungen I-III, 1872–1874). Berlin/New York 1972, S. 239–330, hier: S. 253.

30  Nietzsche schreibt zur »blinden Sammelwuth« und zum »rastlosen Zusammenscharre[n] alles einmal Dagewesenen«: »Der Mensch hüllt sich in Moderduft; es gelingt ihm selbst eine bedeutendere Anlage, ein edleres Bedürfniss durch die antiquarische Manier zu unersättlicher Neubegier, richtiger Alt- und Allbegier herabzustimmen; oftmals sinkt er so tief, dass er zuletzt mit jeder Kost zufrieden ist und mit Lust selbst den Staub bibliographischer Quisquilien frisst.« Ebd., S. 264.

31  Ebd., S. 254, 265, 267, 274.

das Müller am Ende der Aufzeichnung rezitiert. Müller, auch nach eige-
nem Bekunden, noch wenn er Erzählprosa und Gedichte schreibt, ein
genuin dramatischer Autor, scheint Anfang der 1990er Jahre in der Lyrik
und in den vielen (nicht nur mit Kluge geführten) Interviews Surrogate
für die Praxis des Stückeschreibens zu finden, die in der Nachwende-
zeit fast stillsteht. Das Fehlen der ›eigentlichen‹ Gattung klingt aus den
Gedichten heraus; es steckt in ihrem Pathos, in ihrem Verweis auf die
Subjektivität und Einsamkeit des Sprechers. Das Theater kann den Stoff
auf mehrere Figuren und auf einen Raum mit einem Publikum aufteilen
und hat so wirksame Techniken, um mit Erfahrungsdruck umzugehen.
Müllers Gedichte besingen den Mangel, den die Abwesenheit des The-
aters erzeugt.

Die Gespräche mit Kluge bieten einen Ort, die Gedichte zu rezi-
tieren und eröffnen einen Raum, in dem sich diese Lücke poetologisch
reflektieren lässt. Keinesfalls geht es darum, die Gedichte zu erklären.
Das Gespräch »Der Tod des Seneca« lässt sich als poetologische Zerstreuung des historisch-poetischen Stoffes aus »Mommsens Block« betrachten: »Die Frage warum der große Geschichtsschreiber / Den vierten Band seiner RÖMISCHEN GESCHICHTE / Den lang erwarteten
über die Kaiserzeit / Nicht geschrieben hat […]«[32]; das Verhältnis von
Geschichtsschreibung und Erfahrung, von Philologie und Erfahrung;
die Materialgier des Philologen und sein Ekel vor dem Material.[33]

---

32  Heiner Müller: Mommsens Block. In: Ders.: Warten auf der Gegenschräge. Gesam-
    melte Gedichte. Hrsg. von Kristin Schulz. Berlin 2014, S. 165–171, hier: S. 165 [zuerst
    1993 in: Drucksache 1 (Berliner Ensemble), S. 1–9].

33  Am Ende des Gedichts heißt es, an Mommsen adressiert: »Gestern beim Essen in
    einem Nobelrestaurant / In der wiederbereinigten Hauptstadt Berlin / Blätterte
    ich in den Mitschriften Ihrer Kollegs / Über die Römische Kaiserzeit frisch vom
    Buchmarkt / zwei Helden der Neuzeit speisten am Nebentisch / Lemuren des Kapi-
    tals Wechsler und Händler / Und als ich ihrem Dialog zuhörte gierig / Nach Futter
    für meinen Ekel am Heute und Hier: / ›Diese vier Millionen / Müssen sofort zu
    uns // Aber das geht nicht // Aber das fällt garnicht auf […]‹ / Tierlaute Wer wollte
    das aufschreiben / Mit Leidenschaft Haß lohnt nicht Verachtung läuft leer / Verstand
    ich zum erstenmal Ihre Schreibhemmung / Genosse Professor vor der römischen
    Kaiserzeit / Der bekanntlich glücklichen unter Nero / Wissend der ungeschriebne
    Text ist eine Wunde / Aus der das Blut geht das kein Nachruhm stillt / […]«. Ebd.,
    S. 170f.

Poetisch eingesammelt wird der über das Gespräch mit Kluge ver-
sprengte Stoff wiederum in Müllers Rezitation von »Senecas Tod«:

Was dachte Seneca (und sagte es nicht)
Als der Hauptmann von Neros Leibwache stumm
Das Todesurteil aus dem Brustpanzer zog
[...]
Und als er sich die Adern öffnen ließ
An den Armen zunächst und seiner Frau
Die seinen Tod nicht überleben wollte
Mit einem Schnitt Von einem Sklaven wahrscheinlich
[...]
Was dachte Seneca (und sagte es nicht)
Während das Blut zu langsam seinen zu alten
Körper verließ und der Sklave gehorsam dem Herrn
Auch noch die Beinadern und Kniekehlen aufschlug
Gewisper mit ausgetrockneten Stimmbändern
MEINE SCHMERZEN SIND MEIN EIGENTUM
[...]
Was dachte Seneca (und sagte es nicht)
Zwischen den Buchstaben seines letzten Diktats
[...]
Was dachte Seneca (sprachlos endlich)
Als er dem Tod entgegenging im Dampfbad
Während die Luft vor seinen Augen tanzte
Die Terrasse verdunkelt von wirrem Flügelschlag
Nicht von Engeln wahrscheinlich auch der Tod
Ist kein Engel im Säulengeflimmer beim Widersehn
Mit dem ersten Grashalm den er gesehen hatte
Auf einer Wiese bei Cordoba hoch wie kein Baum[34]

---

34  Heiner Müller: Senecas Tod. In: Ders.: Warten auf der Gegenschräge. Gesammelte
Gedichte. Hrsg. von Kristin Schulz. Berlin 2014, S. 155f. [zuerst 1993 in: FAZ
20.1.1993, S. 27].

Müllers Rezitation ist, im landläufigen Sinne des Wortes, voller Pathos. »Wie kommst du da auf Cordoba?«, ist Kluges einziger Kommentar auf »Senecas Tod«, eine Frage, die in ihrer, freilich kalkulierten, Naivität klingt, als wäre sie an einen Gelegenheitsdichter gerichtet[35] und auf eine feine Komik in dem Gedicht aufmerksam macht.

Kluge kennt Müllers Vorlage aus den *Annalen* des Tacitus, die auch einen komischen Zug im Nicht-Sterben-Können des Stoikers ausspielt – auch wenn die Schilderung vom Selbstmord Senecas die ernsteste in einer ganzen Reihe komischer und in der Häufung immer komischer werdender Tötungsszenen im XV. Buch der *Annalen* ist.[36] Nachdem Seneca einem Giftanschlag zunächst noch entgehen kann, wird er zum Selbstmord gedrängt. Er lässt sich die Adern an den Armen aufschlitzen; zu seiner Freude will seine Frau Paulina ihn in stoischer Verbundenheit begleiten; beide teilen sich einen Schnitt. Da seine Adern altersschwach sind, lässt sich Seneca auch noch die Kniekehlen öffnen; um Paulina den Anblick seines langsamen Leidens zu ersparen, schickt er sie ins Nebenzimmer – sie wird gerettet. Ohne es zu wissen, stirbt Seneca doch allein; der Text stellt längere Überlegungen zur Frage an, ob das Paulina nicht vielleicht am Ende doch zupasskommt. »Seneca interim«, heißt es anschließend, erinnernd an den noch immer viel zu langsam ausblutenden Philosophen, »durante tractu et lentitudine mortis [...] orat provisum pridem venenum«.[37] Das Gift kommt zu spät; die Glieder sind ausgetrocknet, zum Sterben aber noch nicht trocken genug. Nur für Beckett-Figuren läuft es schlechter. Auch dass Seneca in heißes Wasser steigt, bringt nicht den Durchbruch. Die Erlösung wartet im Dampfbad; dort geht alles ganz schnell. Selbst für die Leichenverbrennung verbraucht Tacitus keinen neuen Satz; das finale Verb hat alles in der

---

35  Müller geht in entsprechender Weise darauf ein: »Weil er da geboren wurde. Seneca war Spanier.«

36  P. Cornelius Tacitus: Annalen. Lateinisch – Deutsch. Hrsg. von Erich Heller, (Buch XV, Abschnitte 45 u. 60–64). 6. Aufl. Mannheim 2010, S. 750 f. u. S. 768–775.

37  Ebd., S. 774 (XV, 64.3). »Inzwischen bat Seneca, da sich das Sterben noch weiter hinzog und nur langsam vor sich ging [...], das längst vorbereitete Gift zu holen [...].« Ebd., S. 775.

Schlinge: »exim balneo inlatus et vapore eius axanimus sine ullo funeris sollemni crematur.«[38] So schreibt erst wieder Daniil Charms.

Müllers Gedicht ist deshalb so pathetisch, weil es nach den Leerstellen bei Tacitus fragt, den durch die Lakonie erzeugten Schnitten, die die Unerträglichkeit des Leidens (und auch das mit Mommsen geteilte Nichtertragen der Kaiserzeit) zum Ursprung haben. Nach diesen Lücken zu fragen, heißt, den pathischen Ursprung von Stoizismus und Lakonie offenzulegen. Damit ist Müllers eigener Text von Lakoniearmut betroffen. Ist das ›Pathos der Distanz‹ selbst Gegenstand des Gedichts, droht ihm die Distanz abhanden zu kommen.

Hans-Thies Lehmann hat auf die Bedeutung der Klammern für das Gedicht aufmerksam gemacht, die »die Grenze des Sagens selbst, das Nicht-Sagen als Nicht-Sagen-Können ebenso wie als Nicht-Sagen-Wollen«[39] bezeugen. Abgesteckt ist damit ein Raum starker Affekte, von Schuld, Angst, Scham und zugleich ein Raum des Gestischen, den Giorgio Agamben als Raum des »*gag* im eigentlichen Sinne des Wortes« ausgemacht hat, »ein Knebel im Mund, der am Sprechen hindert«.[40]

In der Rezitation finden die Klammern keinen Ausdruck; auch übernimmt Kluge sie nicht in die Druckfassung. Die Bewegung, die Lehmann an die Klammern knüpft, steckt aber auch in der grammatikalischen Struktur der Refrainverse. »Was dachte Seneca (und sagte es nicht)« weist im leerlaufenden, nur wieder in die Frage auflösbaren Pronomen ein Störmoment auf. Dafür, dass seine Referenz allein im Raum der unbeantwortbaren Frage liegt, hat das ›es‹ einen viel zu konkreten Beiklang. In der Wiederholung bekommt das kleine grammatikalische Stolpern eine beinahe körperliche Dimension.

---

38  Ebd., S. 774 (XV, 64.4). »Dann in das Dampfbad gebracht und in dessen Qualm erstickt, wurde er ohne jede Leichenfeier verbrannt.« Ebd., S. 775.

39  Hans-Thies Lehmann: Sprachtheater. Zu *Senecas Tod* von Heiner Müller. In: Theatrographie. Heiner Müllers Theater der Schrift. Hrsg. von Günther Heeg und Theo Giershausen. Berlin 2009, S. 50–59, hier: S. 57.

40  Giorgio Agamben: Noten zur Geste. Übers. von Elisabetta Fontana-Hentschel. In: Postmoderne und Politik. Hrsg. von Jutta Georg-Lauer. Tübingen 1992, S. 97–107, hier: S. 103 f.

## III. »Wer raucht, sieht kaltblütig aus«

Eines der berühmtesten Gespräche zwischen Müller und Kluge trägt den Titel »Rendezvous mit dem Tod« und wurde kurz nach Müllers Speiseröhrenoperation im Februar 1995 geführt. Kluge hat es an den Anfang des zweiten Gesprächsbands *Ich bin ein Landvermesser* gesetzt und so einen gespenstischen Zusammenhang mit »Der Tod des Seneca« hergestellt. Das im April 1993 gesendete Seneca-Gespräch hatte folgender Lauftext eingeleitet: »Heiner Müller hat, für den Fall seines Todes, ein Gedicht hinterlegt: *Der Tod des Seneca*«. Knapp zwei Jahre später ist der Tod Müller nahe gerückt; das »Was dachte Seneca (und sagte es nicht)« findet einen gekeuchten Nachhall in Müllers eigener Stimmlosigkeit.

Das Gespräch, das als »Erfahrungsbericht« angekündigt wird und zwei Gedichtrezitationen enthält, führt Müller auf einer Stimmlippe; die andere ist durch die Operation gelähmt, die von Kluge zunächst als Militäreinsatz beschrieben wird, bevor Müller aus ihrem Verlauf eine ästhetische Theorie entwickelt:

K:    Und jetzt, wie geht das am Morgen vor sich? Also Du wachst auf, ja? Es ist ja nun wirklich ein Morgen … also ein Morgen vor der Schlacht, wenn man so will. Wie heißt es hier [in einem Gedicht Müllers]: ›Das Schlachtfeld ist vermessen.‹

M:    Im Grunde ist der ganze Körper […][41] rasiert worden. Für diese Operation wird eigentlich der ganze Körper gebraucht, also die ganze vordere Fläche. Und – dann wirst du hingefahren, natürlich.

K:    Obwohl die ja im Grunde schon motorisiert und mit Automatiken auch operieren. Das heißt, sie müssen nicht alles mehr aufmachen, sondern sie können auch sozusagen im Untergrund … ja, nicht?

M:    Wenig, wenig.

K:    Wenig. Ja.

M:    Es gibt da einen –

---

41    Müller benutzt an der Stelle ein schwer verstehbares Adjektiv (etwa: ›operal‹). Kluge transkribiert ›oberhalb‹.

K:  Ist doch das alte Schlachtermesser?

M:  Doch, schon. So einen Querschnitt durch den Körper. Und … dann einen … senkrechten Schnitt, und dann gibt es hier noch einen Schnitt am Hals, damit man durchgreifen kann –

K:  Und dann von zwei Seiten –

M:  – und den, den Magen hochziehen. Soviel ich weiß, hat die Operation sechs oder sieben Stunden gedauert, es arbeiten vier Chirurgen gleichzeitig an dir. Interessant fand ich die Terminologie, das habe ich aber hinterher erst gehört. Ich hab einen der Ärzte, die dabei waren, gefragt, nach dem Verlauf der Operation. Und er sagte: Ja, zunächst also diese Schnitte, und dann, dann … stellen wir den Magen dar. Dieses Vokabular ist interessant: die *Darstellung* des Magens. Das heißt, es wird alles weggeschnitten, was *(lacht)* die Sicht auf den Magen behindert. Das heißt darstellen. Das hat mich so an Liebermann erinnert: ›Zeichnen heißt weglassen.‹ Das ist durchaus –

K:  Das ist ja eine Kunst, im Grunde.

M:  Das ist eine Kunst, ja.[42]

Vor dem Hintergrund der vorherigen Gespräche wird hier die Lakonie ins Bild gefasst. Sie ist die sprachliche Ausdrucksform für Müllers Erfahrungsbeschreibung und hat, am eigenen Körper, eine körperliche Form gefunden: das ›Weglassen‹, wie es lakonisch heißt, um der im buchstäblichen Sinne einschneidenden somatischen Erfahrung zu einem adäquaten Ausdruck zu verhelfen.

Ein nichtsprachliches Zeichen zieht sich durch die Sendungen, dessen Bedeutung für den Ausdruck von Erfahrung in einem späten Gespräch an die Oberfläche tritt: Müllers Rauchen, das er, mit ärztlichem Einverständnis, auch nach der Operation beibehält. In dem kurz nach Müllers Tod gesendeten Gespräch »Wer raucht, sieht kaltblütig aus« fragt Kluge, was für Müller das Rauchen sei:

---

42 »Mein Rendezvous mit dem Tod«. DCTP-Sendung *10 vor 11*, 20.2.1995.

Du es ist einmal ein … ein Genuss, hm? Es schmeckt gut *(leichtes La-chen)*. […] Und … wahrscheinlich ist es ein … ein Vehikel … für die Stoa … wenn man raucht – es gibt bei Brecht im *Ui* so einen Satz: ›Wer raucht, sieht kaltblütig aus.‹ Und … ›wer raucht, wird kaltblütig‹ *(nickt während des Satzes)*. Vielleicht ist es das *(leichtes Lachen)*. Weil du hast irgendwie … eine … schließt dich kurz mit deiner … *(Geste eines Kreislaufs mit den Händen)* Sexualität … wenn du rauchst. Besonders Zigarren. Zigaretten … könnt' ich wenig damit anfangen.[43]

Kluge setzt in der Druckfassung des Gesprächs eine erläuternde Fuß-note zur Stoa: »Römische Denkschule, zu der auch Seneca gehört. Das Lebensideal dieser Schule: Kaltblütigkeit, unerschütterliche Ruhe, Über-leben im Absurden.«[44] Müllers Bezugnahme auf die Stoa führt aber wei-ter und umfasst nicht nur die Handlungsmaximen der Kaltblütigkeit, auf die sich die Stoa spätestens seit der Renaissance verdichtet, sondern denkt die stoische Philosophie mit, zu der eine somatische Auffassung von Körper und Seele gehört. Alles, was wirkt und Einwirkungen auf-nimmt, ist demnach körperlich.[45] Werden Affekte als physische Eindrü-cke auf den Körper gefasst, werden sie für eine stoische Kunst zum Ma-terial, das zur Bearbeitung aufgegeben ist.

Zum Hintergrund der Gespräche gehört auch der Stillstand von Müllers Praxis als Stückeschreiber und die Zerfaserung seiner Arbeit als Regisseur und Intendant in einer Vielzahl an Projekten, Orten und Kon-flikten.[46] Lessing galt »[a]lles Stoische« als »untheatralisch«, da sich kein Mitleid daran binden lässt.[47] Die Dramen Senecas hatten zu ihrer Zeit kein Theater und sind vielleicht, gerade weil der ›Erfahrungsdruck‹, der

---

43    »Wer raucht, sieht kaltblütig aus«. DCTP-Sendung *Primetime Sonderausgabe*, 21.1. 1996.

44    Kluge/Müller (1996b), S. 91.

45    Vgl. Stefan Dienstbeck: Die Theologie der Stoa. Berlin/Boston 2015, S. 81–83.

46    Vgl. Jan-Christoph Hauschild: Heiner Müller oder das Prinzip Zweifel. Eine Biogra-phie. Berlin 2001, S. 456–519.

47    Gotthold Ephraim Lessing: Laokoon: oder über die Grenzen der Malerei und Poesie [1766]. In: Ders.: Werke und Briefe in zwölf Bänden. Bd. 5/2 Werke 1766–1769. Hrsg. von Wilfried Barner. Frankfurt a. M. 1990, S. 21.

sie hervorgebracht hat, keinen körperlichen Ausgleich finden konnte, so »pathetische Werke«[48].

Die Fernsehgespräche, für die die gemeinsame körperliche Präsenz ausschlaggebend ist, bieten einen Raum zur gemeinsamen Affektbearbeitung. Dass Kluges Körper meist nur durch seine Stimme hervortritt, während Müllers (Ober-)Körper von der Kamera gezeigt wird, erzeugt einen Sog des Nicht-Sichtbaren, der durch den Rauch von Müllers Zigarre auch physisch ins Bild tritt.[49] Kluges Fernsehen entwirft dabei eine Kunstform, die einen melancholischen Zug in der Stoa vor Augen führt: In ihrer Materialfülle, Assoziativität und Multiperspektivität, in ihrer komplex verschränkten Vielfalt sprachlicher und gestischer Zeichen eines sichtbaren und eines unsichtbaren Körpers fordern die Gespräche die vom Fernmedium eingezogene Distanz heraus, wiederholen aber zugleich die von Senecas Dramen über die Geschichtsschreibung Tacitus' und Mommsens bis zu Nietzsches Briefen geteilte Melancholie, die sich vom Fehlen eines Mediums zur kollektiven Bearbeitung von Erfahrung nährt.

---

48  »Das sind dramatische Werke, pathetische Werke?« fragt Kluge über Senecas Literatur. Kluge/Müller (1996a), S. 19.

49  Insgesamt ist Kluge in den Gesprächen mit Müller stärker präsent als dies mit vielen anderen Gästen der Fall ist; in einigen Sendungen ist er mit im Bild.

# Schlingensiefs ambivalentes Spiel mit Pathos

*Helen Roth*

Ich bin ja auch extrem pathetisch, ich bin hochromantisch, ich bin extrem eifersüchtig – und selbstverliebt. Ich bin alles, was mit Peinlichkeit zu tun hat. Ich bin eben kein Zyniker im modernen Sinne. Meinen Aktionen und dem, was da passiert ist, ist eine Selbstbeschädigung inbegriffen. Selbstzweifel auch. Und Selbstdemontage sowieso.[1]

Diese facettenreiche wie kontroverse Aussage über sich selbst und die selbstkritische Bewertung seiner Arbeit trifft der 2010 verstorbene Regisseur und Aktionskünstler Christoph Schlingensief in einem Interview mit Robert Buchschwenter während seiner aufsehenerregenden Container-Aktion im Jahr 2000 in Wien.[2] Es offenbart, welch ambivalentes Verhältnis der durchaus als egozentrisch zu bezeichnende Künstler zum Pathos pflegte. Schlingensief mangelt es in so manchem Augenblick seiner Inszenierungen nicht an der Hybris, die gelebte Utopie ist nahezu eine ständige Forderung – auch über seinen Tod hinaus, wie das Operndorf in Burkina Faso zeigt. Und doch ist er auch ein ewiger Zweifler und kritischer Beobachter, gerade auch seiner eigenen Arbeiten. In diesem Spannungsverhältnis entwickelt er einen eigenen Pathosbegriff, der mal entlarvend, mal mobilisierend funktioniert. Oft bleibt die Unsicherheit bestehen, ob eine wirkungsvolle Geste oder peinlicher Kitsch dargeboten wird. Der Akt des Pathos steht somit auf dem Prüfstand.

---

1  Christoph Schlingensief: Ich weiß, ich war's. Hrsg. von Aino Laberenz. Köln 2012, S. 104.

2  Im Rahmen der Wiener Festwochen 2000 veranstaltet Christoph Schlingensief die Container-Aktion *Bitte liebt Österreich – Erste Österreichische Koalitionswoche*. Die FPÖ-kritische Kunstaktion führt zu großen Kontroversen.

Die Selbstinszenierung der eigenen Person stellt Dreh- und Angel-punkt im themenreichen und transmedialen Werk des Künstlers dar. Er fungiert gewissermaßen als Schnittstelle zwischen Kunst und Wirk-lichkeit, denn wo die reale, »private« Person aufhört und die Inszenie-rung des Künstlers anfängt, wird zusehends undurchschaubarer. Diesem avantgardistischen Prinzip folgen auch seine Inszenierungen und Aktio-nen. All seine Arbeiten beschäftigen sich mit der Bedeutung der Kunst in der Gesellschaft, genauer: wie Kunst für ein gelingendes Leben wirk-sam wird. Zunehmend erfüllt er die zentrale Forderung der Avantgarde nach Verschmelzung respektive Überführung von Kunst in bzw. und Leben. Bei seinen Installationen im öffentlichen Raum können sich sei-ne ZuschauerInnen nie sicher sein, ob sie sich mit einer realen oder in-szenierten Handlung konfrontiert sehen, denn der eigenwillige Künstler agiert einerseits in realen Situationen mitten im öffentlichen Raum, an-dererseits holt er die Realität auf die Theaterbühne. Dies geschieht etwa, wenn Schlingensief LaiendarstellerInnen in seine Arbeiten integriert, die keine Rolle verkörpern, sondern einfach sie selbst sind. Vornehm-lich sind diese Personen Randständige der Gesellschaft, wie etwa Behin-derte, sozial Benachteiligte, AusländerInnen oder Prominente. Durch Maßnahmen wie diese versucht er seinen Grundsatz zu vermitteln: »Ich will das Leben überzeugen, dass es zum großen Teil inszeniert ist, und das Theater, dass es ohne das Leben überhaupt nicht auskommt.«[3] Um seinen Anspruch in die Tat umzusetzen, stellt er sich sowohl unverhoh-len gegenüber dem Publikum als auch, wie der vorliegende Text noch erörtern wird, gegenüber sich selbst in seinen Arbeiten als Projektions-fläche zur Verfügung. Zur Selbstinszenierung der eigenen Person findet häufig eine pathetische Aufladung statt. So stilisiert er sich etwa zum Heilsverkünder, zum armen Sünder und zum Propheten sowie Visionär. Mit heiligem Ernst gedenkt Schlingensief die Welt zum Positiven hin

---

3   Christoph Schlingensief: Wir sind zwar nicht gut, aber wir sind da. Aufgezeichnet nach einem Gespräch mit Christoph Schlingensief von Julia Lochte und Wilfried Schulz. In: Schlingensief! Notruf für Deutschland. Über die Mission, das Theater und die Welt des Christoph Schlingensief. Hrsg. von Julia Lochte und Wilfried Schulz. Hamburg 1998, S. 12–39, hier: S. 14.

zu verändern. Jedoch wohnt seinem Spiel immer etwas Schelmenhaftes inne. Stets folgt auf die ästhetisch-übersteigerte Selbstbehauptung ein ironisierendes Moment. Durch diesen Bruch gelingt ihm eine tiefere Vermittlung einer existentiellen Erfahrung über Spiel und Wirklichkeit, also über Schein und Sein und somit über das Leben selbst. Die vorliegende Analyse startet den Versuch, sich Schlingensiefs Pathosgebrauch auf zweierlei Weise zu nähern. Der erste Teil der Abhandlung widmet sich, am Beispiel der Container-Aktion, Schlingensiefs Vorführung von politischem Pathos. Der zweite Teil gibt einen Einblick in die Wandlung der Pathos-Darstellung, die sich mit Schlingensiefs Krebserkrankung und deren Ästhetisierung im öffentlichen Diskurs vollzieht.

## Wie ein Krisenexperiment die Symbiose zwischen Pathos und PR ausstellt, um sie letztlich als Herrschaftsmittel zu entlarven

Innerhalb der Wiener Festwochen spielt Schlingensief in *Bitte liebt Österreich – Erste Österreichische Koalitionswoche* die Zielsetzung der FPÖ, die mit ihrem 1999 geführten »Ausländer raus«-Wahlkampf zweitstärkste Partei Österreichs und letztlich in Koalition mit der ÖVP sogar Regierungspartei wird, durch. 12 Asylbewerber aus verschiedenen Nationen stammend, den Aussagen des Künstlers zufolge tatsächlich alle in schwebenden Asylverfahren, verbringen 7 Tage in einem kameraüberwachten Container. Die bizarre Installation befindet sich dank glücklicher Zufälle an keinem geringeren Ort als auf dem altehrwürdigen Herbert-von-Karajan-Platz, im ersten Wiener Gemeindebezirk, direkt vor der Wiener Oper. Damit steht die kleine Container-Stadt mitten im Herzen Wiens und nahezu jeder Tourist und jede Besucherin der Stadt werden unfreiwillig mit der Ausländerfeindlichkeit der FPÖ konfrontiert. Das große Schild, das auf dem Dach des Containers steht, auf dem in schwarzen, fetten Lettern »Ausländer raus!« zu lesen ist, lässt daran keinen Zweifel. Die Aufnahmen aus dem Container werden wiederrum live ins Internet übertragen und sind damit weltweit zugänglich. Per Anruf oder SMS kann somit jeder an der täglichen Abstimmung teilnehmen, welcher Asylanwärter diesmal den Container und damit Österreich verlassen soll. Als prominente Gäste erscheinen unter anderem die österreichische Schriftstellerin Elfriede Jelinek, der Politiker Gregor Gysi und der Visionär Daniel Cohn-Benedikt, einst Sprecher der französischen Studentenbewegung 1968, auf dem Areal. Jörg Haider, damaliger Vorsitzender der FPÖ, ist, trotz mehrfacher Einladung, nicht dazu bereit, an dem Spiel mit der Wirklichkeit teilzunehmen.

In seiner an dem Medienspektakel *Big Brother* angelehnten »Bilder-Störungsmaschine«[4] gelingt es Schlingensief, generierte Bilder von der gesellschaftlichen Lage Österreichs zu zeigen, die ein »Mehr an Sichtbarem«[5] offenbart. Durch die Konzentration auf einen Container wird nicht nur aufgedeckt, dass ein Alltagsrassismus, wie ihn Haider und seine Gefolgsleute pflegen, 2000 wieder regierungsfähig wird – nein, die Container-Aktion ist auch der Einbruch des Performativen in das Reale. Kunst wird hier ganz im Sinne der Avantgardisten als Wirklichkeit betrieben. Der theatrale Täuschungsvertrag, der gewöhnlichem Illusionstheater selbstverständlich innewohnt und besagt, dass die Bühne das Weltgeschehen abbildet, wird in der besagten Wiener Festwoche einerseits ad absurdum getrieben, anderseits funktioniert er in einer Perfektion, sodass Kunst und Wirklichkeit nicht mehr zu unterscheiden sind. In der mittlerweile schon zum Kanon zählenden Studie *Die Ästhetik des Performativen*[6] betont Erika Fischer-Lichte, dass die Unklarheit über den Status der Aktion – Kunst oder Politik? – paradigmatisch für das Performative im Sinne des Überschreitens von Grenzen des Alltäglichen sind. In Wien vollzieht Schlingensief mit Leidenschaft und damit mit großem Pathos den nach André Breton einfachsten surrealistischen Akt:

---

4   Schlingensief (2012), S. 105.
5   Roland Barthes: Die helle Kammer. Bemerkungen zur Photographie. Aus dem Französischen von Dietrich Leube. Frankfurt a.M. 1985, S. 31.
6   Vgl. Erika Lichte-Fischer: Die Ästhetik des Performativen (2009). In: Ästhetik und Gesellschaft. Grundlagentexte aus Soziologie und Kulturwissenschaften. Hrsg. von Andreas Reckwitz, Sophia Prinz et al. Berlin 2015, S. 444–455.

Die einfachste surrealistische Handlung besteht darin, mit Revolvern in den Fäusten auf die Straße zu gehen und blindlings soviel wie möglich in die Menge zu schießen. Wer nicht wenigstens einmal im Leben Lust hat, auf diese Weise mit dem derzeit bestehenden elenden Prinzip der Erniedrigung und Verdummung aufzuräumen – der gehört eindeutig selbst in diese Menge und hat den Wanst ständig in Schußhöhe.[7]

Schlingensief hat, wie er in einem Interview in Paul Poets Film *Ausländer raus! Schlingensiefs Container. Chronik einer Kunstaktion* gesteht, Lust in die anonyme Menge zu schießen,[8] weil er die rassistischen und diskriminierenden Tendenzen, die sich unter dem Deckmantel einer »Politik der starken Hand« verstecken, nicht hinnehmen will. Dieser anarchistische Akt soll gewiss keine Toten fordern, jedoch nimmt er es billigend in Kauf, dass während der Aktion einige verletzt werden, auch wenn sie nicht direkt etwas mit der Ideologie der neuen Koalition zu tun haben wollen. Aber da Wegsehen beziehungsweise das Unterlassen einer Handlung eben auch eine bewusst entschiedene Tat ist, hat er keine Hemmungen, auch sie mit seiner Aktion zu strafen. Das Wehklagen ist noch zu hören, als der Regisseur längst den Schauplatz seines Kampfes gegen das geltende System verlassen hat.

Somit findet in Wien ein ganzheitliches pathetisches Spiel um die Unantastbarkeit der Menschwürde statt. In erster Linie wird natürlich die Würde der Menschen im Container diskutiert – wie kann eine aufgeklärte Gesellschaft es hinnehmen, dass Menschen aufgrund ihrer Herkunft und ihres Status als Flüchtlinge diskriminiert werden? Daneben lässt sich natürlich auch die Frage stellen, ob ein Künstler seine Rezipienten durch das Verwirrspiel mit der Wirklichkeit überhaupt zu Akteuren seiner Inszenierung machen darf, denn schließlich wissen sie nicht, auf welch transmediales Krisenexperiment sie sich einlassen.

---

7   Vgl. André Breton: Die Manifeste des Surrealismus. Deutsch von Ruth Henry. Hrsg. von Burghard König. 12. Auflage. Reinbek bei Hamburg 2009, S. 56.

8   Vgl. Paul Poet: Ausländer raus! Schlingensiefs Container. Chronik einer Kunstaktion. Bonus Film GmbH. D 2002. TC.: 00.46.48–00.47.02.

Augenscheinlich bewegt sich Schlingensief in seiner gewagten Versuchsanordnung auf einen schmalen Grad zwischen dem Pathos von Gestern und Morgen. Das Pathos der Vergangenheit, das ist das Umschlagen von Pathos in Massenmord – nach Dieter Hoffmann-Axthelm das eigentliche Pathos der Moderne.[9] An dieser, euphemistisch gesprochen, entgleisten Form von Pathos arbeitet sich Schlingensief bereits in seiner »Deutschlandtrilogie« ab, die ihm zum Durchbruch als Filmemacher verhilft. Die Reihe besteht aus den Filmen *100 Jahre Adolf Hitler – Die letzte Stunde im Führerbunker* (1989), *Das deutsche Kettensägenmassaker* (1990) und *Terror 2000 – Intensivstation Deutschland* (1992). Im Zentrum stehen Massenbewegung und Hysterie – klare Merkmale der Barbarei, die unter dem Deckmantel der pathetischen Geste vorherrschen. Der Ursprung der Pathosgeste ist die Opferhandlung, die nicht etwa verfehdete Völker, sondern Götter und Menschen versöhnt. Das Urbild hierzu erleben wir etwa in der Kirche, wenn der Sohn Gottes sich zur Tilgung aller Sünden der Menschheit ans Kreuz nageln lässt. Gefährlich wird diese Geste, wenn die staatliche Herrschaft sich als Opfer organisiert.[10] Das revolutionäre Pathos wird beispielsweise bei Hitler auf Reichsparteitagen oder bei Ereignissen wie den Bücherverbrennungen gepflegt. Jedoch wohnt diesen Inszenierungen auch schon das Pathos von Morgen inne, das Hoffmann-Axthelm als den »etwas hilflose(n) Übergang von Pathos in PR«[11] sieht. Dieser Eindruck verstärkt sich, wenn man zudem einen Blick auf die aufwendig gedrehten UFA-Produktionen wie Riefenstahls *Fest der Völker* über die olympischen Spiele 1936 wirft.

Den Ausführungen entsprechend finden sich die Kennzeichen von gestrigem und morgigem Pathos in Schlingensiefs Container-Aktion. An den allabendlichen Abschiebezeremonien spart er nicht mit Pomp und Pathos. In einer blauen Limousine werden Abgeschobene unter weihevollen Worten in eine angeblich ungewisse Zukunft geschickt. Gleich-

---

9  Vgl. Dieter Hoffmann-Axthelm: Pathos und PR. In: Ästhetik und Kommunikation [Pathos, Verdacht und Versprechen] 35 (2004), H. 124., S. 11–20, hier: S. 14. [Im Folgenden abgekürzt als »Pathos, Verdacht und Versprechen«].
10  Vgl. ebd., S. 14f.
11  ebd.

zeitig zieht Schlingensief ganz bewusst von Beginn an die Presse, genauer gesagt die *Kronen-Zeitung*, in sein perfides Spiel mit der Wirklichkeit mit ein. Nicht nur, dass er eine Container-Zeitung täglich herausgibt, die an das Layout der *Krone* erinnert, er deklariert auch schriftlich und mündlich die angebliche Kooperation mit Österreichs größter Tageszeitung. Aus diesem Grund wehen nicht nur die Flaggen der FPÖ auf dem Dach des Containers, nein es prangt auch das Logo der *Kronen-Zeitung* rund um die Installation. Die *Kronen-Zeitung*, die von ihrer Ausrichtung in etwa mit der *BILD-Zeitung* zu vergleichen ist, reagiert wiederum ihrerseits mit einer wenig wertschätzenden Berichterstattung über die Kunstaktion und ihren Schöpfer. So lautet eine Schlagzeile: »Touristen entsetzt, Wiener empört«.[12] Darüber ist die nicht weniger hetzerische Überschrift »Festwochen finanzieren skandalträchtige Schlingensief-Aktion« zu lesen. Die Schlagzeile verweist auch auf die geschickte PR-Strategie im Hinblick auf die Lokation. Der Standpunkt des Containers vor der Wiener Oper ist schlichtweg als ideal zu bezeichnen, ist er doch Knotenpunkt der Hauptstadt Österreichs. Zudem hallen Schlingensiefs Reden dank Megaphon weit über das Gelände.

Trotz dieser stark inszenierten Momente, die zudem nicht selten noch durch Schlingensiefs gezielten Einsatz eine Übersteigerung erfahren, verkommt die Aktion nicht zu falschem Pathos und bloßer Provokation. Denn während er auf der einen Seite die Überführung des Opferkults in Herrschaftstechnik vorführt, realisiert er auch das Pathos des Protestes. Durch dieses erfährt die Opferlogik einen Bruch, denn die Routinehandlung wird angehalten, von Versöhnung abgesehen. Stattdessen werden Schwäche und Menschlichkeit eingeführt.[13] Schlingensief gelingt diese Gratwanderung, indem er sich als Projektionsfläche in der Aktion installiert, die den Rezipienten durch ein widersprüchliches Spiel im Unklaren über seine eigentliche Gesinnung lässt. So heizt er etwa die debattierende Menge vor dem Container an, das Schild »Ausländer

---

12  Kronenzeitung (13.06.). Schlingensiefs Ausländer raus. Bitte liebt Österreich. Hrsg. von Matthias Lilienthal. Frankfurt a.M. 2000, S. 119.

13  Vgl. Hoffmann-Axthelm (2004), S. 11–20, S. 15.

raus!« vom Containerdach zu entfernen, wenn es schon nicht die Regierung Österreich täte. Dagegen installiert er, nachdem Linksaktivisten seinem Ruf gefolgt sind, umgehend ein neues Schild mit dem nationalsozialistischen Zitat »Unsere Ehre heißt Treue«. Den entscheidenden Hinweis zu dieser Paradoxie gibt er selbst:

> Wenn man nicht nur sagen will: Ich bin eine Oberfläche, schaut mich an, dann hat man nichts verstanden. Man muss sich auch weggeben können, sich verlieren können. [...] Eine gute Oberfläche ist wie die Haut. Sie gibt sich weg, sie fliegt herum.[14]

Der Container darf damit keinesfalls als klassisches Interventionsprojekt angesehen werden, sondern stellt laut dem Initiator vielmehr ein »schweinisches« Unternehmen dar.[15] Die Theaterwissenschaftlerin Evelyn Annuß erklärt hier äußerst prägnant: »Der Rahmenwechsel der rassistischen Parole ließ auch deren Demontage ins Leere laufen.«[16] Indem linke DemonstrantInnen die Containerstadt stürmen, ändern sie nichts an der politisch bedenklichen Lage, sondern helfen stattdessen noch dabei, das angekratzte Image Österreichs oberflächlich zu säubern. Schlingensief errichtet damit eine vielschichtige Kunstinstallation, die mittels subversiver Affirmation und gezielter Provokation das Gebaren eines ganzen Volkes kritisiert, um letztlich auf diesem Weg ein Umdenken in den Köpfen zu evozieren. Er selbst stellt sich, wie schon in vorangegangenen Projekten, schonungslos ins Zentrum der Arbeit. Denn gerade weil seine

---

14   Christoph Schlingensief im Gespräch mit Alexander Kluge: Freiheit für alles. In: Schlingensiefs Ausländer raus. Bitte liebt Österreich. Hrsg. von Matthias Lilienthal. Frankfurt a. M. 2000, S. 136–149 u. 191–205 (dazwischen ist anderes Material), hier: S. 191.

15   Christoph Schlingensief zit. Georg Seeßlen: Ausländer raus! Schlingensiefs Container (Paul Poet). In: GETIDAN. Georg Seeßlen über Kunst und Leben. URL: http://www.getidan.de/kritik/film/georg_seesslen/719/auslander-raus-schlingensiefs-container (Zugriffsdatum: 27.11.2015) Weder noch, findet sich nur online

16   Evelyn Annuß: Christoph Schlingensiefs autobiographische Inszenierung. In: Der Gesamtkünstler Christoph Schlingensief. Hrsg. von Pia Janke und Teresa Kovacs. Wien 2011, S. 291–306, hier: S. 295.

Position ungreifbar bleibt, spitzt sich die Lage vorm Container und in den Medien immer weiter zu. Er ist verantwortlich dafür, dass mitten im Herzen Wiens ein perfides Spiel mit der Menschenwürde getrieben wird und empört sich gleichzeitig, dass niemand daran etwas ändert. Darüber hinaus lässt er sich während der kompletten Wiener Festwoche doubeln. Der Grazer Schauspieler André Wagner mimt im Trachtenjankerl und mit Wuschelhaaren den verhassten »Piefke« und heizt die Wut und das Unverständnis zusehends an. Unter diesem Gesichtspunkt halten Wagner und Schlingensief durch die produzierte referenzielle Verwirrung letztlich selbst mit ihren Körpern als Figuren der Adressierung her und machen sich physisch und psychisch angreifbar. Sandra Umathum, weiß in Paul Poets Dokumentation *Ausländer raus! Schlingensiefs Container* glaubhaft zu berichten, wie Schlingensief völlig ungeschützt in der eskalierenden Situation auftritt. Sein Double erklärt hierzu entsprechend, er sei an der Entstehung einer neuen, über das Private hinausgehenden Form interessiert.[17] In diesem Sinne begeben sich die Akteure, vornehmlich Schlingensief, in die klassische Pathos-Pose der Zeichenhandlung eines Einzelnen. Schlingensief zieht die Maske des Brandstifters an, zieht damit Aggressionen von rechter und linker Seite (von breiten Teilen der Bevölkerung) auf sich und erzeugt durch diese Handlung eine öffentliche Diskussion über die Politik Österreichs, die er selbst kaum für möglich gehalten hätte. Er reflektiert: »Ich hätte nie gedacht, dass Theater noch einmal in einen solch realistischen Zustand eintreten kann, dass man wieder darauf hinweisen muss, wo angeblich Wirklichkeit beginnt oder endet.«[18]

Diesen Zustand der Schwebe zahlt Schlingensief, wie gezeigt, mit dem schonungslosen Einsatz seiner Person. Dies ist nur konsequent, denn wahres, echtes Pathos muss bezahlt werden. Hoffmann-Axthelm erörtert hierzu: »Hinter allem gelingenden Pathos stand bisher der

---

17  Vgl. André Wagner: o. T. In: Schlingensiefs Ausländer raus. Bitte liebt Österreich. Hrsg. von Matthias Lilienthal, Claus Philipp et al. Frankfurt a. M. 2000, S. 207.

18  Christoph Schlingensief: Containerreport (IV). In: Schlingensiefs Ausländer raus. Bitte liebt Österreich. Hrsg. von Matthias Lilienthal et al. Frankfurt a. M. 2000, S. 155.

Schatten des Todes, stand die denkwürdige gefährdende Entfernung zwischen der großen Höhe von Wort und Gestus einerseits und der Verletzbarkeit des Leibes andererseits.«[19] Diese Ausführung referiert in direkter Weise mit Schlingensiefs Bedenken, die er in der Dokumentation von Poet formuliert. Ab einem gewissen Grad der Inszenierung wäre es durchaus denkbar gewesen, dass ein Scharfschütze ihn auf dem Dach des Containers abgeschossen hätte.[20] Spiel und Realität, Kunst und Leben und damit auch die Möglichkeit des eigenen realen Todes setzen sich zu einem komplexen Mosaik, gleich einem Kirchenfenster, zusammen, das für den Betrachter, aber auch für den Künstler, längst nicht mehr zu überblicken ist. Die Kanten verlaufen unscharf, verwischen, im gleißenden Licht der tosenden Inszenierung. Wie nahe Schlingensief dem Urbild von Pathos, dem Leiden im Angesicht des drohenden Todes, noch kommen sollte, ahnt er zu diesem Zeitpunkt noch nicht.

## Zwischen Angst und Pathos – Schlingensiefs Auseinandersetzung mit dem eigenen Tod

Anfang 2008 wird bei dem Künstler Lungenkrebs diagnostiziert. Schon zuvor waren Leben und Werk bei Schlingensief kaum mehr trennbar, aber mit dem persönlichen Schicksalsschlag, den der Theatermacher und Aktionskünstler in seinen folgenden Arbeiten vielfältig beleuchtet und überhöht, wird der Grad der Intensivierung merklich angehoben. Es ist für ihn nicht nur ein großer Schrecken, sondern auch eine tiefe Kränkung und Erschütterung seines Glaubens, dass urplötzlich etwas in ihm auftaucht, das ihn seiner Freiheit beraubt.[21] Schonungslos gegenüber sich und dem Publikum macht er das persönliche Leid zum Mittelpunkt seiner Inszenierungen, indem er dokumentarische Aufnahmen aus dem Krankenhaus, Videosequenzen aus seiner Kindheit und persön-

---

19  Vgl. Hoffmann-Axthelm (2004), S. 16.
20  Vgl. Poet (2002), TC.: 00.49.40–00.50.00.
21  Vgl. Christoph Schlingensief: So schön wie hier kanns im Himmel gar nicht sein. Tagebuch einer Krebserkrankung. München 2010, S. 46.

liche Gedanken über das Leben und den Tod ästhetisiert. Schlingensief bricht damit einmal mehr mit dem Als-ob-Vertrag im Theater zwischen Darsteller und Zuschauer und zeigt ein Pathos, welches sich in dieser Weise noch nicht auf einer Bühne ereignet hat. Immer wieder stellen Befürworter und Kritiker gleichermaßen die Frage, ob es sich bei seinen späten Inszenierungen um Kunst, also Fiktion, oder real gelebtes Leben handelt. Für Schlingensief steht spätestens ab dem Moment seiner Erkrankung fest, dass es für ihn keine Trennlinie gibt. Die Grenze zwischen Spiel und wahrer Todesangst ist, wenn überhaupt, nur noch als fließend zu bezeichnen. Schlingensief bekennt:

> In dem Fall hier, kann ich nicht sagen, das ist Kunst [gemeint ist seine Erkrankung als solches]. Das ist das Besondere: Hier kann ich nicht wegrennen. Hier berichte ich knallhart und aus der ersten Reihe und ich mach' das auch, weil ich dann wieder anfange mir auch Gedanken zu machen wie man vielleicht durch so eine Krise auch zu sich selber vielleicht ein bisschen näher rückt.[22]

In der Trilogie *Ein Kirche der Angst vor dem Fremden* in mir (uraufgeführt bei der Ruhrtriennale in Duisburg 2008), *Der Zwischenstand der Dinge* (uraufgeführt im Maxim Gorki Theater Berlin 2008) und *Mea Culpa* (uraufgeführt im Burgtheater Wien 2009) stellt sich dieses Factum besonders eindrücklich dar. Aus diesem Grund sollen diese Arbeiten nun im Folgenden themaentsprechend skizziert werden.

Auch wenn Schlingensiefs Aktionen auf den ersten Blick chaotisch wirken und sicherlich die Gunst des Zufalls nutzen, so zeigt sich etwa in dem durchdachten Einsatz von Pathos, dass der Performer nicht nur zu Recht als Künstler der schnellen Reaktion gilt, sondern auch als gewiefter Stratege. Wie akribisch, ja pedantisch Schlingensief als Regisseur ist, können WeggefährtInnen bezeugen. Auch wenn er die Arbeit im Kollektiv braucht, so ist er es, der letztlich den maßgeblichen Ton angibt. Die

---

22  Sybille Dahrendorf: Christoph Schlingensief – Deutschland deine Künstler. ARD 2008. TC: 00.01.00–00.01.20.

Diagnose stellt jedoch eine deutliche Zäsur in Schlingensiefs Leben dar, wie ihm ein Arzt wenig einfühlsam mitteilt: »Tja, jetzt surfen Sie nicht mehr, jetzt werden Sie gesurft. Eins kann ich Ihnen sagen: Sie werden es hassen. Diese fünf Monate werden hart, Sie werden keine Eigenständigkeit mehr haben. Das müssen Sie ertragen lernen.«[23] Um seine Autonomie zurück zu gewinnen, macht er seinen persönlichen Kampf gegen den Krebs und den drohenden Tod zu einer öffentlichen Angelegenheit. Jedoch geht es ihm in diesem nicht nur um die Behauptung seiner selbst im Angesicht seines unheilvollen Schicksals, sein persönlicher Einsatz zeugt vielmehr, trotz schwerer Krankheit, von ungezügeltem sozialen Engagement. Schon in frühen aktionistischen Projekten wie *Mein Filz, mein Fett, meine Hase – 48 Stunden Überleben in Deutschland* auf der documenta X 1997 in Kassel, im selben Jahr *Passion Impossible: 7 Tage Notruf für Deutschland. Eine Bahnhofsmission* in Hamburg oder die von ihm gegründete Partei *Chance 2000*, mit der er 1998 an der Wahl zum Deutschen Bundestag teilnimmt, bildet die Selbstbestimmung des Individuums Kern seines Anliegens. Mit der Ästhetisierung der eigenen Krankheit zielt Schlingensief ebenso auf die Rückgewinnung, beziehungsweise Erhaltung von Autonomie ab. Die Befreiung gilt nicht nur dem Künstler selbst, sondern allen. »Ich will über Krankheit, Sterben und Tod sprechen. Gegen die Ächtungskultur, die den Kranken Redeverbot erteilt. Ich gieße eine soziale Plastik aus meiner Krankheit.«[24] Schlingenseif beschließt dementsprechend überaus weite und besonders sensible Bereiche seiner Privatsphäre zu opfern, um einen Tabubruch zu bestreiten, der zu Aufklärung und Öffnung der Gesellschaft beitragen soll.

Das *Fluxus-Oratorium* ereignet sich in einem Bühnenbild, das der Oberhausener *Herz Jesu-Kirche*, in der Schlingensief während seiner Jugend lange Jahre Messdiener war, auf perfide Weise gleicht. Dem Theatermacher und seinem Team gelingt es, die alte Duisburger Stahlfabrik

---

23   Schlingensief (2010), S. 184.
24   Christoph Schlingensief: Mea Culpa. In: Programmheft des Wiener Burgtheater zu Christoph Schlingensiefs »Mea Culpa«. Wien 2009.

während der *Ruhrtriennale* in einen sakralen Ort zu verwandeln. Sie bietet dem Fluxus-Feuerwerk, bestehend aus Solisten und Chören sowie Prozessionen und Filmsequenzen, einen weihevollen Rahmen. Hinter dem Altar findet sich – dort wo für gewöhnlich ein Kruzifix hängt – zeitweise eine Röntgenaufnahme seines krebsbefallenen Brustkorbes. Auf den übrigen Leinwänden oder direkt über das komplette Bühnenbild werden immer wieder private Aufnahmen aus Kindheitstagen und Sequenzen aus Schlingensiefs breitgefächertem Bildmaterial abgespielter Produktionen gezeigt. Während die schon fast als antik zu bezeichnenden Super-8-Aufnahmen der Vitalität der Jugend des Künstlers huldigen und den Zuschauer zu einem näheren Hinschauen verleiten, wirken die Aufnahmen, die von Schlingensief im Krankenhaus während seiner Therapie gemacht wurden, eher abstoßend. Der Anblick des von Tränen überströmten Gesichtes, dessen schmerzverzerrter Mund unaufhörlich ein erschütterndes Wehklagen von sich gibt, ist in seiner Intensität nur schwer zu ertragen. Schlingensief erweitert die Suggestivkraft des Zuschauers durch immer drastischer werdende Bilder und Töne, um tabuisierte Themen wie Krankheit und Tod an die Oberfläche ins Sichtfeld zu ziehen. In Nietzsches *Also sprach Zarathustra*[25] generiert der Augenblick des Unterganges zur Metapher des Ästhetischen und der »tragischen Kunst«, die den »Zustand ohne Furcht vor dem Furchtbaren und Fragwürdigen« als »hohe Wünschbarkeit«[26] definiert. Das bedeutet, die Befreiung von der Unmündigkeit des Menschen erreicht man nicht, indem man die Schrecken der Welt, bei Nietzsche vornehmlich der Natur, negiert, sondern durch die Mimesis an das Schreckliche. In der Ästhetik des Schrecklichen zeigt sich das wahre Grauen, das den Menschen gegenüber dem Abstoßenden und Unheilvollen in der Welt erhaben macht. Indem der Künstler sein Leben in seinen dunkelsten Stunden zeigt, stellt er sich über seinen Schmerz und gibt dem Zuschauer die Möglichkeit, es ihm gleich zu tun. Folglich wird das Publikum hier Zeuge eines hoch pa-

---

25  Friedrich Nietzsche: Also sprach Zarathustra I–V. Hrsg. von Giorgio Colli und Mazzino Montinari. München 1999.
26  Friedrich Nietzsche: Streifzüge einer Unzeit gemäßen: L'art pour l'art. In: Ders.: Werke in drei Bänden. Bd. 2. Hrsg. von Karl Schlechta. München 1954, S. 1004f.

thetischen Aktes. Schlingensief ringt leidenschaftlich mit der Angst vor dem drohenden Tod, um sie letztlich in einer leidenschaftlichen Geste sie zu überwinden.

Die riesige Filmprojektion eines verwesenden Hasen, die in Bayreuth das erste Mal zum Einsatz kommt, verdeutlicht auch im Fluxus-Oratorium in ästhetisch erhabener Form das Einzelschicksal des Künstlers. Unweigerlich ist auch der Mensch dem Tod unterworfen, der trotz seiner schrecklichen Gewissheit den Nährboden für neue Generationen bildet, wie die Würmer, die sich auf dem verwesenden Leichnam des Hasen geschäftig tummeln, beweisen.

> Es geht nicht ums Leiden. Es geht darum, die eigenen Ängste zu verstehen und sie zu überwinden. Jeder von uns hat Angst vorm Sterben und vorm Schmerz. Ich setzte mich bewusst der Gefahr und dem Schmerz aus und überwinde durch diese Aufführungssituation meine Ängste.[27]

Der Künstler lädt beim öffentlichen Prozess der Bewusstwerdung zum Austausch ein und versucht eine Enttabuisierung der Themen Krankheit, Sterben und Tod herbeizuführen, sprich etwas in der europäischen Haltung zur Sterblichkeit nachhaltig zu verändern. Neben den der katholischen Kirche entlehnten Riten und dem wagnerischen Heldenpathos tauchen wohl aus diesem Grund auch archaisch wirkende Voodoo-Sequenzen und indische Bestattungsriten auf, die zu einem vielschichtigen Synkretismus verschmelzen.

Aufgrund Schlingensiefs persönlicher Prägung kommt dem Katholizismus jedoch die bedeutendste Komponente zu. Als Messdiener hat er die Rituale der Liturgie, die biblische Geschichte und besonders die Theatralität der Religion verinnerlicht. Besonders prägend scheint für Schlingensief die Figur Jesus zu sein. Vergegenwärtigt man sich, dass Jesus in der abendländischen Geschichte seit 2000 Jahren die Konstitution des Schmerzes darstellt, kann dies auch nicht weiter verwundern. In der

---

27   Christoph Schlingensief: 600 Stunden auf dem Hochstuhl. Ein Gespräch mit der Performance-Künstlerin Marina Abramović. In: Die Zeit 11.03.2010.

griechischen Tragödie definiert sich das Subjekt über die Erfahrung des Leidens und die Transformation der Emotionen wird als Zweck der Tragödie gedacht. Im Christentum sind der Schmerz und das Pathos, das Leiden in Jesus verkörpert.[28] Schlingensief setzt sein eigenes Schicksal in Bezug zu Jesus, indem er Parallelen zieht und sogar Überschreibungen vornimmt.

> Jesus war für mich immer einer, der am Ende zu Recht am Kreuz gelandet ist. Denn immerhin hat er permanent für Stunk gesorgt oder etwas umgeschmissen, da muss er sich nicht wundern, dass er am Kreuz gelandet ist. Aber es ist sehr menschlich, wenn er am Kreuz klagt. Vielleicht hat er aber nicht gerufen: »Mein Gott, warum hast du mich verlassen?« sondern: »Ich bin autonom!«[29]

Auch im Oratorium, seinem ureigenen Requiem, das er zwei Jahre vor seinem Tod bereits feiert, lässt Schlingensief Jesus am Kreuz sagen: »Ich bin autonom!« In diesem Satz konzentriert sich die mobilisierende Kraft des Pathos. Indem sich der Mensch im Leiden über sein Schicksal erhebt, löst er sich von seinen Zweifeln und Ängsten, wird also im wahrsten Sinne autonom. Obwohl Jesus ans Kreuz genagelt und damit körperlich komplett ausgeliefert ist, ruft er für sich den Status der totalen Eigenständigkeit aus. In dieser Paradoxie findet sich das dialektische Denken, das für Schlingensiefs Arbeiten häufig kennzeichnend ist und besonders das Fluxus-Oratorium prägt: die Einheit von Demut und Überschreitung, von Buße und Hybris.

Das Stück *Der Zwischenstand der Dinge* stellt passend zu der begrenzten Spielfläche im *Gorki-Studio* den Kern des Fluxus-Oratoriums he-

---

28  Vgl. Monika Meister: Zirkulation des Schmerzes. Schlingensiefs Fluxus-Oratorium Eine Kirche der Angst vor dem Fremden in mir und die Katharsis. In: Der Gesamtkünstler Christoph Schlingensief. Hrsg. von Pia Janke und Teresa Kovacs. Wien 2011, S. 97.

29  Teresa Kovacs: »Ich habe immer versucht, ihre Texte in Bildern zu übersetzen« In: JELINEK[JAHR]BUCH. Elfriede Jelinek-Forschungszentrum 2010, S. 15–29, hier: S. 22.

raus. Des großen Brimboriums des Fluxus-Gewitters beraubt, wirkt die Tragödie in Miniaturausgabe nur umso bedrückender. Beim Zuschauer wird nun besonders bei der Anschauung der privaten Super-8-Aufnahmen, ruckelnd projiziert auf Gazevorhang, der Eindruck erweckt, dass er bei Schlingensief im heimischen Wohnzimmer sitzt und dort dem gesunden kleinen Jungen beim Herumtoben mit seinem Vater in den Dünen zuschaut. Zusammen mit den Aufnahmen des erwachsenen Schlingensief, der schluchzend und wehklagend in einem Krankenbett liegt, entsteht eine kaum auszuhaltende Intimität. Die Schauspieler agieren in dem düsteren Kammerspiel lediglich in Ansätzen mimischen Ausdrucks. Dies darf nicht weiter verwundern, entstand doch *Der Zwischenstand der Dinge* während den Proben zu *Eine Kirche der Angst vor dem Fremden in mir* und zeigt nun demnach die Vorarbeit.[30] Auch Schlingensiefs eigener Auftritt als Regisseur auf der kleinen überfüllten Bühne ist ruhiger und kürzer, aber deshalb von keiner geringeren Wirkungsstärke als in der Stahlfabrik. Ganz im Gegenteil: Während des kurzen Moments berichtet Schlingensief, dass das Stück den Stand der Dinge zeige, wie er sich vor einigen Monaten noch dargestellt habe, als er mitten in der Chemotherapie war und jeder Schritt einem enormen Kraftakt glich, der ihn zu überfordern drohte.[31] Bevor Schlingensief die Bühne verlässt, teilt er noch mit, dass es einen neuen Stand gäbe, der »ziemlich scheiße«[32] sei. Die genaue Diagnose erfährt der Zuschauer zu diesem Zeitpunkt noch nicht, sondern wird mit seinen Fragen und Gedanken auf sich selbst zurückgeworfen. Umso stärker trifft ihn hierdurch die Konfrontation mit der Realität. War der Grad der Authentizität des Theaterabends ohnehin schon hoch angesetzt, dürfte spätestens zu diesem Zeitpunkt auch der letzte Zuschauer im Studio erkannt haben, dass es sich hierbei

30   Sarah Ralfs: »Wir sind eins« – TOTAL TOTAL. Selbst-Inszenierungen in Christoph Schlingensiefs späten Arbeiten. In: Der Gesamtkünstler Christoph Schlingensief. Hrsg. von Pia Janke und Teresa Kovacs. Wien 2011, S. 307–326, hier: S. 308.

31   Anne Peter (13.11.2008): Sind wir vielleicht eine Lüge. Der Zwischenstand der Dinge – Christoph Schlingensiefs Kirche der Angst kehrt nach Berlin zurück. Nachtkritik.de. In: Schlingensief, Arbeiten, Theater. URL: http://www.schlingensief.com/projekt.php?id=t065&article=nachtkritik (Zugriffsdatum: 26.11.2014).

32   Ebd.

um kein postdramatisches Spiel um Fiktion und Wahrheit handelt. Im Zentrum des Stückes steht ein realer Mensch mit einer nicht minder real existenten ernsthaften Erkrankung. Nichtsdestotrotz ist der »kranke Schlingensief« inszeniert, beziehungsweise ästhetisiert. Sein Schicksal steht stellvertretend für eine Fügung, die jeden im Saal ereilen könnte. Für persönliche Mitleidsbekundungen stellt er die eigene Person nicht zu Verfügung – das Gezeigte bleibt ein Theaterstück, das Ereignisse innerhalb des Krankheitsverlaufs betont und kommentiert. Besonders deutlich wird dies dadurch, dass Zitate von Tonaufnahmen, die Schlingensief während der Chemotherapie auf Band gesprochen hat, nicht von ihm selbst vorgetragen werden, sondern der Monolog im Stück auf die Schauspieler verteilt wird. Dies zeigt, dass hier eine Bewegung weg vom Individuum zur Pluralität einer Gemeinschaft stattfinden soll. Durch diese Öffnung injiziert er seine Ängste wohlweislich dem Publikum und zwingt damit jeden Einzelnen, sich mit seiner eigenen Sterblichkeit auseinanderzusetzen und wie er bis zu diesem Tag, der gewiss kommen wird, gedenkt zu leben. Schlingensiefs Krebs wird damit vom Künstler selbst zur Kunst erhoben – zur Überlebenskunst.

Voller Pathos, das sich gerade im Theater, man denke etwa an Schillers *Maria Stuart*, in Grenzsituationen angesichts des drohenden Todes vollzieht, deklariert Schlingensief den unbedingten Wille zur Klarheit und Selbstbehauptung. Um die Ernsthaftigkeit seiner Aussage zu unterstreichen, bricht er das Gesagte ironisch in seiner ihm eigenen Art:

Vor allem habe ich ein Bedürfnis zu wissen, welche die Momente waren, durch die ich Leute berührt habe. Ich möchte doch am Ende nicht dastehen und sagen müssen: Ich habe mich geil gefühlt und schön viel Scheiße angerührt, mehr war nicht. Ich will keine abgehobene Künstlerfresse sein, die nur sich selbst aufführt und die Ansage macht: Ich habe euch etwas zu sagen, weil ich die Welt anders sehe als ihr. Das ist es nicht. Ich bin gerne auf dieser Welt. Ich möchte gerne auf der Welt bleiben. Ich möchte gerne auf der Welt Dinge tun.[33]

---

33   Schlingensief (2010), S. 32.

Dieser Aussage entspricht die Anlegung der ReadyMadeOper *Mea Culpa*, die zur schwergewichtigen autobiographischen Inszenierung *Eine Kirche der Angst vor dem Fremden in mir* ein relativierendes Gegengewicht bildet. Ist die erste Inszenierung der Trilogie durch das Pathos ums Echte geprägt, verbindet Schlingensief in seiner Oper die Beschäftigung mit der Bedrohung des eigenen Lebens und mit seinen Plänen zu einem Festspielhaus in Afrika. Der oratorische Charakter der Duisburger Inszenierung weicht zugunsten einer in gewisser Weise »stationären« opera buffa, die die Bayreuther in einer durchgeflippten Ayurvedaklinik mit Multikulti-Personal, auf Marcel Duchamp verweisend, unschädlich zu machen versucht.[34] In drei Akten erzählt Schlingensief zitierend etwa über seine Behandlungsgeschichte in einer Kurklinik, über seine Parsifal-Inszenierung in Bayreuth und hält sogar eine Eröffnungsprobe des Festspielhauses Afrika ab. Musikalisch untermalt werden die Ausführungen von Komponisten von Arno Waschk, der alle möglichen Versatzstücke aus der Musik Roy Orbisons, und bevorzugt Richard Wagners, bearbeitet und neu zusammenfügt. Die eigene Rolle des im Reich der Kranken gefangenen Regisseurs[35] lässt Schlingensief durch Joachim Meyerhoff vertreten. Vor Beginn des dritten Aktes *Ein Blick ins Jenseits* kommt Schlingensief jedoch selbst auf die Bühne. Der sichtlich von der Krankheit gezeichnete Regisseur taucht auf einem erhöhten Steg rechts von der Bühne auf und kommentiert in einer Art biographischen Werkschau seine Inszenierung des *Fliegenden Holländers* im Dschungel von Manaus. Geschickt verknüpft er Vergangenheit und Gegenwart, Spiel und Fiktion, indem er die Frage aus der Filmaufnahme nach dem Verbleib seiner Brille nun auch wieder im *Burgtheater* an das Publikum stellt, erneut in die Rolle des Regisseurs schlüpft und »Kamera ab« ruft.[36]

---

34   Annuß (2011), S. 300.

35   Schlingensief arbeitet in seinen späten Inszenierungen gegen Sontags in den 1970er Jahren veranschlagten Befund zweier voneinander getrennter Reiche, das der Gesunden und das der Kranken, an. Vgl.: Susan Sontag: Illness as Metaphor. New York 1978, S. 3.

36   Christoph Schlingensief, zit. n.: Mea Culpa. Eine ReadyMadeOper. Hoanzl. A 2009. TC.: 01.26.50–01.27.13.

Man hört somit Schlingensief auf Band und live im Raum – dazwischen liegen circa zwei Jahre und eine schwere Erkrankung. Sodann berichtet Schlingensief, mit welcher Kameraeinstellung er drehte und kommentiert das wild inszenierte Chaos, bestehend aus Fackellichtern, Explosionen und einem kleinen Streicher-Ensemble. Während er das Geschehen und seine Arbeit als Kameramann erläutert, bewegt er sich auf einen kleinen Tisch mit einer Leselampe links auf der Bühne zu und integriert sich im Film auf der großen Leinwand. Die so geschaffene Überblendung nutzend, zeigt er auf den noch gesunden Schlingensief im Film und ruft: »Da, das bin ich vor zwei Jahren noch voll in Betrieb. Da konnte ich noch laufen. Kann ich jetzt auch noch, aber nicht mehr so schnell.«[37] In seiner Stimme kollidieren Bedauern und Trotz miteinander. Und doch ist da auch Hoffnung und Pathos. Dieses schwillt noch an, wenn Schlingensief danach mit Irm Hermann und Magrit Carstensen Krankenberichte vorließt, die aus dem 2008 entstandenen Dokumentarfilm *Lebens(W)ende* des ebenfalls an Krebs erkrankten Filmemachers Razvan Georgescu stammen. Während Schlingensief und die beiden ehemaligen Fassbinder-Schauspielerinnen dies tun, werden sie Teil des Screens, auf den Voxi Bärenklau final ein fahrendes Schiff projiziert. Dieses erinnert stark an Werner Herzogs *Fitzcarraldo* (1982) und korrespondiert deutlich mit Schlingensiefs Operninszenierung im Duschgel Manaus. Zum Schluss seines Auftritts knüpft Schlingensief an *Eine Kirche der Angst vor dem Fremden in mir* an, wenn er nochmals auf die Forderung von unbedingter Autonomie für Kranke verweist. So bekräftigt er, man bestimme selber wohin man fährt und letztlich wo die Reise hingeht. Auf der Homepage www.geschockte-patienten.org fordert er Betroffene und solche, die es zukünftig sein könnten, auf, seinem Beispiel zu folgen und ihre Geschichte mit anderen zu teilen. Schlingensief ist sicher, nur ihm Kollektiv kann es gelingen, sich der normativen Anordnung, die diese Erfahrungen in der vernehmbaren Sphäre des »Privaten« gemeinhin verortet, erfolgreich zu widersetzen.[38]

---

37  Ebd., TC.: 01.29.07–01.29.16.
38  Sarah Ralfs: »Wir sind eins« – TOTAL TOTAL. Selbst-Inszenierungen in Christoph Schlingensiefs späten Arbeiten. In: Der Gesamtkünstler Christoph Schlingensief.

# Fazit

Schlingensief findet damit eine Form von Pathos, die den Widersprüchen unserer Zeit angemessen erscheint. Er spart nicht an Leidenschaft, verbraucht sich sogar in ihr und schafft es, weil er an das Gefühl und die Emotio der Menschen appeliert, das Publikum zu mobilisieren. Gleichzeitig stimuliert er aber auch die Ratio seiner Rezipienten, indem er die Geste oder das Zitat ironisch kritisch bricht. Er sorgt damit für die nötige Irritation, die über das Staunen nachhaltig die Aufmerksamkeit weckt. Augenscheinliche Wahrheiten werden damit hinterfragt, vielleicht sogar widerlegt. Er (be)nutzt und prüft somit gleichzeitig das Moment des Pathos und meint beides, gerade in seinem ironischen Spiel mit der Wirklichkeit ganz erst. Darin mündet die Aussage im eingangs angeführten Zitat, dass er eben kein Zyniker im modernen Sinne sei. Der Zynismus, so weiß der Philosoph Michael Schmidt-Salomon feinsinnig zu erörtern »ist die große Intellektuelle Verführung für jeden, der sich ernsthaft mit der Geschichte und Gegenwart unserer unglückseligen Spezies beschäftigt.«[39] Dies liegt daran, dass er bereits im Ansatz die schmerzliche Diskrepanz zwischen den überhöhten Idealen und den harten Realitäten verhindert, weil er die Ideale gleich als Utopie verwirft. Die Entlastung, die er durch diese Sicht der Welt einsetzt, dürfte nur allzu gut nachvollziehbar sein. Schlingensief dagegen nahm die Last auf sich und tobte gegen die Widerstände und Ungerechtigkeiten des 21. Jahrhunderts an und bewies Mut und Engagement zur Utopie.

> Ein Mensch, durch den alles hindurchgerissen wurde,
> wie von einem Sturm in die Luft geschleudert,
> zu uns herüber.[40]

---

Hrsg. von Pia Janke und Teresa Kovacs. Wien 2011, S. 307–326, hier: S. 312.

39  Michael Schmidt-Salomon: Hoffnung Mensch. Eine bessere Welt ist möglich. München/Berlin 2014, S. 7.

40  Jelinek Elfriede: Der Verschwender. In: Christoph Schlingensief. Deutscher Pavillon 2011, 54. Internationalen Kunstausstellung La Biennale die Venezia. Hrsg. von Susanne Gaensheimer. Berlin 2011, S. 235–237, hier: S. 237.

# Beiträgerinnen und Beiträger

*Marcel Humar*, Dr. phil., Jahrgang 1984, Studium der Biologie, klassischen Philologie und Erziehungswissenschaft an der Freien Universität Berlin (M. Ed. 2009; M. A. 2010). Promotion am Fachbereich Philosophie und Geisteswissenschaften der Freien Universität Berlin im Mai 2015. Monographie: *Rhetorik der Verunsicherung – Affekt-Strategien in den platonischen Frühdialogen.* Berlin/Boston 2017. Wissenschaftliche und fachdidaktische Arbeiten zur Geschichte der Biologie in der Antike und zur antiken Rhetorik, aktuell u. a.: *(De)legitimierungsversuche in Platons Laches – zur Personenkonstellation der sokratischen Gesprächspartner.* In: Gymnasium Jg. 124 (2017) Heft 3, 203–223 und *Das Nachwirken der Progymnasmata: Rhetorik und Persuasion in Lukians Dial. Mort. 28.* In: Graeco-Latina Brunensia Jg. 22 (2017) Heft 2, 183–199.

Gabriella Pelloni, Dr. Habil., Assistant Professor für Neuere Deutsche Literatur an der Universität Verona. Promotion 2005 im Fach Germanistik an der Universität Padua. Habilitation 2015. Autorin von zahlreichen Arbeiten zur deutschsprachigen Literatur des 19. bis 21. Jahrhunderts. Neben vielen Aufsätzen u. a. die Monographien: *Tra razza, medicina ed estetica. Il concetto di degenerazione nella critica culturale della fin de siècle* (Unipress 2008), *Genealogia della cultura. Costruzione poetica del sé nello* Zarathustra *di Nietzsche* (Mimesis 2013); sowie die Bände: *Pathos, Parodie, Kryptomnesie. Gedächtnis der Literatur in Nietzsches* Also sprach Zarathustra (mit Isolde Schiffermüller, Winter Universitätsverlag 2015); *Ingeborg Bachmann. Male Oscuro: Aufzeichnungen aus der Zeit der Krankheit* (mit Isolde Schiffermüller, Suhrkamp 2017); *Poetica in permanenza. Studi su Nietzsche* (mit Claus Zittel, ETS 2017); *Lektürepraxis und*

*Theoriebildung. Zur Aktualität Max Kommerells* (mit Christoph König, Isolde Schiffermüller, Christian Benne, Wallstein 2018).

*Björn Hayer*, Dr. phil., Studium der Germanistik, Philosophie und Politikwissenschaft an der Johannes Gutenberg-Universität Mainz. Er arbeitet als akademischer Mitarbeiter am Institut für Germanistik an der Universität Koblenz-Landau (Campus Landau) sowie als Literatur-, Film- und Theaterkritiker und Essayist für verschiedene Zeitungen und Magazine, u. a. für Die Zeit, Spiegel Online, SZ, NZZ und Cicero. Zu seinen Forschungsschwerpunkten zählen: Gegenwartsliteratur, klassische und ästhetische Moderne, germanistische Medienwissenschaften sowie die Human Animal Studies.

*I-Tsun Wan* promovierte 2017 in Bochum zum Thema *Das Phantastische im Drama Heinrich von Kleists* und lehrt zurzeit als Assistant Professor am Institut für deutsche Sprache und Kultur an der Fu-Jen Universität in Taiwan. Seine Forschungsschwerpunkte sind vor allem deutsche Literatur um 1800 und Literaturtheorie. Zuletzt erschienen: *Literatur(-Wissenschaft) in der gravierenden Krise. Ein Versuch.* In: Anya Heise-von der Lippe, Russel West-Pavlov (Hrsg.): Literaturwissenschaften in der Krise. Zur Rolle und Relevanz literarischer Praktiken in globalen Krisenzeiten. Tübingen: Narr Verlag 2018.

*Walter Kühn*, Dr. phil., Studium der Germanistik und Philosophie an der Humboldt-Universität zu Berlin. Promotion über die Heidegger-Rezeption bei Günter Eich, Ilse Aichinger, Wolfgang Hildesheimer, Ingeborg Bachmann und Paul Celan (*Vermischte Zustände: Heidegger im literarisch-philosophischen Leben der fünfziger Jahre des zwanzigsten Jahrhunderts.* Würzburg 2015). Kühn arbeitet als wissenschaftlicher Mitarbeiter am Institut für Germanistik der Universität Koblenz-Landau, Campus Landau.

*Erich Unglaub* (geb. 1947), Prof. Dr., Studium der Germanistik, Geschichte und Politik an der Ludwig-Maximilians-Universität München, 1983 Dissertation zur Rezeptionsgeschichte von Jakob Michael Reinhold Lenz. Lehraufträge zur Allgemeinen und Vergleichenden Literaturwissenschaft an der Ludwig-Maximilians-Universität München, Lektor an der Universität Aarhus (Dänemark), Professuren für Deutsche Literatur und ihre Didaktik an der Universität Flensburg und an der Technischen Universität Braunschweig, Präsident der Rilke-Gesellschaft. Veröffentlichungen zu Literatur und Kultur der europäischen Moderne, zu deutsch-skandinavischen Literaturbeziehungen und zur Theatergeschichte. Publikationsliste: https://www.tu-braunschweig.de/germa nistik/abt/did/ehem/unglaub.

*Kathrin Heintz*, Dr. phil., Studium der Germanistik und Soziologie an der Universität Mannheim. Promotion über Hans Henny Jahnns Perrudja. Seit 2013 akademische Mitarbeiter am Institut für Germanistik an der Universität Koblenz-Landau (Campus Landau). Ihre Forschungsschwerpunkte sind die Kinder- und Jugendliteratur, insbesondere die Bilderbuchforschung, sowie die Literatur des 19. bis 21. Jahrhunderts und mit diesen Bereichen verbundene Fragen der Menschenrechtsbildung.

*Sandra Fluhrer*, Dr., studierte Anglistik, Germanistik und Politikwissenschaften in Stuttgart und an der University of Warwick, Großbritannien. An der LMU München wurde sie 2015 mit der Arbeit *Konstellationen des Komischen: Beobachtungen des Menschen bei Franz Kafka, Karl Valentin und Samuel Beckett* (Wilhelm Fink, 2016) promoviert. Seit Herbst 2014 ist sie wissenschaftliche Mitarbeiterin am Lehrstuhl für Komparatistik der FAU Erlangen-Nürnberg. In ihrem Habilitationsprojekt beschäftigt sie sich mit literarischen Verwandlungen als ästhetischen Ausdrucksformen starker Erfahrung im Raum des Politischen von der Antike bis ins späte 20. Jahrhundert.

*Helen Roth*, Dr. des., studierte Germanistik, Philosophie und Psychologie an der Universität Koblenz-Landau. 2017 wurde sie interdisziplinär in der Bildenden Kunst, Theaterwissenschaft und Germanistik über das Werk des Aktions-Künstlers Christoph Schlingensief promoviert. Nunmehr arbeitet sie als freie Journalistin sowie Moderatorin und lehrt an der Universität angewandte Literatur- und Kulturwissenschaft.